FINANCIARIZACIÓN, CRÉDITO Y REESTRUCTURACIÓN MANUFACTURERA

Ibukku es una editorial de autopublicación. El contenido de esta obra es responsabilidad del autor y no refleja necesariamente las opiniones de la casa editora.

Publicado por Ibukku
www.ibukku.com
Diseño y maquetación: Índigo Estudio Gráfico
Copyright © 2016 José Reyes-Durán
ISBN Paperback: 978-1-946035-06-6
Library of Congress Control Number: 2016953521

Contenido

PRÓLOGO

José Reyes-Durán

Este libro *Financiarización, crisis y reestructuración manufacturera* se encuentra integrado por 17 artículos escritos por 21 especialistas de distintas áreas de la economía financiera, el análisis del sector industrial, específicamente del manufacturero, y aborda otras esferas relevantes como los proyectos de asociación público – privada (APP), la nanotecnología, las empresas culturales y el empoderamiento de la mujer en los mecanismos de desarrollo limpio (MDL).

En el tema I denominado *Rentabilidad y Crisis Financiera* inicia con el trabajo de José Reyes-Durán *Reflexiones sobre la rentabilidad financiera* en el que examina los niveles de rentabilidad de las corporaciones financieras con énfasis en bancarias y aseguradoras en un entorno económico de mínimo crecimiento. Se observa que mientras en los países desarrollados el ritmo de rentabilidad de esas corporaciones ha sido moderado - por las medidas de capitalización adoptadas a raíz de la crisis financiera de 2007 -2009, la elevada competencia, y la propia contracción económica mundial - en los países en desarrollo, donde operan las filiales y se integran en grupos financieros extranjeros, la rentabilidad es mayor al grado de que parecen estabilizar el comportamiento de las matrices. El segundo documento de este primer bloque fue formulado por Sandra Herrera, denominado *Crisis, deuda, rentabilidad e intermediación*. La autora señala que "la crisis financiera reciente mostró que problemas locales como lo fueron la insolvencia de pago por parte de familias en EU y su burbuja inmobiliaria y la crisis de deuda en Grecia, puede llegar a escalar magnitudes a nivel internacional y tener efectos sobre la economía real, afectando ingresos y empleos de las personas de otros países."

El tema II *Moneda, Crédito y Acumulación* se inicia con el texto de Mónika Meireles *Moneda, crédito y acumulación de capital: reflexiones a partir de Marx y Hilferding* en él se analiza la teoría de Marx y Hilferding desde tres tópicos: la moneda, la acumulación y el crédito, frente a la teoría neoclásica dominante. Otro enfoque alternativo a este último lo constituye el análisis desde otra perspectiva teórica para comprender el rol del crédito presentado por Claudia Maya *Crédito, naturaleza, alcances y limitaciones: Una perspectiva teórica heterodoxa*

En el tema III *Asociaciones Público – Privadas* Diana Vicher en su documento *Asociaciones público privadas (APPS)* analiza el significado, origen y naturaleza de estas asociaciones y los inconvenientes que representan para el financiamiento y considera que los derechos privados se localizan al margen de la presencia gubernamental lo que implica cambios en las relaciones público – privadas. En esa misma línea de investigación y de manera complementaria, José Enrique Mendoza en su documento *Gasto público y APP en México: el caso de la titulización de activos públicos en el sector autopistas* considera que este tipo de convenios "son expresión de la reorganización del aparato estatal y de la significación de las actividades del gobierno" que pueden expresarse en diversos sectores de actividad económica, como el de las autopistas, con características de titulización de activos públicos.

El tema IV es Microcrédito y Financiamiento Regional presenta dos artículos: el estudio de Aderak Quintana, Mario Gutiérrez y Horacio González, *Mujeres emprendedoras en Rioverde, San Luis Potosí: microcrédito y exclusión crediticia*, quien indica que en la economía mexicana las microempresas son las unidades de mayor presencia, y expresan una feroz competencia entre ellas, alimentada por la incorporación creciente de nuevos microempresarios, asociado a la presión del desempleo y la pobreza, trayendo consigo bajos niveles de utilidades que las presiona a cerrar sus operaciones al poco tiempo de haber sido inauguradas, y el de Martín Romero denominado *Financiamiento regional de las MIPYMES en el estado de Guanajuato* en el que encuentra que las regiones más desarrolladas son las que poseen una mayor presencia de financiamiento no bancario.

El tema V *Análisis Sectorial y Metas de Inflación* inicia con el documento de Mario Gutiérrez-Lagunes y José Manuel Romo denominado *Sectorización económica y su vinculación con el incumplimiento empresarial. 2000 – 2014* utilizan una metodología de la economía sectorial para analizar cuatro ramas de actividad económica del sector manufacturero que concentran la actividad de exportación e importación.

El segundo trabajo de este tema es de Tsuyoshi Yasuhara y se denomina *Política de meta de inflación y el precio de los productos manufactureros en México* en el que a través del estudio de distintos precios de productos industriales identifica que los destinados a la exportación e importación son "precio aceptantes", dados en los mercados y a partir de allí las corporaciones ajustan el nivel de actividad productiva y el volumen de comercio.

El tema VI *Sector Manufacturero y Transnacionalización* contiene un interesante grupo de artículos dirigido al sector manufacturero mexicano. De acuerdo con Ana Luisa González en *Una mirada al sector manufacturero mexicano* considera que este sector es objeto de un proceso de desindustrialización, receptor de IED orientada a la producción de equipo de autotransporte para la exportación actividad que representa ingresos que llegan a ser "casi tres veces mayores que los recursos obtenidos con la venta de petróleo crudo en el exterior. Ángel Martínez, en *Crecimiento económico y encadenamientos productivos en la industria manufacturera* considera que en este patrón de comportamiento económico se encuentra atrapada la economía mexicana como resultado de la apertura comercial y de la política industrial orientada a las exportaciones lo que significó la exclusión de las empresas locales. En este orden de ideas, Angelina Gutiérrez en su texto *Reflexiones sobre la empresa transnacional automotriz y sus procesos de producción y trabajo a nivel global* destaca que la empresa transnacional automotriz "en sus procesos de producción y de trabajo busca incesantemente abatir costos, incrementar la rentabilidad y evitar la caída de su tasa de ganancia (…) para enfrentar la competencia" con repercusiones en la configuración de un nuevo tipo de trabajador que se moldeas a la nueva organización internacional.

Finalmente, el tema VII *Estudios de Caso: La Nanotecnología* presenta dos trabajos de relevancia creciente. El estudio de Edgar Zayago, Guillermo Foladori, Liliana Villa, Richard P. Appelbaum, Edgar Ramón Arteaga y Rachel Parker denominado *Hacia un estudio de cadena de valor de empresas de nanotecnología en México* parte de un inventario de 139 empresas nanotecnológicas: 21 ubicadas en la primera etapa, la de nanomateriales; 41 en el siguiente eslabón de la cadena, la de nano-intermedios, y 72 en el de productos finales. Las 5 restantes se clasificaron en la etapa de nano-herramientas. Destaca que la mayoría de las empresas son trasnacionales extranjeras, aunque el grueso de los procesos de manufactura tiene lugar en México. En el estudio de Edgar Arteaga *Nanotecnologías en México: Hacia una Concentración Industrial* el autor encontró que existe una alta concentración de empresas en únicamente dos estados del país; además, el desarrollo empresarial de nanotecnologías está volcado a un sector económico en particular. También identifica que el estudio de los riesgos se encuentra prácticamente ausente de la agenda de investigación.

Este libro es producto del proyecto de investigación PAPIIT IN304816 *Bancos y aseguradoras: instituciones estratégicas para el diseño de un modelo de desarrollo económico en Guanajuato* que cuenta con el apoyo de la DGAPA.

TEMA I. CRISIS, DEUDA, RENTABILIDAD E INTERMEDIACIÓN FINANCIERA

Reflexiones sobre la rentabilidad financiera

José Reyes-Durán[1]

Resumen

Este artículo se dirige a examinan los niveles de rentabilidad de las corporaciones financieras con énfasis en bancarias y aseguradoras en un entorno económico de mínimo crecimiento. Se observa que mientras en los países desarrollados el ritmo de rentabilidad de esas corporaciones ha sido moderado - por las medidas de capitalización adoptadas a raíz de la crisis financiera de 2007 -2009, la elevada competencia, y la propia contracción económica mundial - en los países en desarrollo, donde operan las filiales y se integran en grupos financieros extranjeros, la rentabilidad es mayor al grado de que parecen estabilizar el comportamiento de las matrices.

La rentabilidad: algunos conceptos

La rentabilidad es definida como la medida del rendimiento que producen los capitales invertidos en un determinado periodo de tiempo, lo que implica comparar el beneficio generado con el capital invertido o empleado para obtenerlo (Gironella, 2005). Las ganancias sobre activos (*return on asset* o ROA) y las ganancias sobre los recursos propios (*return on equity* o ROE) son medidas que permiten evaluar el desempeño de las utilidades de los bancos islámicos (Sriyana, 2015).

Entonces en las instituciones financieras existen dos formas de medir la rentabilidad: el ROA (*return on assets*) o rentabilidad económica define la calidad con que las entidades gestionan su activo (las inversiones de sus carteras o activos); mientras que el ROE (*return on equity*) o ren-

---

1 Profesor – investigador de Economía Industrial de la Escuela Nacional de Estudios Superiores, Unidad León de la UNAM.

tabilidad financiera mide los rendimientos que obtienen los accionistas (dividendos más reservas), es decir, la rentabilidad de los recursos propios de la entidad.

En las entidades bancarias la rentabilidad del activo ROA es muy escasa, mientras que la rentabilidad financiera ROE es bastante elevada en comparación con otras empresas no financieras. Esta situación se origina por el fuerte apalancamiento financiero que poseen las entidades bancarias al poder financiar sus activos con un nivel muy reducido de recursos propios.

Para Ali, Shafique & Razi (2012) la rentabilidad es una medida de una organización o empresa privada que indica el grado de utilidad sobre las ventas, los activos o las acciones de la propiedad. La tasa de rentabilidad puede ser simplemente definida como la habilidad de los negocios de ganar una utilidad que dejan los ingresos de un negocio generados después de considerar todos los gastos directos de la producción de un producto, y otros gastos relacionados con la conducta de las actividades de un negocio

La tasa de rentabilidad es un importante indicador para los administradores y accionistas de una firma incluido el banco, para mejorar las desfavorables condiciones entre las que se encuentran las pérdidas o las deudas y los cambios repentinos en las condiciones económicas.

Figura 1
Rentabilidad financiera y económica

---

a) Rentabilidad financiera (ROE)

Rentabilidad Financiera = Utilidad Neta / Capital contable

= [Utilidad Neta / Ventas x Ventas netas / Capital Contable]

Rentabilidad Financiera = [Rentabilidad Económica (Pasivo + Capital Contable)] / Capital Contable

Rentabilidad Financiera = (Rentabilidad Económica) (1 + Pasivo / Capital Contable)

---

b) Rentabilidad económica o del negocio (ROA)

Rentabilidad Económica = Utilidad neta / Activos totales

= Utilidad neta / (Pasivo + Capital contable)

Utilidad neta = (Rentabilidad Económica) (Pasivo + Capital Contable)

Rentabilidad Económica = Utilidad neta / Activos Totales

= [(Utilidad neta x Ventas netas) (Ventas netas / Activos totales)]

Fuente: Morillo, Marisela (2001)

Determinantes de la rentabilidad

A nivel internacional la rentabilidad de los bancos, aseguradoras y demás intermediarios financieros procede más que del crédito, los seguros y las otras actividades sustantivas de cada intermediario financiero, de la generación de rendimientos en los mercados de capitales, como se muestra más adelante en el gráfico de la evolución de los bonos.

En ausencia de incentivos regulatorios financieros adecuados, los intermediarios bancarios privados orientan su estrategia de negocios a los productos de mayor rentabilidad en el corto plazo, que a la vez les signifiquen menores problemas operativos, dejando en segundo término el otorgamiento del crédito bancario (ASF, 2011).

En otro estudio realizado con una muestra de 35 aseguradoras de vida y no vida (daños) en el período de 2005 a 2009, Malik (2011) encontró que no existe relación entre la rentabilidad y la edad de la empresa y que hay asociación significativa positiva entre el tamaño de la empresa y la rentabilidad. El resultado también evidencia que el volumen de capital se encuentra positiva y significativamente relacionado con la rentabilidad. También se muestra que las tasas de pérdidas y de apalancamiento tienen una relación negativa, pero significativa, con la rentabilidad (Malik, 2011).

Los determinantes de la rentabilidad podrían venir tanto de factores internos, como externos: los determinantes internos son controlados por la administración bancaria, mientras que los factores externos tales como la inflación, las políticas gubernamentales, impuestos, la competencia y la escasez de capital son algunas veces impredecibles (Sriyana, 2015).

Algunos documentos estudian esta cuestión usando la rentabilidad en estas dos dimensiones. Estos documentos utilizan los factores internos como el tamaño del banco, la tasa de apalancamiento, la administración de activos, la tasa de NPLs *(non performing loans)*, la adecuación del capital, la eficiencia operativa como variables explicativas. (Akhtar et. al., 2011; Siddiqui, 2008, Sufian & Habibullah, 2009). Por tanto estos autores encuentran diferentes roles de cada variable explicativa de la rentabilidad.

El estudio de Sriyana (2015) encontró que la mayoría de las variables independientes son buenas para predecir la rentabilidad la cuál es una medida del ROA. Los márgenes de utilidad neta y la tasa de depósitos financieros son predictores significativos del desempeño financiero de los bancos. Otras dos variables: la financiación no rentable y la eficiencia operativa tienen negativo impacto en las ganancias de los activos.

Adicionalmente, este estudio indica que la tasa de adecuación del capital tiene una correlación negativa con la rentabilidad. (Sriyana, 2015).

Los resultados obtenidos por Sriyani (2015) permiten rechazar la hipótesis tradicional de colusión tanto en el sector de las cajas de ahorros como en la banca nacional ya que no se encuentra una relación positiva y significativa entre la rentabilidad y la concentración del mercado (Mudos, 2011). Por el contrario, la hipótesis alternativa de estructura eficiente afirma que las empresas más eficientes disfrutan de menores costos de producción y, en consecuencia, de mayores beneficios. (Mudos, 2011)

> Tradicionalmente, los trabajos que analizan la relación existente entre la rentabilidad, u otro indicador de resultados, y la estructura del mercado contrastan dos hipótesis alternativas[1]. Por un lado, la hipótesis tradicional [Bain (1951)] afirma que los bancos son capaces de extraer rentas de monopolio en los mercados más concentrados ofreciendo bajos tipos de interés a los depositantes y cargando altos tipos a los prestatarios. Ello se debe a que los acuerdos colusivos son menos costosos. (…) En la hipótesis de estructura-conducta-resultado sí se encuentra una relación positiva y estadísticamente significativa entre la rentabilidad y alguna medida de la concentración del mercado (Mudos, 2011).

Ante las críticas a estas hipótesis surgió otra: la hipótesis alternativa de estructura eficiente afirma que las empresas más eficientes, con una mejor organización y gestión de sus recursos, tienen menores costes, son más rentables, ganan cuota de mercado y, como consecuencia, crece la concentración del mercado [Demsetz (1973) y (1974), Peltzman (1977)]. Así, la relación positiva existente entre la rentabilidad y la concentración se debe a la mayor eficiencia en la producción, por lo que dicha relación es espuria, siendo la eficiencia la que conduce a una mayor rentabilidad y concentración (Mudos, 2011).

En algunas de las estimaciones (Goddard & Wilson, 2004) existe cierta evidencia de una relación significativa entre el tamaño de la institución bancaria y la rentabilidad, pero en general las pruebas son poco convincentes. Los resultados empíricos son consistentes con la literatura sobre la banca que sugiere que la eficiencia es probable que sea el factor determinante más importante del rendimiento, más que el tamaño *per se*. Los resultados también sugieren la existencia de diferencias en la rentabilidad entre los países por la importancia de los negocios *of balance sheet* (OBS) de la cartera de un banco.

Esta relación parece ser positiva para el Reino Unido, pero neutral o negativa para otros países: algunos bancos que se han diversificado rápidamente en los negocios *fuera de balance* OBS han experimentado dificultades para mantener su rentabilidad. Mientras tanto, hay evidencia de una relación positiva entre la tasa capital – activos (*capital assets ratio, CAR*) y la rentabilidad. También, existe poca evidencia de cualquier relación sistemática entre el tipo de propiedad y la rentabilidad. Los bancos de ahorro y cooperativos alemanes parecen haber sido significativamente menos rentables que los bancos comerciales alemanes durante la década de 1990 (Goddard & Wilson, 2004).

Los resultados indican que la probabilidad de la creación de valor futuro está positiva y significativamente correlacionada con la rentabilidad. Además, los resultados también sugieren que la creación de valor es afectada por los patrones de la industria[2], el tamaño[3] y la naturaleza de los bienes - la probabilidad de crear valor es más fuerte en las firmas de propiedad privada que en los de propiedad pública. Por último, pero no menos importante, el factor de tendencia en el tiempo es positivo y altamente significativo. Estos hallazgos sugieren que las reformas progresistas de la bolsa de valores de Túnez han atraído a nuevos inversores, lo que a su vez ha contribuido, con sus compras, a la apreciación del valor de las acciones enumeradas.

En un estudio comparativo de la rentabilidad financiera entre los bancos privados de Grecia y los Estados Unidos, Mamatzakis y Remoundos (2003) encontraron que la rentabilidad es explicada por factores internos, como las decisiones de política de gestión[4] y por factores externos, como el entorno económico[5]. Sus resultados muestran que la rentabilidad de los bancos comerciales griegos está marcadamente influenciada por factores relacionados con las decisiones de gestión, a pesar de los cambios en el entorno económico también tuvieron algún impacto.

En síntesis, se puede señalar que de la revisión teórica y empírica un conjunto de factores influyen en la rentabilidad de las instituciones financieras tales como la generación de rendimientos en los mercados de capitales; las políticas de gestión de la institución financiera (tamaño de la empresa, volumen de capital, tipo de propiedad, costos, riesgos); y el entorno económico (la inflación, el sistema de regulación, impuestos,

---

2 La creación de valor en los bancos enlistados en la bolsa de valores.
3 La probabilidad de crear valor es más fuerte en pequeñas firmas que en las más grandes.
4 El tamaño de la empresa, suficiencia de capital, propiedad, estructura de costos, riesgos de negocio.
5 La estructura del mercado, inflación, crecimiento de la masa monetaria.

competencia); la eficiencia operativa que conduce a la concentración; la capacidad de crear valor y las tendencias financieras en el tiempo.

No puede perderse de vista que en la creciente integración de los mercados bancarios europeos, asiáticos y americanos los factores nacionales todavía parecen jugar un papel importante entre los factores determinantes del desempeño de los bancos (Goddard & Wilson, 2004).

De este conjunto de variables, dos parecen relevantes por el contexto actual del sistema financiero mundial con rasgos de *financiarización*: los rendimientos logrados en los mercados de capitales, y las exigencias de capitalización dada la crisis financiera de 2007 – 2009. Tampoco puede perderse de vista que las matrices de las instituciones financieras se desplazan a los países para obtener mejores niveles de rentabilidad y muy seguramente lo hagan con el fin de apoyar, con estos recursos, sus compromisos de deuda en que han incurrido en los últimos dos lustros.

Podemos ejemplificar lo anterior con la información del cuadro comparativo entre Grecia y los Estados Unidos de América que permite evidenciar cómo la rentabilidad medida a través del ROE (rentabilidad financiera) y el ROA (rentabilidad económica) son significativamente diferentes en los bancos extranjeros que operan en Grecia, que en los Estados Unidos donde se encuentran las matrices de los bancos norteamericanos, lo cual va en el sentido de la hipótesis de que las filiales están contribuyendo a estabilizar, e incluso a incrementar la rentabilidad de las matrices.

Cuadro 1
Rentabilidad en Grecia y EUA
1995-1998

	1995		1996		1997		1998	
	Grecia	EUA	Grecia	EUA	Grecia	EUA	Grecia	EUA
ROE %	20.2	11.4	15.9	14.2	16.3	13.9	17.2	17.4
ROA %	1.00	0.54	0.74	0.12	0.82	0.62	1.02	0.78

Source: ECB, EU Banks' Income Structure, april 2000. Tomado de Mamatzakis, E. C. y Remoundos, P. C., 2003

El propósito de ese estudio fue examinar los factores determinantes de la rentabilidad de los bancos comerciales griegos en los años noventa. La rentabilidad de los bancos comerciales se midió a través de los índices de rendimiento sobre los activos (ROA) y de rentabilidad sobre recursos propios (ROE). Las variables que están directamente relacionada con la planificación estratégica de los bancos (es decir, los gastos de personal, la razón préstamos - activos, la tasa de acciones - activos) son los que explican principalmente la rentabilidad. Los resultados reportados también destacan que las economías de escala juegan un papel significativo en el mercado, mientras que es el "tamaño crítico" (la dimensión que más beneficia de las economías de escala) tiene un impacto positivo en la rentabilidad. Finalmente, el tamaño del mercado, una variable externa, definida por el suministro de dinero, influye significativamente en la rentabilidad. (Mamatzakis, E. C. y Remoundos, P. C., 2003).

En México, con la estructura actual de incentivos regulatorios, los bancos orientan su negocio a las actividades que generan ingresos no financieros, que significan importantes utilidades por el pago de comisiones elevadas por parte de los usuarios bancarios, en campos tan diversos como: el crédito al consumo, la transferencia de remesas, la domiciliación de nóminas, y en general de servicios financieros relacionados con operaciones bancarias tradicionales y de mesa de dinero. Un negocio lucrativo para las instituciones financieras, que viene expandiéndose notablemente, dada la desigualdad existente en México, es la gestión patrimonial de la banca privada. Es importante señalar, que el crédito al consumo, es también un área de gran rentabilidad bancaria, dados los diferenciales de tasas existentes, las comisiones generadas por la administración de los créditos, y la gama de otros servicios bancarios relacionados con este producto (ASF, 2011).

En síntesis se puede decir que la rentabilidad tiene dos determinantes la generación de utilidades y las expectativas de ganancias futuras. En el caso de las primeras provienen de los mercados de capitales por la vía de los productos derivados y de la ganancia financiera generada en estos, así como de las comisiones cobradas por los préstamos de corto plazo, más que por la vía de los créditos efectuados. Las expectativas de ganancia se han estado modificando como producto de la elevada volatilidad y el riesgo de los mercados y de la incertidumbre del contexto en que se mueven los negocios a nivel internacional.

Sistema financiero mundial: banca y seguros

Mientras que la economía mundial se encuentra estancada (cuadros 2 y 3), la rentabilidad que ofrecen los mercados financieros sigue creciendo (gráfica 1), a pesar de la crisis de 2007 – 2009. Las tasas de crecimiento económico de países industrializados son las mínimas debido, entre otros aspectos, al bajo nivel de crecimiento de la formación bruta de capital fijo por la contracción de la inversión productiva de largo plazo, y el dominio del espacio financiero sobre el productivo. Este artículo se centra en los márgenes de rentabilidad logrados por estos dos tipos de empresas clave: los bancos y las aseguradoras.

Cuadro 2
Tasa de crecimiento del PIB real (%)
2010-2014

	2010	2011	2012	2013	2014
Europa	2.1	1.7	-0.4	0.0	
Europa (18 países)	2.0	1.6	-0.7	-0.5	
Alemania	4.1	3.6	0.4	0.1	1.6
Francia	2.0	2.1	0.3	0.3	0.4
Reino Unido	1.9	1.6	0.7	1.7	2.6
E.U.A.	2.5	1.6	2.3	2.2	2.4

Fuente: Eurostat

Cuadro 3
Formación bruta de capital fijo
(tasa de crecimiento)
2013-2014

	2013	2014 (trimestres)			
		primero	segundo	tercero	cuarto
Europa	0.7	0.3	-0.7	-0.3	
Europa (18 países)	0.7	0.3	-0.7	-0.3	
Alemania	1.2	3.0	-1.7	-1.2	1.2
Francia	0.1	-0.7	-0.8	-0.6	-0.5
Reino Unido	2.3	2.4	1.3	0.5	-0.5
E.U.A.	1.1	-0.7	2.3	1.6	0.6

Fuente: Eurostat

Gráfica 1

La caída de las tasas de rentabilidad, o su bajo nivel, llevó a que las instituciones financieras voltearán su vista hacia la operación de las filiales en mercados atractivos. La fuerte crisis financiero – especulativa de 2007 – 2009 tuvo como consecuencia lógica que las instituciones *reguladoras* (sic BIP) postularan la ejecución de dos medidas: incrementar los márgenes de capitalización de los bancos comerciales y reducir sus posiciones en instrumentos financieros de alto riesgo (*Risk-weighted asset*, RWA).

Coeficientes de capital y rentabilidad

Uno de los factores determinantes de la rentabilidad quedo evidenciado por el volumen de capitalización de las empresas financieras. Según el Banco de Pagos Internacional (BPI), los bancos de todo el mundo han reforzado su nivel de capitalización: el promedio de *capital ordinario* conocido como CET1 pasó de 8.5%, desde mediados de 2012; a 9.5%, un año después, lo que superaba el valor de referencia establecido por Basilea III para el año 2019 al ubicarlo en 7% (CET1 más colchón de recuperación) (BPI, 2014: 116).

Con ello, los bancos registraron utilidades anuales (después de impuestos y antes de distribuciones) que ascendieron a 482 mil millones de euros lo que significa una cifra cuatro veces superior al déficit de capital (BPI, 2014: 118).

Evidentemente, el incremento de las utilidades permitió mejorar los índices de capitalización que son el principal aspecto considerado por los reguladores, aunque parece ser que lo que provocó ese incremento fue la retención de utilidades, es decir, las utilidades no distribuidas que representaron 2.8 puntos del total de 4.1 puntos porcentuales del aumento del coeficiente de capital bancario sobre RWA entre 2009 y 2011 y, como contraparte, el coeficiente de beneficios distribuidos mediante dividendos disminuyó en casi 13 puntos porcentuales hasta 33%.

Cuadro 4
Calendario del régimen transitorio de aplicación de normas de capital de Basilea III (%)
CETI / RWA (1)

	2014	2015	2016	2017	2018	2019
CETI/RWA	4.0	*4.5*	*4.5*	*4.5*	*4.5*	*4.5*
Cochones de conservación de capital			0.625	1.25	1.875	*2.5*
G-SIB (2)			0.625	1.25	1.875	*2.5*
Nivel 1						
Mínimo (coeficiente sobre RWA)	5.5	*6.0*	*6.0*	*6.0*	*6.0*	*6.0*
Coeficiente de apalancamiento (sobre medida de exposición)	Observación	Divulgación			Incorporación al primer pilar	

Fuente: Elaboración propia con base en información del Banco de Pagos Internacionales (BPI) 84º. Informe Anual 1º. de abril de 2013 – 31 de marzo de 2014. Basilea 29 de junio de 2014.
Notas:
(1) Las letras en cursivas indican la plena aplicación de la correspondiente norma de Basilea III (en términos de coeficiente de capital).
(2) Hace referencia al colchón máximo, según proceda.

La solvencia bancaria lograda por la mayor capitalización producida por la retención de utilidades es un mecanismo que implica dos cuestiones. Por un lado, la acumulación del capital para las empresas bancarias y por ende su concentración y, por otro lado, atar la solvencia de los bancos a las utilidades. En un contexto donde existe una elevada volatilidad e incertidumbres económica y financiera, las utilidades bancarias se obtienen por la vía del crédito, por medio del diferencial entre las tasas pasivas y activas, pero sobre todo por los productos de cobertura.

No obstante, pensar que existen ganancias garantizadas implica concebir un mundo irreal fuera de la incertidumbre. Los márgenes de intermediación financiera se han mantenido en una gran cantidad de bancos de diversos países, e incluso se redujeron en los EUA. En los países de la eurozona los beneficios bajaron como consecuencia de la contracción económica, la disminución de los ingresos y la persistencia de la deuda soberana (BPI, 2014: 118), mientras las utilidades provinieron de menores costos crediticios.

Rentabilidad bancaria y de seguros en países seleccionados

La banca y las aseguradoras, dos instituciones clave del sistema financiero, han logrado adecuados márgenes de rentabilidad, provenientes de las utilidades logradas, a pesar del entorno de crisis económica.

El cuadro 5 identifica el nivel de rentabilidad de los sectores bancario y asegurador en algunas economías importantes. Para medir este nivel, se consideran en total seis indicadores: cuatro para el sector bancario y dos para el asegurador, todos en proporción a los activos totales. Los datos fueron tomados del Banco Internacional de Pagos en su informe anual para 2014.

Para el sector bancario se tomaron en cuenta los indicadores de beneficios antes de impuestos, resultados de intermediación financiera, provisiones incobrables y costes de explotación; mientras que para el sector asegurador son el crecimiento de primas y la rentabilidad sobre la inversión, tanto en seguros no vida, como en los de vida.

En el caso de los bancos, nos centramos en dos de los cuatro indicadores: los beneficios antes de impuestos, y la intermediación financiera. En el caso de la rentabilidad medida a través de los *beneficios antes de impuestos* su comportamiento es cíclico (cuadro 5): en el primer período (2000-2007) los niveles de beneficios son mayores, bajan en el segundo (2008-2012) y se recuperan en 2013 sin lograr alcanzar los que existían antes de la crisis. Este es el caso de Alemania, Australia, Estados Unidos de América, Francia y Reino Unido. En el caso de Japón, y sobre todo China se elevan después de la crisis.

En cuanto a los resultados de la *intermediación financiera* se aprecia que este indicador disminuyó en casi todas las economías, salvo en China, a pesar de que los costes de explotación se contrajeron, lo cual puede ser motivo de la caída del crédito mundial, en esos países en particular.

En la sección del sector asegurador, parte izquierda del cuadro 5, se identifican los seguros no vida (que otorgan protección ante riesgos de pérdida de los activos físicos y de muchas operaciones de servicios), y del lado derecho los seguros de vida. En los primeros, el indicador del *crecimiento de primas* creció en cuatro economías: la alemana, australiana, norteamericana, y japonesa, y disminuyó en tres Francia, Países Bajos y Reino Unido. A pesar del comportamiento de las ventas de primas de los cuatro países del primer grupo, la rentabilidad sobre la inversión ha sido importante, pero ha venido disminuyendo para los seis países seleccionados.

Cuadro 5
Rentabilidad
(en porcentaje de los activos totales)
2000 – 2013

Sector bancario	Beneficios antes de impuestos			Resultados de intermediación financiera			Provisiones por incobrables			Costes de explotación		
	2000-07	2008-12	2013	2000-07	2008-12	2013	2000-07	2008-12	2013	2000-07	2008-12	2013
Alemania	0.26	0.06	0.10	0.68	0.81	0.99	0.18	0.16	0.18	1.38	1.15	1.55
Australia	1.58	1.09	1.28	1.96	1.81	1.79	0.19	0.30	0.17	1.99	1.20	1.11
EUA	1.74	0.53	1.24	2.71	2.49	2.32	0.45	1.06	0.21	3.58	3.01	3.03
Francia	0.66	0.27	0.32	0.81	0.95	0.92	0.13	0.24	0.21	1.60	1.09	1.16
Japón	0.21	0.40	0.68	1.03	0.89	0.77	0.56	0.19	0.02	0.99	0.73	0.60
Reino Unido	1.09	0.19	0.23	1.75	1.12	1.12	0.31	0.54	0.36	2.02	1.27	1.55
China	1.62	1.61	1.86	2.74	2.34	2.38	0.31	0.29	0.25	1.12	1.02	1.01

Sector asegurador	No Vida						Vida					
	Crecimiento de primas			Rentabilidad sobre la inversión			Crecimiento de primas			Rentabilidad sobre la inversión		
	2008	2010	2013	2008	2010	2013	2008	2010	2013	2008	2010	2013
Alemania	1.00	-3.40	3.90	4.03	3.30	2.90	1.00	7.10	1.00	1.30	4.60	5.40
Australia	4.50	5.10	7.10	7.40	6.70	5.00	-11.10	2.40	12.10			
EUA	-0.60	-0.50	4.40	4.30	3.60	3.20	2.40	13.60	4.30	11.90	13.80	7.60
Francia	2.00	4.40	2.30	2.70	2.80	2.10	-8.50	5.00	-5.50	-1.10	7.40	5.10
Japón	-4.10	-0.10	2.80	1.30	1.00	1.00	2.80	3.80	2.20			
Reino Unido	8.40	4.50	1.30	4.00	3.40	2.90	-0.10	-11.50	-13.40	-2.00	0.70	6.50
China	8.70	0.90	-2.00	6.20	3.70	3.10	-29.20	-4.70	5.20			

Fuente: Para el sector bancario, Bankscope con cálculos del BPI; para el sector asegurador, Swiss Re.

Para los seguros de vida (personas, accidentes, gastos médicos) el crecimiento de las primas (su colocación) ha sido muy incierta y cíclica, ya que sube en 2010, con respecto a 2008, para bajar posteriormente en 2013. Esto es así en el caso de países como Alemania, Estados Unidos de América, Francia, Japón y Países Bajos; mientras que en Australia y Reino Unido se presenta un crecimiento constante en los tres años, aunque proceden de una caída muy pronunciada provocada por la crisis financiera de 2007-2009.

El segundo indicador, la *rentabilidad de la inversión* en los seguros de vida únicamente se localizó para cuatro países: sube de manera constante en Alemania y Reino Unido, y es oscilante en Estados Unidos y Francia.

Un tercer indicador, la *rentabilidad de aseguramiento*, expresada mediante la denominada ratio combinada – o la suma de las pérdidas por aseguramiento, gastos y dividendos de tomadores de seguros divididos entre los ingresos por primas – también mejora, pese a los mayores desembolsos por catástrofes naturales.

Las primas en las economías de mercado emergentes (EME) siguieron creciendo con fuerza, apoyadas en muchos países por una economía en expansión, y están reduciendo la gran brecha en la penetración de los productos de seguros con respecto a los mercados maduros.

El crecimiento de las primas ha contrarrestado la escasa rentabilidad de las carteras de inversión. Los bajos rendimientos de los bonos de alta calidad, una clase de activos fundamental para las aseguradoras, siguen siendo un lastre en los ingresos por inversiones. La rentabilidad sobre recursos propios se ha recuperado de los mínimos registrados durante la crisis, pero sigue en niveles inferiores a su promedio histórico. Las escasas perspectivas de crecimiento y las bajas rentabilidades en otra clase de activos han animado a las aseguradoras a buscar mayores rendimientos, impulsando la demanda de valores con mayor riesgo (BPI, 2014: 122-123) lo que eleva su exposición a la vulnerabilidad.

El BIP recomienda la contratación de productos derivados que proporcionen una buena cobertura para posibilitar a las aseguradoras salir beneficiadas con las reformas del mercado extrabursátil, *over the counter* (OTC), que debería reducir el riesgo de contraparte.

Como se ve las recomendaciones van dirigidas a continuar con la especulación y a proponer la búsqueda de ganancias financieras muy riesgosas a pesar de las medidas de control en los niveles de capitalización.

De lo anterior, podemos concluir que los sectores bancario y asegurador de los países seleccionados tuvieron comportamientos heterogéneos: mientras mayor la economía más estable el desenvolvimiento de la rentabilidad en ambos sectores.

Las utilidades de las empresas filiales

Las utilidades agregadas de las filiales a nivel mundial ascendieron a 1,100 billones de dólares en 2007 y su tasa de utilidades creció en 7% - calculada como la tasa de ingreso neto a las ventas - y fueron logradas más en los países en desarrollo, que en los desarrollados.

Las causas del incremento de las utilidades de las filiales en comparación con las registradas en las matrices se pueden encontrar en sus altas ganancias por las ventas, y la caída en la participación del ingreso de los trabajadores, esto ha permitido que se lleve a cabo la transferencia del 70% de las utilidades de las filiales a las matrices, lo que es consistente con el rol que las empresas transnacionales de los grupos financieros asumen en el contexto de globalización caracterizada por la polarización.

El punto clave es que las altas utilidades no condujeron a mayor inversión, ni al aumento de la productividad, ni de la innovación. Lo que se tiene es una superabundancia de recursos soportada por tasas de interés que estimulan la especulación (Reyes, 2015).

Rentabilidad financiera en México

En la mayoría de las entidades financieras integrantes del sistema, la rentabilidad es mayor que la obtenida por empresas no financieras que cotizan en la Bolsa Mexicana de Valores (BMV). Destaca por su importancia la lograda, en 2014, por los fondos de inversión que alcanzaron el 61.3% de rendimiento medido como la proporción entre la utilidad neta y el capital contable invertido. Le siguen en relevancia las afianzadoras (35.1%) y las casas de bolsa (20.4%).

El objeto de estudio de este artículo se encuentra dirigido a identificar las causas y condicionantes de la rentabilidad obtenida por los bancos comerciales y las aseguradoras, dos de las corporaciones protagonistas a nivel nacional e internacional de la actuación del sistema financiero. En el caso de las primeras, en 2014, su nivel de rentabilidad fue de 13.3%, mientras que en 2010 y 2013 el rendimiento fue de 13.4% y 15.4%, respectivamente. Las aseguradoras habían venido presentando niveles de entre 15% y 16.6% entre 2010 y 2013, para caer a 9.8% en el primer semestre de 2014.

Cuadro 6
Rentabilidad
Intermediarios financieros y empresas no financieras que cotizan en la BMV

	Rendimiento del capital (Utilidad neta como proporción del capital contable)		
	2010	2013	2014 (junio)
Banca comercial	13.4	15.4	13.3
Siefores (afores)	26.6	15.8	18.4
Fondos de inversión	29.9	43.5	61.3
Instituciones de fomento	6.6	4.0	5.8
Seguros	15.0	16.6	9.8
Fianzas	18.5	15.0	35.1
Casas de bolsa	20.7	22.3	20.4
Sofomes reguladas	10.0	13.2	10.6
Sofomes no reguladas	-0.9	n.d.	n.d.
Entidades de ahorro y crédito popular	6.7	6.6	7.9
Uniones de crédito	6.8	6.2	6.4
Almacenes generales de depósito	6.2	19.7	2.2
Empresas de la BMV	14.2	13.0	8.6

Fuente: Elaboración propia con base en información de Banxico, CNBV, CONSAR, CNSF y AMFE

Conclusiones

La rentabilidad es una variable esencial que motiva a las instituciones financieras (banca comercial y aseguradoras) a cumplir diversos objetivos: la innovación financiera, el desplazamiento a los mercados emergentes como el mexicano, y a intervenir fuertemente en los mercados de capitales. Todos estos fenómenos son conocidos en su conjunto como el proceso de financiarización. En este documento destaca el análisis de la conceptualización conceptual - técnica de la rentabilidad y se pone especial interés en el análisis de los determinantes de la rentabilidad, así como en el estudio del comportamiento de esta indicador en países seleccionados (EUA y naciones europeas) para posteriormente observar el caso de México.

A nivel internacional se observa en el sector bancario que los beneficios antes de impuestos aumentan en Japón y China (ambos asiáticos), mientras que en los demás países europeos se contrae. En el indicador de resultados de intermediación financiera aumenta en Alemania y Francia (los dos gigantes de la eurozona) y disminuye en los demás países.

Por su parte, en el sector asegurador, la rentabilidad de los seguros de vida aumenta en Alemania, Francia y Reino Unido, mientras se contrae en los demás países incluido EUA; en los seguros no vida la rentabilidad cae en todos los países seleccionados sin excepción, lo que es consistente con la crisis productiva que afecta principalmente a los países desarrollados occidentales.

En el caso mexicano, es interesante observar que entre 2010 y 2014, los fondos de inversión son los que más alta rentabilidad presentan con el 65%, seguidos de las operaciones de fianzas, 35%; casas de bolsa, 20% y siefores, 18%; mientras que la correspondiente a la banca y a las aseguradoras fue de 13.3% y 9.8%, respectivamente. Esto sin tomar en cuenta seguramente las operaciones *off-balance set*.

Es apremiante la aplicación de políticas que regulen el funcionamiento del sistema financiero nacional, frenen la especulación, permitan el crecimiento económico de largo plazo, apoyen el desarrollo empresarial del país e incentiven la innovación y la investigación para elevar la eficiencia y competitividad de las empresas. Un nuevo modelo financiero deberá configurarse con miras a la atención de los grandes problemas y contradicciones que el desempeño del sistema financiero ha venido presentando como la concentración de la riqueza y el crecimiento de la pobreza con consecuencias generacionales: un nuevo modelo de país es imprescindible.

Bibliografía

- Akhtar, M.F., Ali, Kh., & Sadaqat, S. (2011), "Factors Influencing the Profitability of Islamic Banks of Pakistan". *International Research Journal of Finance and Economics*, (66), 125-132.
- Ali, S. A., Shafique, A. & Razi, A. (2012) "Determinants of profitability of Islamic Banks, A case study of Pakistan." *Interdisciplinary Journal of Contemporary Research in Business* 3(11), 86-89.
- Auditoría Superior de la Federación (ASF) (2011), *Sistema Financiero Eficiente y Desarrollo Económico* Documento Sectorial No. 11, Evaluación Sectorial de la Cuenta Pública, Unidad de Evaluación y Control de la Comisión de Vigilancia, LXI Legislatura Cámara de Diputados, México, octubre
- Bain , J. S. (1951): "Relation of Pro fit Rate to Industry Concentration", *Quarterly Journal of Economics* 65, págs. 293-324.
- Banco de Pagos Internacionales (BPI) (2014) 84°. Informe Anual 1°. de abril de 2013 – 31 de marzo de 2014. Basilea 29 de junio
- Banco de México (2014), *Reporte del sistema financiero*, octubre
- Bolsa Mexicana de Valores (BMV)
- Comisión Nacional Bancaria y de Valores, Boletines Trimestrales.
- Comisión Nacional del Sistema de Ahorro para el Retiro *Informes anuales*
- Comisión Nacional de Seguros y Fianzas, *Anuario Estadístico de Seguros* y *Actualidad en Seguros y Fianzas*
- Demsetz, H. (1974): "Two Systems of Belief about Monopoly", en *Industrial Competition: The New Learning*, H. Goldsch mid, H.M. Mann, y J. F. Weston (eds.), págs. 164-184. Boston, Little, Brown, and Company.
- Eurostat.
- Gironella, Emilio (2005) "El apalancamiento financiero: de cómo un aumento del endeudamiento puede mejorar la rentabilidad financiera de una empresa" Universitat Pompeu Fabra y Gironella Velasco Auditores *Revista de Contabilidad y Dirección* Vol. 2, año 2005, pp 71-91
- Goddard, John & John O. S. Wilson (2004) "The profitability of european banks: a cross-sectional and dynamic panel analysis", The Manchester Scholl, Vol. 72, No. 3 June, 1463-6786 363-381
- Malik, Hifza (2011), "Determinants of Insurance Companies Profitability: an Analysis of Insurance Sector of Pakistan", *Academic Research International*, Volum 1, Issue 3, november ISSN: 2233-9553

- Mamatzakis, E. C. y Remoundos, P. C. (2003), "Determinants of Greek Commercial Banks Profitability, 1989 – 2000" Vol. 53, No 1, University of Piraeus.
- Morillo, Marisela (2001), "Rentabilidad Financiera y Reducción de Costos", *Actualidad Contable FACES*. Año 4 No. 4, Enero-Junio. Mérida. Venezuela.
- Mudos, Joaquín (2001) "Rentabilidad, estructura de mercado y eficiencia de la banca", *Revista de Economía Aplicada*, Universidad de Valencia e Ivie, Num. 25, Vol IX, pags. 193-207
- Peltzman , S. (1977): "The Gains and Losses from Industrial Concentration", *Journal of Law and Economics* 20, págs. 229-63.
- Revista Sigma Suiss Re, años 2004 a 2014
- Reyes-Durán, José (2015) "Centralización y crisis: el papel de los grupos financieros" en Reformas financieras y desarrollo económico en un entorno de crisis, libro en proceso de edición digital
- Siddiqui, A. (2008), "Financial contracts, risk and performance of islamic banking," Managerial Finance. *Managerial Finance*, 34 (10), 680-694)
- Sriyana, Jaka (2015) "Islamic Bank´s Profitability Amid the Competitive Financing in Indonesia", IJABER, Vol. 13, No. 4 pp. 1695-1710.
- Sufian, F. & Habibullah, M. S. (2009), "Bank Specific and Macroeconomic Determinants of Bank Profitabilty: Empirical Evidence from the China Banking Sector." *Front. Econ. China*, 4(2), 274-291

Anatomía de una crisis. El caso de México y Grecia

Sandra Patricia Herrera[6]

Resumen

En una época donde resulta imposible aislarse de las relaciones comerciales y financieras con otros países, es indispensable contar con información que permita a los tomadores de decisiones implementar las acciones necesarias a fin de aminorar los efectos de *shocks* internacionales. La reciente crisis económica internacional del año 2008, demostró que el efecto de contagio hacia otros países es diferenciado en magnitud. Este trabajo presenta cuatro aspectos: un esbozo de los principales enfoques teóricos que explican la crisis, y su tipología; un resumen sobre los antecedentes relativos a los principales países involucrados desde el año 2008 para diferenciar indicadores de la economía; en el tercer y cuarto apartado se trata el tema de México y Grecia para finalizar con algunas conclusiones.

Introducción

Para ello se analiza el caso de dos países en particular, en primer lugar México cuya relación comercial es altamente dependiente de la economía de Estados Unidos, por lo que los efectos de la crisis continúan manifestándose, aunado a cuestiones políticas por la adaptación a las reformas instauradas principalmente en los años 2013 y 2014 y recientemente por la presión a la baja del poder adquisitivo del tipo de cambio del peso mexicano respecto al dólar y la caída de los precios del petróleo a nivel internacional.

Por otro lado se encuentra la economía de Grecia cuya crisis se acentúo al no poder cubrir sus obligaciones crediticias con otros países e instituciones financieras y vencerse el plazo para el pago de deuda, aunado a las decisiones en materia política, económica y social en la que se encuentra sujeto el país.

Este trabajo se divide en cuatro partes. En el primer apartado se presenta un esbozo de los principales enfoques teóricos que explican la crisis, así como una tipología de las mismas; posteriormente se hace un

---

6 Licenciada en Economía por la Universidad Autónoma de Zacatecas. Docente del Instituto Tecnológico Superior Zacatecas Occidente. Contacto: *spatriciahc@gmail.com*

breve resumen sobre los antecedentes relativos a los principales países involucrados desde la crisis financiera de 2008 hasta nuestros días, para de esta manera diferenciar el comportamiento de los indicadores de la economía de manera diferenciada; en el tercer y cuarto apartado se trata el tema de dos países en específico, en primer lugar el caso de México y en el cuarto apartado el caso de Grecia para finalizar con algunas conclusiones relativas al tema.

1. Enfoques teóricos de las crisis. ¿Cómo se desarrollan?

Las crisis se definen como periodos en que la economía cae en un estado de recesión, utilizando como principal indicador la disminución prolongada del producto interno bruto (PIB), que algunos autores consideran dos trimestres consecutivos mientras que otros consideran que se debe presentar de manera continua durante dos semestres. En un escenario de crisis, el sistema financiero influye fundamentalmente en su generación y desarrollo.

De acuerdo con Mántey (1994), el mercado financiero tiene por objeto canalizar recursos de las unidades superavitarias de la economía a las unidades deficitarias. Se dice que la intermediación financiera acelera el desarrollo económico, porque adapta los instrumentos de captación de recursos a las preferencias del público ahorrador y canaliza esos recursos de acuerdo con las necesidades de las unidades productoras; sin embargo, en el mercado financiero moderno operan otros mecanismos que alteran el funcionamiento del sistema y generan que se haga uso de esos fondos de ahorro para ser usados como instrumentos de deuda que generan una ganancia mayor, trasladando el riego a otras instituciones financieras y bancarias, lo cual es posible dado que es muy poco probable que todos los ahorradores demanden sus depósitos al mismo tiempo.

Siguiendo a Parodi (2009) quien hace una simplificación de las tipologías de crisis financieras, podemos identificar tres que han caracterizado tanto a las economías emergentes como a las avanzadas:
* Crisis fiscales: cuando el gobierno pierde la capacidad de pagar su deuda.
* Crisis cambiarias: cuando la autoridad monetaria decide devaluar la moneda
* Crisis bancarias: cuando los bancos tienen problemas de liquidez o insolvencia

Un cambio de expectativas puede hacer que se presenten las tres simultáneamente, debido a la interconexión de los mercados. Desde un punto de vista microeconómico, las crisis financieras se derivan de los problemas de selección adversa e información asimétrica.

La presencia de una posible crisis puede percibirse a través de la formación de burbujas especulativas que al estallar, afectan a toda la estructura financiera y después la producción real de una economía.

Las burbujas son auges seguidos de desplomes en los precios de los activos, acciones o divisas, durante un periodo corto de tiempo. En ambas fases predominan aspectos psicológicos en los inversionistas, primero optimismo y altas expectativas y luego pesimismo al estallar la burbuja ya que se procede a la venta del activo y por consiguiente la disminución en el precio.

Girón (2010) explica que las amplias fluctuaciones, es decir las burbujas (auges seguidos de desplomes) en los precios de los activos, de las acciones o de las divisas atentan contra la estabilidad económica, al amenazar la solvencia de los intermediarios financieros y distorsionar las decisiones de consumo, inversión y política fiscal; de esta manera, las burbujas influyen prácticamente sobre cualquier aspecto de la vida económica. Se dice que hay una burbuja cuando los valores se apartan en gran medida de su valor fundamental; sin embargo, este último es difícil de determinar.

Una explicación alternativa a la anterior, señala que la inestabilidad financiera es endógena al sistema y no un choque exógeno a través de burbujas o la exuberancia irracional. Esta hipótesis es desarrollada por Minsky (1992), quien sostiene que la fragilidad financiera aumenta en periodos de auge. El crecimiento económico estable y sostenido, la baja inflación y otros indicadores alteran el comportamiento de los inversionistas, despiertan los *"espíritus animales"* y aparece la euforia especulativa, generando un boom crediticio que lleva a caídas en los precios y pérdidas que requieren la intervención de los bancos centrales, apareciendo así el *"momento Minsky"*.

Una característica de la mayoría de las crisis es la transmisión de un choque inicial en un país a otros mercados alrededor del mundo. Este fenómeno se denomina *contagio* y ha sido definido de distintos modos, Eichengreen y Rose (1999) y Kaminsky y Reinhart (1999) conceptualizan al contagio como una situación en la que una crisis en cualquier país aumenta la probabilidad de una crisis en los demás.

Existen dos mecanismos esenciales de propagación de los *shocks* internacionales:

i. cambios globales que afectan a todos los países, y
ii. provienen de la relación comercial entre países

El *contagio* ocurre si la extensión de la crisis en cada país puede ser explicada por lo que ocurre en otra parte.

Lagunes (2009) hace una nueva tipología del contagio, dividiéndolo en tres con base en elementos racionales y fundamentales económicos:

- desbordamiento (*spillover*): la degradación de indicadores de un país, afecta a quien tenga relaciones estrechas con él.
- por iliquidez: la probabilidad de contagio será mayor en mercados emergentes
- por similitud: se da en un grupo de países similares por proximidad cultural.

En cuanto a los canales de transmisión de la crisis entre países se destacan dos:

1. Enfatiza en los desbordamientos de la interdependencia normal entre economías de mercado.
2. Es causada por un fenómeno irracional, tal como el pánico financiero, resultado del comportamiento de los inversionistas.

En cuanto a los canales de transmisión de la crisis a los países emergentes tenemos: el precio de las *commodities*, la afectación sobre el comercio internacional y las presiones sobre el mercado financiero global. En términos generales sufrirán, en mayor medida, las economías emergentes y dependientes del comercio exterior, endeudadas y con déficit fiscal.

Finalmente, los mecanismos de contagio de las crisis financieras en los países emergentes, pueden ser explicados por los modelos generacionales de inestabilidad financiera, los cuales se dividen en tres:

- Primera generación: explican las crisis en la balanza de pagos, aparecen como explicación a las situaciones de impago de deuda externa, señalan que los tipos de cambio fijos llevan a crisis cambiaria, que lleva a un desequilibrio estructural de la balanza de pagos, que a su vez obligará a una devaluación. En otras palabras, existe una incompatibilidad de la política cambiaria con respecto a la política fiscal y monetaria (Soto, 2010).
- Segunda generación: Sostienen la focalización en la probabilidad de una crisis cambiaria en una economía con fundamentos económicos sólidos. Se generan ataques especulativos y el mercado percibe inconsistencias en las políticas
- De tercera generación o crisis gemelas: surgen en situaciones en que la economía atraviesa problemas cambiarios y bancarios simultáneamente.

Medina, citado en García (2007), concluye diciendo que esta tipología de modelos, es muy importante las expectativas en el comportamiento de la economía, así un cambio en las expectativas de los agentes sobre la posibilidad de que ocurra una crisis, puede conducir a un deterioro de las principales magnitudes macroeconómicas.

2. Antecedentes de la crisis actual

En los meses de septiembre y octubre de 2007 se comenzaron a manifestar los principales acontecimientos que provocaron el estallido de la más reciente crisis financiera internacional, originada en el país más poderoso del mundo: Estados Unidos. Sin embargo, esta crisis fue resultado de una serie de fases por las cuales atravesaron los mercados financieros y de servicios.

La primera fase inició con la burbuja inmobiliaria estadounidense, que se gestó cuando el valor de los inmuebles creció de manera desproporcionada. En la fase siguiente se contagió al sector financiero a través del mercado *subprime*[7] que englobó a un total de 7 millones de familias con este tipo de hipoteca, que fueron las que aumentaron el riesgo del mercado al tener bajos ingresos, no contar con garantías y tener una tasa alta en el incumplimiento de sus pagos.

En el año 2007, surgieron algunas de las operaciones claves para el desencadenamiento de la crisis; las más importantes resultaron de las prácticas financieras riesgosas que provocaron la quiebra de muchos bancos de inversión en Estados Unidos y Europa principalmente.

La quiebra del banco de inversión más antiguo de Estados Unidos y cuarto banco de inversión más grande de Wall Street: Lehman Brothers, en septiembre de 2008, marcó una pauta importante en la gestación de la crisis al generar un ambiente de pánico en los mercados a nivel mundial.

En la tercera fase, las autoridades financieras y monetarias, realizaron operaciones para reactivar los mercados ante el riesgo creciente de crisis, provocado por el caos y la incertidumbre surgida ante las noticias de pérdidas de algunos bancos y las dos aseguradoras más importantes del país: Freddie Mac y Fannie Mae.

En los países industrializados, la actividad productiva se vio gravemente afectada y el sistema financiero siguió descapitalizado; en este contexto, el contagio de la crisis adquirió magnitud mundial a través del sector financiero por medio de las instituciones financieras de E.U. y los países desarrollados, afectando posteriormente a los mercados emergentes.

7 Los préstamos subprime son aquellos préstamos que tienen un tipo bancario mayor que el tipo preferencial. En los Estados Unidos se conoce por préstamo hipotecario subprime a aquellos que no cumplen las directivas de Fannie Mae o Freddie Mac.

Esta situación fue consecuencia de la adopción generalizada de la financiación fuera del balance, combinada con una gestión procíclica del apalancamiento financiero como mecanismo para el contagio y la desaceleración del crecimiento económico a nivel mundial (Titelman et. al., 2009). Es decir, se estaba financiando a personas insolventes sin regulación, por lo que la gestión procíclica de la deuda de los bancos, resultó ser anticíclica para el resto de la economía.

Los canales de transmisión de la crisis hacia los países de América Latina tuvo diversas manifestaciones como la caída del volumen del comercio internacional (Ocampo; 2009). En México por ejemplo, la caída de las exportaciones fue muy significativa ya que paso de 1.5% respecto al PIB en 2007 a -5% en el año 2008 y en cuanto a las importaciones la caída fue de 4% a .5% en relación al PIB respectivamente (OMC, 2012).

A raíz de esto las autoridades de los países desarrollados comenzaron a promover programas para enfrentar la crisis inyectándole recursos en cantidades importantes para el rescate de las entidades financieras de países desarrollados como España, Grecia, Italia, Inglaterra entre otros. No obstante, la actual crisis se caracterizó por ser global; no solo por su dimensión espacial sino porque afecta toda la estructura financiera (Guillén, 2009).

En los países de Europa, la situación económica posterior a la crisis no ha sido muy diferente puesto que no se han mejorado los indicadores económicos más importantes como la contención de las tasas de desempleo sobre todo entre los jóvenes principalmente en España y Grecia.

Éste último ha sido lacerado gravemente por su situación crediticia, cuyo origen se remonta mucho tiempo atrás en la historia sin embargo nos centraremos a partir de la década pasada, específicamente en el año 2004 año en que Grecia fue sede de los Juegos Olímpicos para cuya ejecución gastaron mucho más de lo inicialmente presupuestado.

Después de cinco años, en medio de la crisis internacional el primer ministro griego, anunció que su país había sido parte de los contratos de derivados diseñados por los bancos de inversión terminando en 2009 con un déficit del 15% y una deuda pública del 120% de su PIB.

Actualmente la situación es aún más desfavorable para Grecia y el punto de inflexión surgió el pasado 29 de Junio de 2015, cuando se venció la fecha límite para el pago de sus acreedores, mismos que comenzaron a presionar al gobierno griego para que cubriera sus obligaciones, generando un pánico en el mercado financiero interno y en la economía a nivel global principalmente en el sector bursátil, traducido en la caída de las bolsas de valores del mundo y el precio de algunas monedas como el peso mexicano, en el apartado cuatro se explica un poco más a detalle éste fenómeno.

3. Síntomas de la crisis en México

En el caso de México los efectos de la crisis mundial del año 2008, se dejaron sentir de forma retardada pero importante, debido a la sincronización y características de los ciclos económicos de México con Estados Unidos; lo cual se explica por el gran lazo comercial entre ambos.

Dentro de las consecuencias de la crisis está, la pérdida de inversiones, la disminución de las jornadas laborales en Norteamérica, la subida de precios de los *commodities* y la pérdida de valor de la moneda nacional, que pasó de un nivel mínimo de 9.88 pesos por dólar alcanzado en agosto 2008, hasta ubicarse en 15.5 pesos por dólar en marzo de 2009 (CNN expansión, 2009).

El nivel más alto registrado hasta el pasado 22 de Julio del 2015 cuando se ubicó en 16.42 pesos por dólar alcanzando su máximo histórico, esto debido entre otros factores a la baja en los precios internacionales del petróleo, a la crisis en Grecia y a las expectativas de las tasas de interés en Norteamérica, tal y como se muestra en el siguiente gráfico:

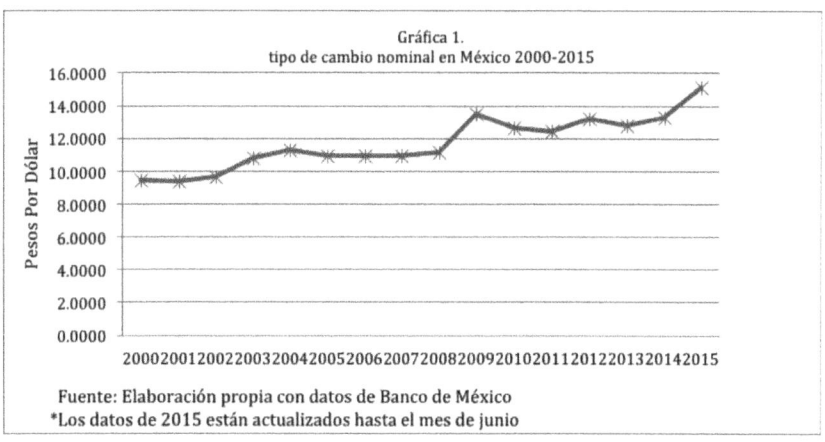

Gráfica 1.
tipo de cambio nominal en México 2000-2015

Fuente: Elaboración propia con datos de Banco de México
*Los datos de 2015 están actualizados hasta el mes de junio

Los canales de transmisión mencionados, provocaron el cambio en el comportamiento de las principales variables macroeconómicas de México como el producto interno bruto (PIB), que tuvo una caída significativa en el año 2009 respecto al anterior del 6.1% (INEGI, 2010), en términos reales también disminuyó su tasa de crecimiento al pasar de 4.8% en el año 2007, hasta 1.3% en 2009 (CIA, 2010).

El desempleo es una de las variables más afectadas en todo el mundo por las crisis y México no fue la excepción: para 2007 la tasa de desempleo fue de 3.2%, y asciende a 5.5% en el año 2010 (CIA, 2010). En el registro de 2008 respecto a 2007, hubo una pérdida de casi 30 mil empleos formales. En 2009, respecto a 2008, se cancelaron 601 mil plazas en el IMSS. Aunado a esto se afectaron los componentes de la demanda agregada y hubo un alza significativa de los precios, que generaron un escenario de incertidumbre para los inversionistas y la población en general al disminuir sus niveles de consumo.

A pesar de no ser uno de los mecanismos principales de transmisión de la crisis, en México bajó significativamente el flujo de remesas monetarias recibidas de EU, debido al aumento del desempleo y a la crisis del sector de la construcción que dejó sin empleo a 1 364 000 mexicanos en este sector de 2008-09 (CONAPO; 2011), los cuales disminuyeron sus envíos.

Las medidas adoptadas por las autoridades mexicanas, se encaminaron al control de la inflación variable que presentó una caída en 2009 de 2.5 puntos porcentuales respecto al año anterior. Además las autoridades en el discurso político promueven mantener los controles de política monetaria y fiscal, para enfrentar sus efectos, y en el caso de la depreciación del peso mexicano en días recientes Banxico decidió subastar 200 millones de dólares diarios para "preservar la estabilidad del país".

Haciendo una revisión de la situación económica del país en el periodo de la crisis tenemos diversos efectos: El crecimiento de la producción industrial (manufactura, minería y construcción) fue negativo, pasando de 1.4% en 2008 pero bajando a 0.7% en 2009 y llegando hasta -7.3% para el año 2010. Las exportaciones presentaron una caída de 61.5 miles de millones de dólares en el año 2009 respecto al anterior, y las importaciones bajaron 74.2 miles de millones de dólares, lo cual, aunque refleja superávit comercial, también nos indica la caída de la participación de nuestro país en la dinámica comercial internacional. También hubo variaciones importantes en la bolsa mexicana de valores al caer 41.5% de 2009 a 2010 (CIA WorldFactbook; 2010) y recientemente tras la noticia de la crisis griega recibió una pérdida de 1.19% el 29 de Junio de 2015.

Otras causas de la vulnerabilidad de nuestra economía ante los choques externos se deben a la debilidad de la estructura financiera y nuestra dependencia del precio del petróleo, lo cual tras la caída reciente del mismo es uno de los causantes de la depreciación de la moneda nacional, aunado a la adaptación que tienen los mercados respecto a la Reforma Energética aprobada en diciembre de 2013 en el congreso que sin duda, son factores que contribuyen a la desestabilización de la economía nacional.

4. Comportamiento de la crisis en Grecia

De los países miembros de la Unión Europea, Grecia ha sido el más afectado por la crisis, debido principalmente a su alto grado de apalancamiento financiero[8] para financiar su déficit público. Posterior a la crisis de 2008, específicamente en el año 2010, Grecia fue incapaz de continuar el pago de su deuda a sus acreedores, por lo que implementaron ciertas medidas de austeridad que provocaron descontento social por lo que tuvieron que recurrir a un nuevo crédito con la Unión Europea para su rescate. De acuerdo con Katz (2015), para el año 2009 Grecia tenía una contracción del 25% en su PIB, una tasa de desempleo del 25% y la deuda de 180% con respecto al PIB, resultado del manejo irresponsable de sus Finanzas Públicas.

Este comportamiento irracional en el manejo de las finanzas, ocasionó que éste país se declarara insolvente cuando se venció el plazo para el pago de la deuda a sus acreedores, por lo que comenzó a optar medidas restrictivas para el retiro de depósitos permitiendo retirar a los ciudadanos únicamente 60 euros diario.

Esta situación provocó un caos en el mercado interno al presentarse una caída en las importaciones, la liquidez y por ende el consumo interno, aunado al pánico en los mercados bursátiles internacionales por la baja en las expectativas.

Para la renegociación de la deuda, los acreedores del país heleno, impusieron una serie de condiciones mediante un referéndum que fue votado por los ciudadanos si se aceptaba el "sí" al referéndum, Grecia se vería obligada a aceptar las medidas impuestas por la troika, en cambio el ganador fue el "no" en más del 60% lo que representó mejorar (en un principio) la situación de endeudamiento y renegociación con los acreedores.

En este sentido, y tras cambios en el gabinete del primer ministro Alexis Tsipras resultado de la respuesta al referéndum, el gobierno griego sigue enfrentando hasta ese momento (10 de agosto de 2015) las condiciones impuesta por los acreedores, entre lo que destaca (ver gráfica 2), Alemania con 68.2 miles de millones de euros, Francia con 43.8 e Italia con 38.4 siendo los tres principales, sin embargo la otra mitad de la deuda está distribuida entre otros países e instituciones financieras internacionales alcanzando un total de más de 350 millones de euros.

---

8 Es simplemente usar endeudamiento para financiar una operación. Es decir, en lugar de realizar una operación con fondos propios, se hará con fondos propios y un crédito. La principal ventaja es que se puede multiplicar la rentabilidad y el principal inconveniente es que la operación no salga bien y se acabe siendo insolvente.

Gráfica 2. Acreedores de Grecia

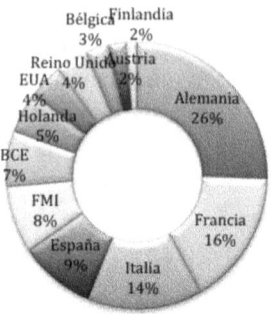

Fuente: Bloomberg

En el gráfico 3 se presenta la evolución de la deuda en Grecia a partir de la década pasada y se hace un comparativo respecto a la deuda en México, como se puede observar la deuda en Grecia crece de manera importante a partir de la crisis de 2008.

Gráfica 3. Evolución de la deuda pública en Grecia y México 1999-2014

FUENTE: Elaboración propia con datos del Banco Mundial

El país deudor deberá adoptar las medidas necesarias para salir de la crisis fiscal en que se encuentra y solventar su deuda, de cualquier manera será interesante analizar el caso y continuar la evolución de dicho fenómeno. Es decir, se enfrenta a una disyuntiva, salir de la zona del euro o adoptar por completo las medidas impuestas por el Banco Central Europeo y los acreedores financieros, entre ellas la política de austeridad en las finanzas públicas que permitan contar con los recursos suficientes para solventar los problemas de endeudamiento.

Conclusiones

La crisis financiera reciente mostró que problemas locales como lo fue la insolvencia de pago por parte de familias en EU y su burbuja inmobiliaria y la crisis de deuda en Grecia, puede llegar a escalar magnitudes a nivel internacional y tener efectos sobre la economía real, afectando ingresos y empleos de las personas de otros países.

Los efectos y consecuencias de la crisis económica internacional y sus impactos a nivel nacional y local resulta en una imperiosa necesidad de dar cuenta de los fenómenos asociados a dicha crisis, los cuales no se reducen únicamente a la disminución de la perspectiva de crecimiento económico a nivel del país, ya que agravan las condiciones de lograr un desarrollo económico integral en el mediano y en el largo plazo.

Ante situaciones de apertura comercial y vinculación financiera mundial, la correcta medición y comparación a nivel país-estado, de los efectos ocasionados por shocks internacionales se convierten en fuentes importantes de información para aplicar políticas económicas certeras que mitiguen el impacto de estas perturbaciones.

Esto generalmente impide a los gobiernos tomar las acciones pertinentes, las cuales pueden o no estar en sincronía con las tomadas a nivel país, ya que los efectos pueden ser distintos y de distintas magnitudes. Es importante el análisis del tema en nuestro país para analizar la vulnerabilidad en su economía ante acontecimientos de carácter global y cuáles son los efectos más importantes, que permitirá la implementación de medidas de política económica más adecuadas de acuerdo a las características de cada uno.

Finalmente, se puede concluir que se debe priorizar el uso responsable de las finanzas públicas y el crédito, que si bien sirve de conexión entre el sistema financiero y la economía real para generar desarrollo económico, el uso desmedido del crédito y el apalancamiento en países como Grecia genera riesgo e inestabilidad en los mercados al declararse insolvente y simplemente gastar más de lo que su economía genera.

Referencias

- Banco de México (2009). indicadores económicos, recuperado electrónicamente en: www.banxico.org.mx
- Bolsa Mexicana de Valores, S.A. de C.V. Indicadores bursátiles.
- FMI, Fondo Monetario Internacional (2013). World Economic Outlook and Financial Surveys. World Economic Outlook Database

- García, Sofía y Vicéns, José (2007). Últimas aportaciones en la explicación de las crisis cambiarias: el caso de las crisis gemelas. Cuadernos de economía. Vol. 30, Núm. 82, enero-abril. Pág. 75-100.
- Girón Alicia, Correa Eugenia y Rodríguez Patricia (coordinadoras), (2010). Banca Pública, crisis financiera y desarrollo. UNAM, Instituto de Investigaciones Económicas.
- INEGI (2010). Censo de Población y vivienda 2010. México
- _____ (2012). Encuesta Nacional de Ocupación y Empleo
- Kaminsy, Graciela and Reinhart, Carmen (1999). On crises, contagion and confusion. Duke University. Conference of Globalization, capital market crises and economic reform.
- Mantey, Guadalupe (1994). Lecciones de economía monetaria. Unidad academica de los ciclos profesional y de posgrado- CCH. Facultad de Economía de la UNAM.
- Minsky, Hyman P. (1987). Las razones de Keynes. Ed. Olimpia, México, D.F. fondo de cultura económica pp. 123-140
- Parodi, Carlos (2009). Las crisis financieras: un marco conceptual. Universidad del Pacífico, Centro de Investigación. Lima Perú. Diciembre
- Perrotini, Ignacio (2009). La Crisis de Financiarización y su Impacto en México. UNAM, México D.F.
- Saavedra, María Luisa (2008). La crisis financiera estadounidense y su impacto en la economía mexicana. American financial crisis and its impact on Mexican economy. Revista Economía, XXXIII, Núm. 26 (julio-diciembre), Pág. 11-41
- Shiller, Robert J. (2003). Irrational Exuberance. Currency doubleday. New York. United States
- Soto, Roberto (2010). Especulacion e innovación financiera. Mercado de derivados y consecuencias macroeconómicas en México. Editorial Miguel Ángel Porrúa. Universidad Nacional Autónoma de México. México D.F.
- Stiglitz, Joseph E. (1990). Simposium on bubles. The Journal of Economic Perspectives, Vol. 4, No. 2. Spring, pp. 13-18.
- Titelman, Daniel et. al. (2009). ¿Cómo algo tan pequeño terminó siendo algo tan grande?. Crisis financiera, mecanismos de contagio y efectos en América Latina. Revista CEPAL. Núm. 98 agosto
- Villagómez, Alejandro (2011). La primera gran crisis mundial del siglo XXI. Gestación, impactos y consecuencias de la debacle financiera. Ensayo Tusquens editores

TEMA II. MONEDA, CRÉDITO Y ACUMULACIÓN

Moneda, crédito y acumulación de capital: reflexiones a partir de Marx y Hilferding

Monika Meireles[9]

Resumen

Nuestro foco de atención es analizar a los autores que inspiraron, en el campo de la heterodoxia a nivel mundial, los siguientes debates: a) la concepción de la *moneda endógena*, común a los poskeynesianos y a la teoría del circuito monetario de origen francés; y b) la visión del dinero como *equivalente general* y como *crédito* en la tradición marxista.

Introducción

En la heterodoxia del campo económico no es novedad que se tiene una membrana fluida, una frontera extremamente líquida, entre los llamados lados "real" y "monetario" de la economía. Si la separación entre los hipotéticos dos "lados" se hace por una facilidad analítica, en términos de realidad económica los flujos de ambos circuitos son inexorablemente conectados y por distintos canales. El principal eslabón que los amarra es la inversión productiva, más precisamente si se piensa en los términos de las condiciones de financiamiento con las cuales se depara el empresario para tomar su decisiones sobre las formas, sectores y niveles de inversión presente y futura. Así, el presente trabajo busca, de manera sucinta, presentar como el tema de la moneda, el crédito y la acumulación del capital fueron abordados en la obra de Marx y Hilferding, como predecesores fundamentales de los autores heterodoxos de hoy que conducen la moderna discusión sobre la naturaleza endógena del dinero.

9 Profesora investigadora en la Facultad de Economía de la Universidad Nacional Autónoma de México (UNAM). La autora agradece al Proyecto de Investigación e Innovación Tecnológica (PAPIIT IN301015), "Competencia Financiera Global y Regional: Modelos de Financiamiento Post-Crisis", financiado por la DGAPA-UNAM.

Desde luego, la reflexión – o más bien la serie de reflexiones – acerca de los trabajos de esos dos clásicos se hace con cargada intencionalidad, entre las cuales podemos nombrar: a) seguir perfilando un instrumental analítico más adecuado para el diagnóstico del funcionamiento del capitalismo contemporáneo, sus inherentes contradicciones y un más calibrado análisis acerca de las orígenes de las crisis que tan frecuentemente se producen en ese modo de producción; b) con relación a la crisis inaugurada en el 2007/2008 y que todavía aflige distintas economías del globo, ese ejercicio busca evidenciar un camino más provechoso de interpretación teórica y de sugerencias de política económica que aquel provisto por la teoría económica de matriz neoclásica y marginalista; c) de manera aún más estrecha y cercana a nuestras latitudes, esa breve revisión de dos de los autores que se dedicaron a reflexionar sobre la naturaleza de la moneda y el rol del crédito en la acumulación del capital se justifica por fortalecer una línea de investigación que busca fusionar, de manera selectiva, elementos de la tradición del pensamiento económico-social latinoamericano sobre el (sub)desarrollo y la dependencia con el insumo de la discusión monetaria llevada a cabo por autores heterodoxos de corrientes que consideramos extremamente afines.[10]

Como punto de partida de una agenda investigativa más amplia, nos preocupamos por cubrir aportaciones esenciales de las corrientes más representativas de lo que configura ser una concepción alternativa de la moneda y que contemporáneamente desafían al abordaje monetarista, sus desdoblamientos en términos de recomendaciones para la "rápida" superación de los efectos negativos de la crisis actual y, sin duda, tener recursos más bien asentados para discutir las políticas de *austeridad* implementadas en Europa y que rápidamente se convirtieron en la moda primavera-verano latinoamericana de 2015. Así, nuestro foco de atención es analizar los autores que inspiraron, en el campo de la heterodoxia a nivel mundial, a los siguientes debates: a) la concepción de la *moneda endógena*, común a los poskeynesianos y a la teoría del circuito monetario de origen francés; y b) la visión del dinero como *equivalente general* y como *crédito* en la tradición marxista. Así, antes de entrar en los debates y disputas que permean hoy día la teoría monetaria, es bastante

---

10 El ejercicio de destacar los puntos mutuamente enriquecedores entre las tradiciones poskeynesiana y los debates sobre el desarrollo latinoamericano contemporáneamente nos llevaron a investigar más detenidamente acerca de la importancia de la *soberanía monetaria* y de la esencialidad de con se contar con un banco central que cumpla los requisitos para operar como prestamista e incluso empleador de última instancia (Meireles, 2015a). Además hemos hecho un primer ejercicio de acercar planteamientos similares sobre la crisis 2007/2008, destacando que el lazo que une la interpretación de matriz poskeynesiana con la marxista es que, en ambas lecturas, la crisis no es presentada como un fenómeno exógeno al funcionamiento del capitalismo (Meireles, 2015b, p. 164).

recomendable identificar cuáles son las matrices teóricas, sus hipótesis, presupuestos y planteamientos básicos.

Enseguida nos dedicamos a exponer, de forma bastante esquemática, las principales aportaciones de los autores previamente mencionados, tratando con mucho más detalle de examinar las contribuciones de Marx y de Hilferding en lo que dice respecto a la naturaleza de la moneda, del crédito y de las principales características que ellos entienden el capitalismo como un *modo de producción monetario*[11]. Así, tras esa introducción, en la primera parte se ofrece una lectura de la interpretación marxiana sobre las funciones de la moneda como *equivalente general* y como *crédito*. En el segundo apartado nos dedicamos a analizar las características del *capital financiero* en Hilferding. Finalmente, a manera de conclusión, se tejen algunas consideraciones sobre las posibilidades de comunicación entre el pensamiento económico latinoamericano actual y la perspectiva monetario-crediticia presente en la obra de los autores revisados.

Marx: funciones del dinero, *equivalente general* y el *crédito*

Las consideraciones de Marx sobre el dinero, sus formas y funciones en la acumulación capitalista de capital son más sistemáticamente formuladas en los *Grundrisse* y en los libros I y III del *Capital*. Genera bastante polémica en la literatura secundaria la descripción de la moneda para Marx, dependiendo a que pasaje u obra el comentarista se esmera más por interpretar. Es así que, aquellos que prefieren su presentación en el libro I del *Capital* destacan el rol de la moneda como el "espejo de todas las mercancías", el dinero entendido como la forma que refleja la cantidad de valor incorporado a todos los bienes frutos de habilidades productivas tan distintas, en una palabra: el denominador común que posibilita todos los intercambios en una sociedad mercantil y monetaria. Es de esa interpretación que surge un equívoco común a esa serie de comentaristas, que le imputan a la contribución marxiana del dinero única e exclusivamente como el "gran facilitador de los intercambios", valiéndose únicamente de cuando el dinero es descrito en su forma o función de *equivalente general*. Esa forma es parte, pero no representa toda la contribución marxiana sobre el tema. Claro, es una parte importante de su exposición, sobre todo

---

11 Aunque la nomenclatura "modo de producción monetario" haya tenido mayor impulso a partir de la obra de Keynes y de sus epígonos, además de los circuitistas franceses, ya en su esencia ese fue explorado primeramente por el propio Marx. Una definición corta, y que remonta a la obra marxiana, de la teoría que privilegia el entendimiento de la moneda como componente fundamental en las determinaciones que rigen el modo de producción en lo cual estamos emergidos resalta que esa debe tener su fortaleza en superar el mito del trueque para definir la esencialidad el dinero (Parguez, 2006, pp-45-46).

si se considera que el rasgo típico de la teoría económica decimonónica de entender al dinero como consecuencia del incremento en la complejidad y volumen de las transacciones comerciales. Sin embargo, Marx no era adepto de ese único entendimiento del dinero como fenómeno social.

El dinero visto como un mero facilitador del intercambio, endosando la concepción del dinero como "el velo" que cubre las transiciones de la economía real sin interferir en ella, entendiendo que el dinero sería absolutamente *neutro* sobre las variables claves de las decisiones de producción, fue puesta en entredicho por el propio filósofo alemán al tratar el fenómeno del *crédito* en la acumulación capitalista en el libro III del *Capital* cuando es presentada toda su racionalización acerca del *capital portador de interés*. Así, en una palabra, afirmar que su trabajo fue escasamente rescatado en la creación subsecuente de la teoría monetaria heterodoxa, es distinto a decir que el autor fue defensor del dinero solamente como medio de cambio.[12]

De manera resumida, podemos ver a partir de esa faceta a Marx como predecesor poco recordado en las teorías modernas del dinero endógeno al describir el rol del crédito como esencial en el proceso de acumulación capitalista.[13] En su esquema analítico del funcionamiento del sistema, el capital, en busca de su objetivo último – que es auto-valorarse – asumiendo distintas formas a lo largo del circuito de la acumulación. Teniendo en cuenta el ciclo global del capital industrial, representado por D - M... P... M '- D', identificamos D como capital en forma monetaria y M como en la forma de mercancías. Únicamente al monto en dinero empleado con el fin de efectuar su aterrizaje en el circuito productivo – el único que no es estéril en la producción de valor – y se considera *capital* propiamente dicho.

En el Libro III, Marx dedica la sección V para definir lo que él entiende por *capital portador de interés*, cuál es su naturaleza, y, sobretodo, para marcar la repartición de la masa de plusvalía – o del *excedente económico* – entre las fracciones de la clase capitalista, o sea, entre *interés* y *ganancia*.

Expliquemos mejor el origen de cada una de estas formas de remuneración a partir de la naturaleza del capital empleado. El capital, como "mercancía capital", surge del adelanto de recursos monetarios que el "capitalista productivo" toma prestado del detentor de la masa de recur-

---

12 Randall Wray es categórico al afirmar: "Marx essentially adopted an endogenous approach to money, however, his work has not been a major importance in further development of the approach" (Wray, 1990, p.99).

13 Así, en las palabras de una estudiosa del tema: "Tanto en Smith como en Marx existe la concepción del dinero como unidad de cuenta, como el dinero crediticio que permite la transformación de las mercancías para acrecentar la riqueza de la sociedad obteniendo un incremento de capital" (Girón, 2006, p. 32).

sos monetarios – general e históricamente materializado en la figura del Banco. En una palabra, el capital como tal surge del *crédito*.

Si se sigue la pormenorización de los conceptos marxistas, el mercado crediticio asegura al capitalista industrial el monto en dinero para que este lo emplee en la actividad productiva – es el propio capital que ahora se convierte en mercancía posible de ser intercambiada. Pero no se trata de una transacción de compra y venta como lo que ocurre con las demás mercancías. En este caso, el banco cede al capitalista industrial el derecho a emplear de manera productiva los recursos prestados asegurando, en cambio, que al final del ciclo productivo de la masa de ganancia generada se apartara un porcentual, previamente acordado, a título de remuneración para el banco. Ahora, incorporándose la esfera crediticia, la reproducción ampliada del capital se representaría mejor por: D-D-M...P...M'-D'-D'.

A diferencia de lo que sucede en las demás transformaciones del capital, en el pasaje de D-D y D'-D' existe la transferencia de la propiedad jurídica del capital en la forma dinero, pero no la transmutación de su signo. En la primera parte de la expresión presentada, D-D, es el capitalista detentor del *capital portador de interés* quien adelanta los recursos imprescindibles para que el capitalista industrial los ponga en uso y de inicio al proceso productivo – y activa los encadenamientos necesarios que al final del circuito se logre su valorización. En la parte final de la expresión, D'- D', el capitalista industrial concede, al banco, la posesión jurídica de parte de su ganancia creada en el proceso productivo. Para el autor, en una palabra: los intereses que recibe el banco por haber adelantado el crédito al capitalista son un porcentual de la ganancia generada en el proceso productivo.

Hilferding y el dinero: del *valor de circulación socialmente necesario*, el *capital financiero* y la crisis, a una nueva formación de clases.

En los primeros tres capítulos de su libro *El Capital Financiero*, Hilferding (1963, [1910]) relee la obra de Marx, sobre todo las reflexiones concentradas en el libro III de *El Capital* que versan sobre la definición del capital-dinero y de sus conexiones con el crédito y la esfera de la producción. En esa tarea, la clave interpretativa que Hilferding adopta es influenciada de manera determinante por la configuración del capitalismo alemán del periodo de preguerras. Así, las nuevas categorías que trae el autor son absolutamente vinculadas al alto grado de *concentración* y *centralización* del capital y, principalmente, por la fusión del capital bancario y del industrial formando lo que él llamó *capital financiero*, que para Hilferding tiene origen en la masiva adquisición de acciones de las empresas productivas por parte del capital bancario y en las cuales ese pasa a dictar las decisiones gerenciales. Además, el autor se dedica a hacer una relectura de la teoría de la crisis marxiana explicitando aún más la función desempeñada por el crédito tanto en el momento de auge como de descenso del ciclo económico, ya que "es una ley empírica el que la producción capitalista está comprendida en un círculo de prosperidad y depresión" (1963, [1910]:269).

Hilferding se dedica a investigar sobre las causas de la necesidad del dinero, y solamente en el primer capítulo, el autor hace hincapié en el dinero como *equivalente general*, o sea, como medida de valor y como facilitador del proceso de intercambio de mercancías (1963, [1910], p. 21). Sin embargo, posteriormente aclara que la concepción del dinero como "una mercancía como otra cualquiera" es lo que hace que la "economía burguesa" no sea capaz de adentrar en sus misterios, o sea, no sea capaz de desentrañar las relaciones sociales que se plasman en él, reanudando, una vez más, el interminable proceso de enajenación.

En las consideraciones que él hace sobre el dinero y sus funciones en el proceso de circulación de las mercancías se destacan los siguientes puntos: a) la función transitoria y el proceso de "eliminación" del dinero en el intercambio, dado que su existencia es meramente una facilidad técnica para la adquisición de un bien de igual valor; b) el dinero-papel cumple una función social – no teniendo cualquier valor intrínseco al material del cual está hecho –, y es el reflejo de la suma de los valores de mercancías que están en circulación; c) incluso cuando se trata de dinero-papel inconvertible, lo que determina su "valor" se encuentra en la característica de ser medida de valor de todas las mercancías en circulación; y d) una concepción extremamente escéptica sobre la potencialidad del dinero-papel inconvertible para cumplir con las exigencias de ser el eficaz medio de circulación, pues en esa modalidad hay una constante oscilación del valor de aquel que funge como "la medida de valor" de todas las otras mercancías, configurando un contexto en el que unidad de medida – o la regla en la que tratamos de "medir" todas las mercancías – estuviera constantemente sujeta a alargarse o hacerse más corta a partir de la variación del valor de las propias mercancías (Hilferding, 1963, [1910], pp. 27-53).

El análisis del dinero como medio de pago y el fenómeno del *dinero crediticio* son los temas desarrollados en el tercer capítulo, y justamente la parte del texto de Hilferding que más rica es para el fin de nuestro análisis. Las ideas centrales ahí defendidas son: a) en un modo de producción de mercancías – como el capitalista – además de funcionar como equivalente general en términos de valor, el dinero tiene la función de medio de pago, una vez que el acto de venta y liquidación de la operación están temporalmente apartados (1963, [1910], pp. 54-55); b) de ese desfase temporal también surge la "letra de cambio" – símbolo del _dinero crédito_ –, que es la consolidación de la profesión de fe de los agentes involucrados en el intercambio de que ese instrumento privado se convertirá en el fin de la cadena de compensaciones en dinero; c) la eficacia del dinero crédito reside en independizar el volumen de la circulación de la disponibilidad de oro, que será usado únicamente en la liquidación final (1963, [1910], p. 58); d) la crisis de crédito – o mejor dicho, su súbita y masiva contracción – estalla cuando se presenta la depreciación del dinero-crédito, o sea, cuando se disminuye abruptamente el precio de las mercancías y el cobro de las letras de cambio se hace dudoso (1963, [1910]:59); y e) la recomendación de una política monetaria expansionista por parte del Banco Central para contrarrestar los efectos de la paralización del crédito.

Sobre la relación entre el dinero y la circulación del capital industrial, los vasos comunicantes entre sector financiero y productivo que son tan emblemáticos en la obra del autor, se argumenta que: a) tal como en Marx, todo el capital aparece en la circulación, primeramente, en la forma de capital monetario y luego como capital mercancía, en la producción, como capital industrial (Hilferding,1963, [1910]:63); b) el crédito es un adelanto al capitalista productivo que lo debe regresar al prestamista, después del ciclo de producción y circulación, el monto original incrementado; c) la figura del crédito a la producción reduce el tiempo de rotación, liberando dinero ocioso y evitando, o disminuyendo, los periodos en los cuales el capital en su ciclo de valorización quedaría congelado (Hilferding, 1963, [1910]:65-75); y d) la proporción del capital monetario que queda necesariamente congelado sufre fuertes variaciones y estas influyen directamente sobre el mercado monetario, afectando la oferta y la demanda de capital monetario (Hilferding, 1963, [1910] :75).

El surgimiento de los bancos y su provisión de crédito al sector productivo, en la forma de crédito industrial, y como se constituye el _capital financiero_[14], son los temas analizados en el capítulo quinto. Los puntos y cuestiones que se destacan son: a) la diferenciación entre el _crédito de cir-_

---

14 El entendimiento de _capital financiero_ en Hilferding es sustancialmente distinto a la concepción que el término ganó en la pluma de los economistas marxistas que se dedican a analizar las características predominantes del capitalismo contemporáneo, como, por ejemplo, Chesnais (1996, 1999). Estos autores tratan por capital financiero lo que en Marx está referido por _capital portador de interés_ y _capital ficticio_, mientras que en la obra de Hilferding el termino describe la fusión entre capital bancario e industrial, y, además de esto, como el capital bancario crecientemente subordina al capital productivo: "el Banco ha invertido su capital en una empresa capitalista y, con ello, toma parte en la suerte de esta empresa" (1963, [1910] p.89).

culación, que hace con que el dinero funcione como medio de pago destinado a financiar la adquisición de mercancías, mientras que el *crédito de capital* que es utilizado como capital monetario prontamente destinado a entrar en la producción productiva y detonar, así, el proceso de acumulación de capital; b) el Banco entendido como centro de recaudador de ingresos de todas las clases y, posteriormente, responsable por poner ese capital monetario a disposición de los capitalistas que lo destinara a la actividad productiva (1963, [1910]:89); c) el capital monetario disponible para la ampliación de la producción asume así dos formas: *circulante*, cuando el crédito es tomado para financiar la adquisición de medios de producción (insumos) consumidos en un mismo ciclo productivo – y que regresa a la forma dinero al final de ese periodo –; y *capital fijo*, que indica que el destino del préstamo fue la compra de medios de producción (máquinas y equipamientos) que tienen el periodo de rotación que va más allá de un ciclo productivo (Hilferding, 1963, [1910]:86-88)[15]; y d) la diseminación del crédito como práctica esencial de la acumulación del capital misma que se da por el estímulo a los pioneros al utilizarlo, o sea, en el *superbeneficio*, originado del hecho de que el uso del crédito sube la cuota de beneficios percibida – una vez que un capital mayor permite al capitalista individual producir de manera más barata –mientras sus competidores no adhieren al sistema crediticio y se siguen auto-financiando (Hilferding, 1963, [1910]:92-93).

Tal como lo argumenta Marx, Hilferding entiende el interés como parcela de la ganancia que el capitalista productivo destina al prestamista como forma de remuneración del préstamo tomado al principio del ciclo productivo. La definición de la tasa de interés se da partir de la oferta y la demanda de capital monetario, ya que del cruce de las dos curvas surge "el precio de préstamo del dinero, el tipo de interés" (Hilferding, 1963, [1910]:100).[16] Además, él analiza el comportamiento de tres característi-

---

15 El financiamiento destinado a la compra de capital fijo es la modalidad de crédito determinante en el rediseño de las relaciones entre Banca y empresa productiva, una vez que la institución financiera compromete un gran monto de capital monetario por largo periodo de tiempo lo que estimula que este trate de "controlar y dominar mucho mejor la situación" (1963, [1910], p. 92), o sea interferir de manera directa en la gestión de la empresa para asegurar que esta opere de tal forma que no macule la rentabilidad bancaria futura. Hilferding entiende que se profundiza esa tendencia del control de la gestión de la actividad productiva por la banca a partir del advenimiento de la sociedad por acciones, como forma de propiedad destacada en el capitalismo, en la que el banco asume una alta participación accionaria en la empresa prestamista.

16 Para una apreciación reciente sobre cómo fue tratado el tema de la tasa de interés por la tradición marxista, véase el trabajo de Alejandro Valle e Iván Mandieta (2010). Trabajo en el cual los autores concluyen que hay notables similitudes entre el análisis marxista y el poskeynesiano, tales como: a) el interés y la ganancia son cualitativamente distintos; b) la tasa de interés es determinada en los mercados financieros; c) ambos enfoques rechazan la idea de *tasa de interés natural*; d) apuntan a la relación entre las oscilaciones de la tasa de interés y su impacto en el ciclo económico (agenda de investigación aun poco desarrollada); y d) los dos enfoques no reconocerían que la oferta monetaria es exógenamente determinada.

cas que se generalizaron con el desarrollo de nuevas formas de la propiedad en la sociedad capitalista: la sociedad por acciones – y el surgimiento de la *ganancia del fundador*, la bolsa de valores y la bolsa de mercancías.

Al reflexionar sobre la naturaleza del capital bancario, y caracterizar y precisar la forma en que se genera la ganancia del sector bancario, se destacan los siguientes puntos: a) la ganancia bancaria surge como parte del plusvalor generado en el proceso productivo (1963, [1910], pp. 186, 187); b) la diferenciación entre *ganancia bruta*, como reflejo del nivel de interés por el cual se remunera el capital de préstamo, y *ganancia neta* del sector; determinada por el diferencial de tasas entre lo que paga el banco a sus depositantes y lo que recibe a título de sus préstamos (lo que modernamente se conoce por *spread bancario*) (1963, [1910], p.188); y c) la tendencia a la *concentración* y *centralización* en el sector bancario, como resultado de la conexión cada vez más estrecha entre banca e industria, se asiste a la subordinación de la producción social a los intereses de los detentores del capital monetario.

Las relaciones entre la tendencia creciente al aumento de la importancia del capital financiero en la determinación de los ciclos económicos del capitalismo, sobre todo en los momentos de crisis, es otro tema analizado. Tras describir los mecanismo típicos de la *crisis de realización* (o de subconsumo), el autor se dedica a investigar las características y contradicciones propias del capital que desembocan en estos momentos de reversión del ciclo económico ascendente, pasando a evidenciar a las *crisis de superproducción*.

Así, en la raíz de las causas de la crisis de acumulación capitalista está el hecho de expandir las capacidades productivas del sistema aumentándose más velozmente el uso del capital fijo que de capital variable – o sea, incrementándose la composición orgánica del capital, tal y como fue relatado por Marx. Fundamentalmente estudia la manera cómo afecta el crédito la dinámica del ciclo económico: se da al principio del ciclo de auge, cuando la tasa de interés es baja una vez que la demanda por crédito es incipiente. Mientras más empresas se animan a expandir sus actividades, la demanda por crédito aumenta, sin embargo, no es inmediatamente que esa demanda es satisfecha. Con la prosperidad, primeramente, se alarga el periodo de rotación y aparece una desproporción entre las distintas ramas de producción – la de bienes de capital todavía no alcanzan a hacer frente al aumento de la demanda por maquinas. Estos dos elementos significan "un retardo de la velocidad de circulación del dinero de crédito" (Hilferding, 1963, [1910]:298), lo que provoca una intensa búsqueda por prorrogar el vencimiento de los títulos que están caducando a corto plazo, o sea, un nuevo aumento por la demanda de crédito presionan al alza de la tasa de interés – tratase del periodo donde se aumenta la especulación o el apalancamiento. La tasa de interés alta se traduce en una tendencia a la baja de las cotizaciones de las acciones negociadas en bolsa. Esa es la propia descripción del momento del desplome, en que la burbuja explota. Es tras la crisis, y la eliminación sumaria de las empresas que no consiguen seguir operando, que se contabilizan las consecuencias *concentradoras* y *centralizadoras* del capital.

Conclusiones

América Latina no fue nada más pasiva y/o receptora de los resultados de las discusiones heterodoxas dadas en el "centro" sobre la naturaleza de la moneda. El rol del crédito en la acumulación del capital y la preponderancia de las finanzas que contemporáneamente se observa tiene en la reflexión de los autores latinoamericanos una aportación original – lo que no significa indiferente a los debates económicos desarrollados en otros lugares –. Abundan los relatos y anécdotas que señalan un prolífico intercambio de ideas entre los economistas heterodoxos de los países centrales y los latinoamericanos, tanto ayer como hoy.

Si nos vamos más atrás en el tiempo, a finales de los años cincuenta, Boianosvky (2012) nos cuenta de la cercanía de argumentos y complicidad intelectual entre Nicholas Kaldor y Celso Furtado. Incluso, de ese contacto y de la nomenclatura que se daba entre Furtado y sus contrincantes en el escenario de la discusión sobre la naturaleza del ajuste que debería ser hecho en la economía brasileña de ese entonces nacen las expresiones "estructuralistas" y "monetaristas". Expresiones que fueron inmortalizadas en el debate con Friedman que Kaldor tuvo en los albores de los ochenta del siglo pasado y que todavía hoy nos sirve para ubicar las preferencias interpretativas de los economistas en materia monetaria y de control inflacionario.

Actualmente también se da esa forma fructífera de intercambio académico entre heterodoxias del mundo desarrollado y de las zonas periféricas, y quizás sea México el *hub* de destaque en esa comunicación. La presencia de académicos del campo poskeynesiano en eventos y seminarios en tierras aztecas, en publicaciones conjuntas con autores mexicanos o residentes en México, y la participación activa de alumnos de posgrado del país en curso y coloquios organizados por esas redes demuestran un dialogo contante entre esas perspectivas hermanas. Así, es de esperarse que la discusión sobre las obras de Marx y de Hilferding hechas en los centros académicos del país primen por traer a la problemática del desarrollo latinoamericano temas como: a) las funciones de la moneda; b) el dinero-crédito en el circuito monetario; y c) la dinámica del capital financiero y las decisiones de inversión productiva.

Si el tema del (sub)desarrollo y la dependencia con énfasis en las relaciones comerciales hegemonizó la discusión del pensamiento heterodoxo latinoamericano en las décadas pasadas, dada la impronta que las finanzas desreguladas trajeron a la acumulación del capital a nivel global esa tradición de pensamiento encuentra en el debate monetario poskeynesiano una importante fuente de elementos para caracterizar los obstáculos al desarrollo latinoamericano en el siglo XXI.[17] Sin embargo, otra fuente fundamental de inspiración teórica que puede darse a la tarea de esa caracterización, emana del trabajo de los clásicos del pensamiento heterodoxo. Revisar cómo esos autores "amarraron" el lado real y monetario de la economía es pieza fundamental en el tablero del entendimiento de la naturaleza de las crisis financiera que castiga el mundo desde el 2007/2008 y que condiciona, en gran parte, los certeros pronósticos de la recesión económica que se asoma a las ventanas de los países latinoamericanos casi una década después.

Referencias

- BOIANOVSKY, M."Furtado and the Structuralist-Monetarist Debate on Economic Stabilization in Latin America". In: *History of Political Economy*, Vol. 44, No. 2, Summer, 2012.
- CHESNAIS, F. *A mundialização do capital*. São Paulo, Xamã, 1996.
- GIRÓN, A. "Poder y moneda: discusión inconclusa". In: *Confrontaciones monetarias: marxistas y post-keynesianos en América Latina*, Alicia Girón (coord.), Buenos Aires, Argentina: Secretaria Ejecutiva, Consejo Latinoamericano de Ciencias Sociales, 2006.
- HILFERDING, R. *El capital financiero*. Editorial Tecnos, Madrid, 1963, [1910].
- MARX, C. *El capital*. Siglo XXI, México, 2004, [1867].
- MEIRELES, M. "Moneda, desarrollo y pensamiento económico latinoamericano: lecturas heterodoxas". *Cadernos PROLAM/USP -*

---

17 En ese sentido, una pista para interpretaciones futuras de los problemas del desarrollo de la región pasa por pensar que "en América Latina es indispensable dilucidar el origen del proceso de expansión capitalista, la forma en que los diferentes modos de producción se fueron articulando en el proceso de acumulación originaria de capital con el proceso de acumulación internacional. La autoridad monetaria nace a la vida independiente con la facultad de crear una moneda nacional que rige en su propio espacio, pero acompañada por los empréstitos del exterior que sirven para insertar ciertos sectores a la dinámica internacional. El problema radica en que la autoridad monetaria local no crea el equivalente general internacional indispensable para pagar los empréstitos recibidos" (Girón, 2006, p. 42).

Brazilian Journal of Latin American Studies, São Paulo, número 25, primero semestre de 2015a.

- MEIRELES, M. "Crisis, concentración bancaria y financiamiento al desarrollo latinoamericano. Algunas consideraciones teóricas". In: *Sector financiero: el desarrollo económico en épocas de financiarización*, José Francisco (coord.). ENES-UNAM León y Plaza y Valdés, México D.F, 2015b.
- PARGUEZ, A. "Moneda y capitalismo: La teoría general del circuito. In: *Confrontaciones monetarias: marxistas y post-keynesianos en América Latina*, Girón, Alicia (coord.), Buenos Aires, Argentina: Secretaria Ejecutiva, Consejo Latinoamericano de Ciencias Sociales, 2006.
- VALLE, A. y MANDIETA, M. "Apuntes obre la teoría marxista de la tasa de interés". In: *Revista Problemas del Desarrollo*, vol. 41, núm. 162, UNAM, México, julio-septiembre, 2010.
- WRAY, R. *Money and credit in capitalist economies: the endogenous money approach*. Edward Elgar, Great Britain, 1990.

Crédito, naturaleza, alcances y limitaciones: una perspectiva teórica heterodoxa

Claudia Maya[18]

Resumen

La reciente crisis en los países desarrollados sólo pone de manifiesto la profunda contradicción entre la enorme generación de riqueza financiera y las monumentales complejidades de economías en desarrollo con lento crecimiento económico y elevado desempleo. De esta manera, las crisis financieras, el estancamiento económico, la competencia por una mayor rentabilidad, las decisiones de inversión y los altos niveles de desempleo sólo pueden ser analizados si en el centro del análisis económico colocamos la naturaleza y comportamiento del crédito y las instituciones que lo crean, los bancos.

Introducción

La banca y el crédito se convirtieron en el medio más potente para expandir la producción más allá de sus propios límites, pero a la vez son los medios más efectivos generadores de crisis y estafas (Aglietta 2001, Toporowski 2011). Las finanzas o los fenómenos monetarios pueden deprimir la acumulación de capital y perturbar el capitalismo con los ciclos del crédito.

Los cambios en los regímenes regulatorios, llámese desregulación financiera, acarrea cambios en las modalidades del crédito, pues modifica al mismo tiempo el comportamiento de los bancos y su manera de operar en busca de mayores beneficios (Guttmann 2003, 2011, Wray 1990 y 1993). El papel tradicional del crédito y de la banca comercial se transforma y avanza hacia la titulación de activos, dejando de financiar la actividad industrial y contribuye al apalancamiento (inyección de recursos ajenos para la compra y colocación de instrumentos financieros) de actividades financieras especulativas.

---

18 Investigadora del Centro de Estudios sobre América del Norte CISAN-UNAM y Profesora de la Facultad de Ciencias Políticas y Sociales

Dinero y banca, una postura heterodoxa

Las distintas posturas teóricas heterodoxas nos ayudan a entender la naturaleza del crédito, en particular la *postkeynesiana circuitista* sobre el dinero, ganancias y crisis financieras. El hilo conductor lo constituye la endogeneidad y no neutralidad del dinero en una economía monetaria de producción con interrelaciones de dinero-crédito y más recientemente crédito-*securitization*.

La teoría del circuito representada principalmente por Graziani en Italia y Parguez en Francia, analiza el dinero-crédito como una variable de flujo para financiar el gasto y no como una variable de valores. La teoría del circuito inicia su esquema con un banco que avanza un crédito para una empresa que desea invertir y expandir la producción. El dinero se mueve de las empresas a los trabajadores cuando la producción se lleva a cabo y luego se mueve de regreso a las empresas cuando el consumo sucede. Esto permite la forma para regresar la deuda al banco con la destrucción el dinero creado. La característica fundamental de esta escuela es que el dinero crédito se introduce en la producción. Cuando el dinero se crea o se destruye hay un cambio en el saldo de los activos financieros o pasivos.

Esta es una visión endógena de dinero y del ciclo. El financiamiento es requerido y necesario para que la producción tenga lugar. Este esquema es el flujo circular del ingreso en un modelo de circuito simple. Bajo este esquema, existen tres sectores: las empresas, los hogares, y los bancos. Una vez que las empresas comienzan la producción, puede que pidan por adelantado los recursos de los bancos para hacerlo. Este es el inicio del circuito. Al final del circuito, el hogar tiene que comprar los bienes de consumo y los activos financieros. El ingreso recibido por los hogares tiene que regresar a las manos de las empresas para cubrir los créditos iniciales de los bancos. Los bancos crean créditos *ex nihilo*, a voluntad. Este flujo de dinero es endógeno y es el resultado de los créditos requeridos por las empresas consecuentes con sus planes de producción. El crédito monetario y la producción están integrados ya que ambos son vistos como un flujo. El ahorro queda fuera del circuito. Las deudas pagadas representan el cierre del circuito. En una análisis más realista, el esquema se complejiza al introducir al Estado como creador del dinero y propulsor de un gasto inicial independiente al inicio del circuito tal como lo conciben los pos keynesianos.

En la teoría convencional de fondos prestables, el análisis económico de lo monetario y lo productivo se estudian de forma independiente. Este es el significado de la neutralidad del dinero. El dinero no tiene ningún impacto en el nivel de empleo y crecimiento económico. No se hace referencia al crédito ni al sistema bancario. Por el contrario, para los circuitistas-poskeynesianos la naturaleza endógena del dinero es la piedra angular del análisis económico que interrelaciona el análisis de lo monetario y lo productivo enmarcado en un determinado tiempo histórico

El banco central toma relevancia debido a su habilidad o autoridad para fijar la tasa de interés de referencia (en el corto plazo) ya que tiene influencia sobre las otras tasas de interés del mercado. Es cierto que otros factores económicos influyen en las decisiones del banco central para fijar esta tasa de interés como lo son las tasas de interés internacionales, la fluctuación del tipo de cambio y las expectativas futuras. Pero al final, la tasa de interés de referencia es administrada por el banco central. Sin embargo, éste no puede controlar la oferta monetaria. Es por eso que el principio de escases de la teoría de fondos prestables no puede ser aplicado al análisis de la creación del dinero.

Los creadores de dinero privado son los bancos. De acuerdo con Rochon (1999), cuando Keynes introduce en su teoría el motivo financiero (*financial motive*) que es análogo a la demanda de créditos bancarios, Keynes está asumiendo la importancia de los bancos en financiar las necesidades de producción de los agentes privados y en la creación de dinero. Keynes coloca así al sistema bancario en el mero corazón de la expansión económica. En palabras de Rochon citando a Keynes, "los bancos tienen la llave para el crecimiento económico" y esto a través de financiar la expansión económica con crédito bancario anterior al ahorro o a los depósitos bancarios.

El comportamiento de los bancos es de la mayor importancia en el estudio de una economía monetaria. El dinero es suministrado endógenamente y el banco central fija una tasa de interés de referencia y provee las reservas que los bancos requieren a esa tasa de interés. Así es como los bancos crean dinero a través de generar préstamos que a su vez crean depósitos. Los bancos son capaces de financiar la inversión sin que haya un ahorro de antemano o anterior a la inversión en el proceso económico. Esta es la relevancia de los bancos: la decisión de los bancos de otorgar o no créditos altera el proceso de inversión y en su caso, promueve actividades no productivas como la especulación.

La habilidad y disposición de los bancos para otorgar créditos es un factor dominante en el incremento del nivel de empleo y del crecimiento de la economía en su conjunto. Hay autores (como Moore 1988 y Lavoie, 1992,) que resaltan la importancia de los bancos y su preferencia por la liquidez, es decir que, en circunstancias de incertidumbre, los bancos pueden racionar el crédito y negarse a otorgar créditos afectando negativamente el circuito productivo, generando aún mayor inestabilidad financiera. Por eso es que "los bancos tienen la llave para el crecimiento o *estancamiento* económico".

El dinero moderno es en esencia un asunto de arreglos contractuales entre bancos: de lado de los pasivos o depósitos, de la de los activos o préstamos. La innovación financiera involucra cambios en esos arreglos contractuales con el objeto de facilitar la liquidez entre las partes contractuales. A diferencia de la innovación industrial, la innovación financiera es mucho más fácil de implementar, los costos son relativamente bajos y no tiene límites físicos. En el corto plazo, la innovación financiera significa un incremento de la liquidez a través del impulso que ofrece la capacidad de la creación de dinero (crédito) de los bancos en busca de una mayor rentabilidad y formas de allegarse ingresos. Esta es la principal razón por la que las actividades bancarias deben ser reguladas imperantemente.

El dinero es creado cuando el banco acreedor y un agente deudor establecen un acto contractual que obliga al deudor a repagar el dinero al banco en un futuro. La capacidad de los empresarios para cubrir estas obligaciones descansa en la cuasi renta que los activos de capital generan y en otras formas alternativas de liquidez.

El funcionamiento del capitalismo depende del sistema generador de ingreso o flujos de efectivos en un doble sentido. Bajo un buen funcionamiento, este sistema debe generar ganancias suficientes para poder cubrir los préstamos previamente concertados, así como mantener un sistema financiero que otorgue préstamos que faciliten las inversiones generadoras de ganancias o aquellos flujos de efectivo. La actividad de los bancos no está sujeta a la cantidad de sus reservas o al volumen de dinero que ellos mantengan en sus pasivos o en depósitos. Los bancos prestan a través de tomar alguna obligación que los compromete a hacer pagos en favor de su cliente en un futuro, confiados en que al vencimiento del contrato, ellos tendrán los activos necesarios para cubrir estas obligaciones ya sea como resultado de los flujos provenientes de pagos de contratos anteriores o a través de la negociación de activos y pasivos en el mercado financiero. Esta característica propia de la banca le da flexibilidad al financiamiento y viabilidad a los negocios (Minsky, 1986). La forma de operar de la banca permite a las firmas u otros clientes tomar créditos aun cuando ellos enfrenten incertidumbre con respecto a la percepción de flujos de efectivo futuros.

Según Minsky (1986) el control del banco central sobre los bancos privados es impreciso. La banca es un negocio dinámico que constantemente innova actividades que le son rentables. Los banqueros activamente buscan construir sus fortunas a través de ajustar sus activos y pasivos, es decir, sus líneas de crédito para tomar ventaja de cualquier oportunidad de negocios que se les presente. Este *activismo bancario* afecta no sólo el volumen de la distribución del crédito, sino también el comportamiento del ciclo económico, la inversión, los precios, el ingreso y el empleo. La composición del portafolio de los bancos es fundamental.

Debido a que las autoridades monetarias no tienen una idea cierta de los activos bancarios o su nivel de apalancamiento, ellas no pueden controlar los pasivos bancarios y por ende la creación de dinero. Tan pronto como la regulación financiera se flexibilizó, los bancos comenzaron a innovar. La innovación bancaria se aceleró desde los años 1970s, conduciendo a diferentes tipos de dinero.

El dinero, la banca y las finanzas están estrechamente relacionadas a través de la innovación financiera. La comprensión de estas tres categorías y su transformación requiere de la caracterización del dinero endógeno, como variable determinada endógenamente en el sistema capitalista, donde la oferta de créditos responde a la demanda sin ser algo mecánico controlado por el Banco Central. Los cambios en la cantidad de dinero surgen de la disposición de los agentes económicos de gastar en exceso o más allá de su capacidad de ingreso, los bancos pueden facilitar tal gasto (Minsky, 1982 y 1986).

Crédito, ganancias y deuda

Una economía con deuda privada es especialmente vulnerable a los cambios en el comportamiento de la inversión, ya que ésta determina tanto la demanda agregada como la viabilidad de la estructura de la deuda. La inestabilidad que tal economía presenta, surge de la subjetiva naturaleza de las expectativas acerca del futuro comportamiento de la inversión, así como de las determinaciones o decisiones subjetivas de banqueros y sus clientes, por lo general hombres de negocios, sobre la adecuada estructura de deuda para el financiamiento de posiciones en diferentes tipos de activos de capital (Minsky, 1982 y 1986). En un mundo capitalista con uso de financiamiento, la incertidumbre es el principal determinante del empleo y del gasto público y privado.

Una estructura de deuda aceptable está basada en algún margen de seguridad. De manera que el flujo de efectivo esperado, aun cuando la economía no esté creciendo adecuadamente, pueda cubrir los contratos de deuda contraída en el pasado.

Cuando la economía se comporta adecuadamente en un tiempo largo ocurre que la deuda existente puede ser validada fácilmente y las unidades que estuvieron muy endeudadas se recuperan. Así parecería que los márgenes de seguridad aumentan. Como resultado, en el periodo en que la economía creció, las opiniones acerca de una estructura adecuada de deuda cambian.

En las negociaciones que se dan entre bancos y empresarios, el monto aceptable de endeudamiento utilizado para financiar varios tipos de actividades y las posiciones de deuda se incrementan. Este aumento en el peso de la deuda para financiar la producción, incrementa el precio de los activos de capital y aumenta la inversión. Mientras esto ocurre, la economía se transforma en una economía robusta.

Insistiendo en las estructura financieras, Minsky (1991,1996 y 2008) señala que la evolución de éstas son parte inherente del capitalismo contemporáneo, pues éste es un sistema dinámico que puede tomar muchas formas. Él también afirma que las crisis financieras están asociadas a la fragilidad de los sistemas financieros desarrollada durante una larga fase de expansión del crédito que le antecede y establece las condiciones para una crisis sucesiva.

De acuerdo con Minsky (1982 y 1986), el desenvolvimiento de la economía depende de la estructura financiera, es decir de las relaciones financieras que generan inestabilidad. La estructura financiera cambia debido a la reacción interna del éxito económico. Como resultado de cambios que se acumulan, las relaciones financieras se convierten en canales de inestabilidad.

Los procesos financieros fundamentales de una economía capitalista se centran en la manera en que la inversión y los activos de capital son financiados, al extremo en que varias técnicas usadas en el financiamiento de la propiedad de activos de capital y producción pueden afectar el nivel de rentabilidad de las firmas. No hay que perder de vista que el dinero (o mejor dicho, el dinero incrementado o ganancia) es la meta final de los arreglos financieros.

En la lógica de Minsky, el pedir prestado implica recibir dinero hoy a cambio de la promesa de pagar ese dinero a futuro. Como resultado de los préstamos anteriores, existen pagos que necesitan ser saldados cada determinado periodo de tiempo, y si la economía ha funcionado adecuadamente, habrá más solicitudes de préstamos, los que se convierten en nuevas promesas de pago en el futuro. Entonces en la línea histórica de tiempo de la economía, el pasado está presente en los vencimientos de los contratos. El futuro está presente hoy a través de las deudas que han sido creadas.

Minsky analiza la relación entre las obligaciones de pagos en efectivo y los flujos de efectivos de una organización con deuda, afirmando que esta correlación es fundamental para el desarrollo de una teoría del ingreso y determinación de los precios y por lo tanto de las ganancias. El autor parte de la inestabilidad financiera y trata de explicar cómo es que ésta ocurre. De esta forma, las firmas financian sus posiciones en activos de capital a través de un complejo conjunto de obligaciones financieras. Las obligaciones financieras por vencer en cualquier periodo, determinan una serie de obligaciones de pagos en efectivo con fechas establecidas.

Keynes y Minsky enfatizan el papel de la ganancia como efecto de la expansión del crédito. Para ellos, las expectativas de ganancias futuras dominan las decisiones de inversión. Los efectos para los negocios pueden ser buenos o malos, dependiendo del nivel de ganancias esperadas. No obstante, el crecimiento económico estable puede tornarse inestable dependiendo del comportamiento de la inversión y afectar así los flujos de efectivo esperados por las firmas. Esto alterará también el financiamiento y cumplimiento del pago de las deudas (la estructura de deuda).

De lo antes mencionado se derivan las tres posturas financieras que maneja Minsky (1994): 1. Cobertura: el flujo de efectivo disponible puede cubrir compromisos a cualquier tipo de interés del valor esperado presente. La estructura de deuda consiste principalmente de deuda a largo plazo y un poco de créditos a corto plazo para financiar el producto en progreso; 2. la posición especulativa hace referencia a una estructura de deuda de créditos de corto plazo. Un cambio en la tasa de interés, alteraría las necesidades de flujo de efectivo requeridos para enfrentar deudas, y 3. Una posición Ponzi, deuda para pagar deuda. Los bancos son unidades financieras especulativas permanentes.

En la posición Ponzi, los flujos de efectivo provenientes de la tenencia de activos se reducen en el corto plazo e impiden cubrir los compromisos de pago. Bajo esta posición, la unidad o firma debe incrementar sus deudas por pagar y endeudarse más y poder hacer frente a sus obligaciones financieras. Aunque las posiciones Ponzi están muy relacionadas con fraudes, cada proyecto de inversión de larga gestión y en condiciones de incertidumbre en relación a la rentabilidad, enfrenta cierto grado de incumplimiento. Cuando las unidades se encuentran en una posición Ponzi, la inversión no tiene cabida.

Conforme la participación de las unidades especulativas y Ponzi se incrementa en el total de la estructura financiera de una economía, ésta se torna crecientemente sensible a las variaciones de las tasas de interés. Tanto en las unidades especulativas como en las Ponzi, el flujo de efectivo esperado se puede retrasar o reducir causando mayores problemas para hacer frente a las deudas por pagar. Si se presenta una alza de interés en el corto plazo, las unidad especulativa se convertirá en Ponzi, y la

Ponzi se verá en mayores dificultades para hacerse de flujos de efectivo y saldar los intereses de sus deudas por lo que se verá en la necesidad de tomar más crédito, cayendo en un círculo vicioso y perpetuando el endeudamiento.

Puesto que las ganancias conformaban una parte importante de los fondos internos, una declinación de ellas reduce el crecimiento de los fondos internos. La reducción de las ganancias, aunado al aumento de las tasas de interés ponen una gran presión sobre las corporaciones no financieras para hacer frente a sus deudas financieras. Esta situación eventualmente desembocara en una crisis financiera como consecuencia de la dinámica y expansión crediticia.

Crédito, ganancias y financiarización

Vinculando los conceptos de dinero, ganancias y financiarización, tenemos que el dinero existe porque es la condición que precede a la producción y la ganancia. Las firmas necesitan dinero para extraer su tasa de acumulación o riqueza neta del proceso de producción. El dinero privado es creado por los bancos a través del crédito que se les otorga a las firmas, éstas a su vez lo requieren para sus gastos en inversión en función a su objetivo de acumulación. El dinero no tiene ningún valor intrínseco como tal, sin embargo si posee un valor extrínseco ya que es una fuente de valor o poder de compra para adquirir el producto generado por el gasto previo desembolsado que refleja la creación de dinero.

Lo que determinará el proceso productivo será el deseo de las firmas por incrementar su riqueza lo cual se manifestará a través de la creación de dinero. Las ganancias son instantáneamente expresadas en forma monetaria, cuando la riqueza es generada, ésta tendrá que tomar una forma monetaria. Éste es el vínculo más importante entre ganancia y dinero en una economía monetaria capitalista ya que el dinero viene a ser la condición de existencia de la producción.

El dinero crédito aparece al inicio de cada periodo contable como un pasivo instantáneo para las firmas que gastan en virtud de concretizar sus expectativas de ganancia. Los pasivos de los bancos son aceptados como dinero ya que tienen un poder de compra. El dinero sólo tiene un valor extrínseco y es independiente de todo soporte material. Los pasivos bancarios se encuentran homogeneizados porque en primera instancia, la existencia del sistema bancario depende del Estado (Parguez, 2002); sin embargo, en tiempos modernos, el crédito ha tomado otro uso: la especulación. El financiamiento de la actividad productiva ha pasado a segundo término dando un lugar central al apalancamiento de la especulación a través de la titulación de activos y pasivos y el manejo del riesgo como fuente de ganancias.

El desarrollo y desregulación de las instituciones financieras (banca de inversión, banca comercial e inversionistas institucionales) ha ido acompañado de la comercialización del crédito, tal como cualquier mercancía. Estas instituciones han sido capaces de ponerle precio al riesgo, creando todo un aparato no productivo, pero que genera grandes ganancias a raíz de la institucionalización y comercialización del riesgo aparentemente desligado de la producción, sustentado en toda la innovación financiera y en la cultura de la especulación, máximos alcances de la evolución de las economías de mercado modernas (Li Puma y Lee, 2004, Toporowsky, 1987, 2010) y dando lugar a un esquema de acumulación de dominación financiera o financiarización.

De acuerdo con Guttmann (2009), Marx vio en la emergencia del capital ficticio el resultado del desarrollo del sistema de crédito y del sistema de acciones.

Para este autor, el dinero-crédito generado por el sistema bancario sin contraparte en oro, era en sí mismo la forma más importante de capital ficticio, porque su creación de la nada genera poder de compra sin relación con el valor de alguna producción real, consumo o activo físico subyacente" (2009:36). Este concepto implica que el valor de demanda de un título en particular, puede revalorarse sin ninguna referencia al valor de cualquier activo tangible. Las ganancias de capital que surgen de este esquema se dan a partir de la diferencia entre el precio de compra y el precio de venta con la posibilidad de manipular artificialmente los precios de los títulos para mayores ganancias.

En la actualidad, el capital ficticio se provee de nuevos vehículos, tal como los derivados o los títulos respaldados por activos para la obtención de ganancias financiados con el uso del crédito, desvinculándose de cualquier actividad productiva creadora de valor. Muchos de los recientes desarrollos en finanzas, tales como la titulación, el aumento exponencial en el volumen del comercio de derivados, la explosión de fondos de cobertura, las masivas compras de títulos por los bancos, etc. tienen que ser entendidas desde esta actividad especulativa que crea grandes cantidades de nuevos instrumentos y ganancias a través del crédito. Mucho de ese fondeo o apalancamiento para la actividad especulativa no se muestra en los balances financieros de los bancos para evitar impuestos o requerimientos de capital. Esta actividad implica una relativa disociación entre la economía productiva y la financiarizada, lo que hace a la especulación tan rentable.

Conclusiones

El mayor aporte de los circuitistas postkeynesianos se ubica en el desarrollo de una teoría que se enfoca en las decisiones de inversión dentro de un contexto de prácticas crediticias como el factor determinante de la actividad económica agregada, argumentando que la moneda no es meramente un medio de cambio, sino un instrumento para financiar la inversión y para la compra de activos financieros. La concepción de *dinero endógeno y no neutral* es la base para sus argumentos, así como los cambios en las expectativas sobre el futuro, entendiendo que estas expectativas pueden directamente influir en el volumen de empleo y de inversión.

La deuda de los negocios es una característica esencial de una economía capitalista. El refinanciamiento solo se puede conseguir si se espera que las ganancias brutas derivadas de las inversiones sean lo bastante grandes como para validar nueva deuda. Al no haber refinanciamiento (o créditos), una crisis financiera es inminente. Aquí yacen los alcances y limitantes del crédito.

Referencias

- Aglietta, M. (2001) Macroéconomie Financiere, La decouverte, Paris, France.
- Guttmann, R. (2009) *Una Introducción al Capitalismo Conducido por las Finanzas*, Enero-Abril, Olafinanciera.unam.mx
- Hilferding, R. (1909 [1971]) El Capital Financiero, Instituto Cubano del Libro, La Habana, Cuba.
- Keynes, J. M. (1963 [1936]) The Genera Theory of Employment, interest and Money, Harcourt Brace & Company, USA.
- Lavoie, M. (1992) Foundations of Post-Keynesian Economic Analysis, Cheltenham, UK and Northampton, MA, USA, Edward Elgar
- LiPuma, E. y Benjamín Lee (2004) Financial Derivatives and the Globalization of Risk, Duke University Press, London.
- Minsky, H. (1982) Can "It" happen again? M. E. Sharpe, INC Armonk, New York.
- _____(1986) Stabilizing and Unstable Economy, Yale University Press.
- _____(1991) *The Transformation to a market Economy: Financial Options*, Levy Economics Institute, working paper No. 66.
- _____(1992) *The Capital development of the Economy and the Structure of Financial Institution*, Levy Economics Institute, working paper No. 72.

- _____(1994) *Financial Instability and the Decline (?) of Banking: Public and Policy Implications*, Levy Economics Institute, working paper No. 127.
- _____ (1996) Economic Insecurity (mimeo)
- Parguez, Alain. (1996) "Beyond Scarcity: A Reappraisal of the Theory of the Monetary Circuit", in E. Nell and G. Deleplace (eds.) Money in Motion, London, Great Britain, Macmillan Press, Pp.155-199.
- _____ (2001a) "Money without Scarcity: Form the Horizontalist Revolution to the Theory of the Monetary Circuit", in L-P. Rochon and Matias Vernengo (eds.) Credit, Interest Rates and the Open Economy: Essays on Horizontalism.
- _____ (2001b) Moneda y Crédito en el Capitalismo Contemporáneo, en Economía Financiera Contemporánea T.II, Correa E. y Girón, A. coordinadoras, México, Editorial Miguel Ángel Porrúa.
- _____ (2002) "Impacto Desestabilizador de la Nueva Estructura Monetaria del Capitalismo", en A. Girón y E. Correa (eds.) Estructuras Financieras: Fragilidad y Cambio, México, IIEc-UNAM.
- Partnoy F. (2004) Codicia Contagiosa, El Ateneo, Buenos Aires, Argentina.
- Rochon, L.P. (1999) Credit, Money and Production: An Alternative PostKeynesian Approach, Cheltenham, UK and Northampton, MA, USA, Edward Elgar
- Toporowski, J. (1993) The Economics of Financial Markets and the 1987 Chrash, Edward Elgar, London.
- _____(2010) Economy Needs a Financial Crash and other critical essays of finance and financial economics. Ed. Anthem Press, Londres.
- _____ (2011) *Innovación Financiera y Desarrollo*, Problemas del Desarrollo, Vol. 42, No. 165, IIEc- UNAM.
- Wray, R. (1990), Money and Credit in Capitalist Economies, Aldershott, Edward Elgar, USA.
- _____ (1993) *The Origins of Money and the Development of the Modern Financial System*. Jerome Levy Institute, Working Paper No. 86.

TEMA III. ASOCIACIONES PÚBLICO - PRIVADAS

Asociaciones público privadas (APPs) como forma de financiamiento para el sector público: ventajas e inconvenientes

Diana Vicher[19]

Resumen

Una característica relevante de las APPs, por cuanto a la forma en que se hacen los contratos con las empresas privadas en nuestros días, radica en el papel de asociado que busca situarse en una posición en la cual, los derechos por cuanto a la toma de decisiones se pueda realizar sin que la parte gubernamental presida o decida, sino que se establezca una relación paralela.

La APP lleva implícito un cambio en las relaciones entre el sector público y el privado que es necesario examinar pues no sólo se cede o se concesiona la prestación de un servicio sino que también con éste se traslada cierta capacidad de toma de decisiones.

Se presenta en primer lugar la relación entre los gobiernos y los contratos particulares, enseguida se contextualiza el surgimiento de las APP, y por último se vincula la relación entre las APPs y el riesgo financiero.

Los gobiernos y los contratos con particulares

En la historia del gobierno los contratos con los particulares tienen una larga trayectoria cuyos momentos de mayor auge están asociados a un escaso desarrollo administrativo. Por mencionar algún ejemplo se pueden referir los contratos que tanto en la época monárquica como de la República romana se efectuaban para prestar servicios, o para desarrollar trabajo administrativo; en aquél tiempo esta actividad obedecía a que el reciente surgimiento de la Ciudad que pronto empezó a expandirse, tenía como función prioritaria la realización de tareas de defensa, pero al mismo tiempo requería la realización de funciones de administración (orden

---

19 Profesora investigadora de la UNAM.

interno, impuestos, construcción de obra pública y demás) que no podían ser efectuadas con la incipiente organización y personal administrativo con que se contaba, pues tampoco las tareas se realizaban de manera continua. De modo que cuando se superaba la capacidad institucional se recurría a las cargas obligatorias y gratuitas públicas impuestas a los ciudadanos, y a la contratación con particulares (Varela Gil, 40-44). En específico resaltan los "Publicanos" particulares que fueron los arrendadores de rentas públicas, como los impuestos (Terreros y Pando, 1788: 237).

Lo mismo sucedió en las provincias conquistadas durante la República, donde sólo se establecía una organización administrativa mínima, por lo cual la actividad pública en gran medida estaba en manos de sociedades mercantiles (*societates publicanorum*) (Varela Gil, 5, 8)

De hecho, el ejército por sí mismo, en su desarrollo hacia una configuración moderna, es claro ejemplo de la contratación de particulares (los mercenarios griegos que lucharon con Jerjes, los *condottieri* italianos; los Landsknechts, mercenarios alemanes medievales; el Imperio Bizantino tenía una guardia especial de mercenarios, formada por los Varangios, vikingos la Guardia Varega; o los turcopóles, mercenarios medievales). Pero hay que resaltar que la necesidad de éstos obedeció a la ausencia de un ejército regular que correspondía a Estados en proceso de desarrollo.[20]

Entre muchos otros casos, está el *asiento* o contrato utilizado en los siglos XVI, XVII y XVIII, con el que se convenían las concesiones que los gobiernos otorgaban a los particulares para la explotación de un recurso o la provisión de un servicio.[21] Y vale recordar que, entre las formas que tomó la empresa pública en el siglo XVIII, en España y sus dominios, estuvo la "asociación con particulares", donde el Estado poseía porcentajes de las acciones que nunca rebasaban el 50%, pero aunque la participación fuera minoritaria, la administración de las empresas producto de esta asociación, estaba a cargo del gobierno que nombraba los

---

20 Y, en su configuración posmoderna, desde la década de 1990 en adelante, se perfilan como *Private Military Company* o PMC, nombre que se inventó en EEUU con la idea de darles una forma legal, en tanto empresas registradas que ¡tienen derecho a usar la fuerza! Estas empresas, como otras actividades gubernamentales en las que se aplicó la privatización o la contratación, curiosamente iniciaron su auge en la década de 1990. Entre las más importantes se encuentran (*Academi* principal contratista de Estados Unidos, antes *Blackwater,* asociada a grandes escándalos sobre matanzas de civiles en Irak y Afganistán); *Executive* Outcomes, que operó en Angola, Sierra Leona y que cerró en 1998, *Sandline International* con operaciones en Papúa Nueva Guinea y Sierra Leona, cerrada en 2004, *Gurkha Security Guards, Ltd,* con operaciones también en Sierra Leona, *DynCorp International* con muchos destinos, Bosnia, Somalia, Angola, Haití, Colombia, Kosovo, Kuwait, Afganistán, que sigue activa. Tras empresas son: *Defion Internacional, Aegis Defense Services, Triple Canopy, Unity Resources Group.*
21 1770 RAE contrato u obligación que se hace para proveer de dinero, víveres o géneros a algún ejército, provincia.

cargos superiores y presidía su dirección; si bien la junta de accionistas era plural (Guerrero, 1994: 89, 91, 93).

No se puede dejar de lado que en el transcurrir de muchos siglos hasta el presente, las formas y configuraciones de este fenómeno fueron diversas; por ejemplo, Francia muestra una trayectoria en la cual, hacia finales del siglo XVIII, a la administración la caracterizaba el aborrecimiento a los nobles y burgueses que, al margen suyo (aunque sí con su aprobación), querían encargarse de los asuntos públicos; cualquier cuerpo independiente o asociación libre le importunaba (Tocqueville, 1998: 149). En este caso, la venta de los cargos (venalidad) implicó una privatización de lo público, que se vendía al mejor postor. Pero esto tuvo repercusiones singulares pues se crearon vacíos de autoridad ante los cuales resultaron negativas las supuestas ganancias que se habían obtenido por la enajenación (Guerrero, 2004: 35-37).

La Revolución francesa terminó con esa situación pues significó la supresión de la *estamentalización*, la venta y arrendamiento de cargos públicos, que se sintetizó en la generalización de la técnica burocrática comisarial,[22] que hizo posible la construcción impersonal del aparato administrativo, la separación entre el funcionario y la función, dejando en el pasado la "técnica organizativa iusprivatizada". Aquí es donde se visualiza el arranque de la burocracia moderna (García de Enterría: 112-113).

Hacia adelante, también la materialización de los derechos del hombre y el ciudadano presidirían la modernización de los Estados soberanos, que estaría asociada al desarrollo de capacidades estatales y administrativas que además comprenderían nuevas funciones sociales; gran parte de la modernidad del Estado mostraría su capacidad para otorgar prestaciones sociales y proveer servicios. Para el desarrollo de estas funciones muchos sectores estratégicos serían reclamados desde su propiedad privada para hacer prevalecer la utilidad pública y el bienestar común.

Se llega de este modo a una configuración estatal con una administración moderna, fundada en las reivindicaciones sociales; que preside los procesos económicos y políticos; estableciendo ciertas condiciones de estabilidad que si bien fueron interrumpidas por las guerras y la crisis de 1929, después de la segunda guerra mundial, el Estado acentuaría su labor para procurar marcos aptos al desarrollo de la industria y el progreso; sobre todo a partir del control de los sectores económicos y financieros que en 1929 habían provocado la gran crisis.

---

22 El comisario fue una figura de funcionario que se creó para quebrantar el poder del oficial o del oficio estamentalizado. A partir de la venta de los cargos, que le otorgaba la propiedad del oficio (función/gestión/servicio), el oficial era el titular de competencias o atribuciones propias (García de Enterría: 109).

Contexto del surgimiento de las nuevas asociaciones público-privadas

La dilución de ese orden, a mediados de la década de 1960, sobre todo a partir del progresivo debilitamiento del orden financiero internacional establecido con los acuerdos de Bretton Woods, posibilitó la desregulación de los capitales, la desvinculación del patrón oro-dólar, y cambios en el papel del FMI y el BM; estos cambios generaron condiciones favorables al desarrollo de los capitales financieros, mismos que también prosperaron gracias al singular avance de las comunicaciones y la tecnología. Se establecieron así condiciones para que las empresas privadas y el mercado cobraran gran importancia, asentándose como actores relevantes del nuevo contexto mundial en el que las reivindicaciones sociales, a manera de Estado de bienestar, se observaron como un gran gasto que los Estados que ya no podían continuar sustentando.

Aunque la "crisis" del Estado "benefactor" ha sido un fenómeno poco explorado por cuanto a todos los factores que la ocasionaron, particularmente desvinculándola de los fenómenos económicos mundiales, como el alza de las tasas de interés de 1979, los préstamos que fomentó el BM desde los bancos comerciales hacia los países en desarrollo, las crisis de deuda de los países en desarrollo (también debida a la mala administración) y la recesión de los países desarrollados; fue básicamente la idea del Estado *obeso* que gastaba grandes cantidades en prestar servicios a sus sociedades lo que justificó el inicio de un trascendental proceso de cambio que ha modificado la percepción y concepción sobre el Estado y su función que en muchas ocasiones se "redefinió" como la de un facilitador, un regulador, un Estado no intervencionista o simplemente como un Estado *flaco* que debería de despojarse de toda esa gran cantidad de actividades que lo mantenían en déficit y que no le permitían cumplir con sus obligaciones de pago.

Esto se tradujo en un proceso de privatización en dos fases: la privatización de sus empresas públicas, con lo que fue sacado del mercado y, a continuación, con la aplicación del modelo de nueva gerencia pública, en la administración pública, con el que se metió al mercado dentro del Estado. Las secuelas de este proceso generaron mayores espacios de actuación y ganancias a las empresas privadas y las sociedades financieras, al tiempo que abrieron mercados enormes para realizar actividades dentro de la administración pública, tanto en la prestación de servicios como en la venta del mismísimo desarrollo de sus funciones o partes de éstas, ya sea elaborando políticas públicas (en todo tipo de sectores) o ejecutándolas. A esto se ha sumado el desarrollo de la tarea de validación de la eficiencia de la organización y sus procesos, lo que han realizado empresas como ISO, o bien la propia evaluación de certidumbre sobre la fortaleza o confianza que se le puede tener, trabajo que han hecho las calificadoras de riesgo.

Si bien existe una gran cantidad de sectores en los que se pueden visualizar los cambios, la nueva gerencia pública que consiste en un modelo de reforma de la administración pública orientado al mercado condujo - como respuesta a las supuestas fallas de la administración pública para cumplir sus funciones - a los mecanismos de mercado, mismos que comprenden a las asociaciones público privadas, insertadas como innovadoras formas de obtener recursos para financiar la construcción de infraestructura, ante la presunta incapacidad de los Estados para continuar realizando ese trabajo. Las APPs fueron recibidas con grandes expectativas y han sido establecidas alrededor de todo el mundo.

Significado, origen y naturaleza de las APPs

Aunque no hay acuerdo por cuanto a su significado, en términos generales las APP se han referido como arreglos por los cuales el sector privado financia, diseña, construye, mantiene y opera activos de infraestructura que tradicionalmente proveía el sector público; esta idea incluye la participación del sector privado en la compra de activos de infraestructura ya existentes para su nuevo desarrollo. La APP se sintetiza en que una entidad del sector privado se compromete a proveer activos de infraestructura pública para periodos de 20 a 30 años, y al terminar regresan al gobierno. Durante ese periodo, el asociado privado cobra una tarifa anual por el uso de la infraestructura; la tarifa puede ser pagada por el gobierno o mediante cargos a los usuarios.

Las APPs también se conocen como iniciativas privadas de financiamiento de proyectos de servicios públicos. Su campo de actividad se ha ubicado en la construcción de infraestructura para transporte, escuelas, hospitales, construcción de oficinas, así como instalaciones de agua y tratamiento de aguas residuales (Blöndal, 2005: 81). Jaime Díaz Pérez, las ha clasificado en tres grupos: 1. Infraestructuras de transporte (carreteras, túneles, puentes, ferrocarriles, puertos, aeropuertos). 2. Infraestructuras sociales (hospitales, colegios, juzgados, prisiones, bibliotecas, centros deportivos, proyectos de regeneración urbanística, y similares). 3. Infraestructuras medioambientales: tratamiento de agua potable, aguas residuales, residuos (Díaz Pérez, 2011).

En los países desarrollados se han identificado dos modelos de APP: el viejo BOO (*build-operate-own*), construcción, operación, propiedad que confiaba en los actores privados para financiar, construir y operar sin el compromiso de que los bienes o activos regresarían a la propiedad del Estado; mientras que en el nuevo BOOT (build-operate-owm-transfer), la cooperación no sólo tiene como intención principal el financiamiento, sino que está destinada a lograr valor por dinero (VFM: *value for money*) para el Estado a través de la transferencia del riesgo. Aquí, el sector público tiene mayor responsabilidad. Este cambio resultó del ajuste que tuvo que realizarse cuando disminuyó la confianza hacia el sector privado, luego de décadas de uso de las APP. De allí que el contratista privado ya no prestaría servicios básicos sino únicamente auxiliares, y al término del contrato el bien o activo debería transferirse de regreso al Estado. Entonces, el gobierno conservaría la responsabilidad final en la prestación de servicios de alta calidad, por lo que debería considerar todos los problemas institucionales, financieros y de gestión de las APP, lo mismo que asumir un papel activo en la corrección de fallos y en el mejoramiento del desempeño de las asociaciones (Yin, 2009: 781).

APPs y financiamiento

Las APPs, son proyectos que se caracterizan por un elevado apalancamiento financiero,[23] esto obedece a que son muy altos los porcentajes de fondos que se requieren para financiar la inversión, por lo general entre el 50 y 90% del total, que se obtienen de entidades financieras en forma de deuda. Estos préstamos se consiguen dejando como garantía a los prestamistas los flujos de caja que el proyecto generará. Al mismo tiempo, para conseguir una asignación de riesgos equilibrada entre las distintas partes involucradas en el proyecto, se establecen complejos acuerdos contractuales entre los involucrados (entidades financieras, socios promotores, administración concedente, constructora). Por consiguiente, las entidades financieras suelen imponer una rigurosa disciplina de control y gestión de los resultados del proyecto (Díaz Pérez, 2011).

En este sentido también se debe tener presente que hay costos y tiempos asociados al proceso de estudio y cierre financiero de una APP, pues hay un volumen de inversión por debajo del cual la fórmula no resulta interesante (en el entorno de 25 o 30 millones de euros).

---

23 Apalancamiento financiero: cuando se financia parte de los activos de un proyecto o empresa con deuda, lo que implica unos costes financieros fijos, la posible mejora del rendimiento económico afectará positivamente a los inversores más que proporcionalmente (efecto palanca) debido a que la deuda se sigue remunerando al mismo coste. Un mayor apalancamiento financiero implica más riesgo y, por tanto, mayor variabilidad de la tasa de rendimiento del accionista, por eso sólo es recomendable en proyectos de inversión con ingresos muy estables.

Financiamiento y crisis

Como efecto de las crisis económicas y financieras que se han presentado desde 2008, la demanda de inversión en infraestructura se ha encontrado ante una escasa oferta de recursos financieros. Ante este panorama, los organismos públicos y las instituciones multilaterales se han erigido como actores vitales para generar condiciones de viabilidad financiera para muchos proyectos. Las instituciones multilaterales ya sea el Banco Europeo de Inversiones (BEI) o el Banco Europeo de Reconstrucción y Desarrollo (BERD) han sido vitales para que los proyectos de infraestructura puedan llevarse a cabo en Europa. Mientras que en los Estados Unidos los grandes proyectos de este tipo han sido posibles con préstamos TIFIA (Transportation Infrastructure Finance and Innovation Act) del gobierno federal, que ofrecen deuda subordinada cuyo repago está supeditado al repago del resto de financiación ajena y con condiciones muy ventajosas sobre todo en el tipo de interés.

Es así que también la falta de liquidez de los mercados interbancarios y el hecho de que los bancos decidan no financiar más allá del medio plazo, genera ineficiencia e incertidumbre porque obliga a varias refinanciaciones durante la vida del proyecto. Además, la tendencia de las entidades financieras hacia esquemas de ingresos con poco riesgo (generalmente pagos por disponibilidad, a veces con pagos mínimos garantizados) y la exigencia de garantías adicionales a los accionistas limita el alcance de la financiación bancaria y reduce el mercado de proyectos financiables.

La Comisión Europea y el BEI anunciaron el Bono Europeo de Proyectos 2020 (Europe 2020 Project Bond), que al materializarse en la prestación de avales podría mejorar el *rating* de una potencial emisión de bonos desde los promotores de infraestructuras, y facilitaría el acceso a la financiación de inversores institucionales, compañías aseguradoras y fondos de pensiones.

De aquí que para la financiación de infraestructuras ante la escasez de recursos, se considera que la iniciativa de organismos públicos es la que tendrá un papel protagonista en las PPP, sobre todo cuando se trata de grandes inversiones, lo mismo que los avales públicos a favor de prestamistas y bonistas e, incluso, la ¡financiación directa del Estado! (Díaz Pérez, 2011)

APPs y riesgo financiero

Budina y Petrie (2005) han explicado que los cambios en la composición del sector financiero internacional han producido otras formas de financiamiento entre las que se puede observar la fórmula APPs, que si bien combina una nueva forma de financiamiento, también conlleva una nueva forma de riesgo. Como lo afirman también Polackova y Timothty (2010), las APPs son portadoras de riesgo fiscal, lo cual obedece a que los gobiernos las utilizan para no reportar sus obligaciones fiscales de inmediato. Pero esto no es positivo ya que se resta importancia a los futuros costos y riesgos fiscales.

Es así que desde la década de 1990 las APPs se han observado como un tema que está relacionado con el del riesgo financiero y que ha cobrado relevancia en las finanzas públicas. Si bien el riesgo financiero en el gobierno se puede entender como la posibilidad, a mediano o corto plazo, de desviaciones en las variables fiscales, comparado con lo que fue anticipado en el presupuesto o en otras previsiones (Banco Mundial); también se ha referido como la exposición del gobierno a variaciones de corto o medio plazo en todos los niveles de ingresos, gasto, el balance fiscal y el valor de los activos y pasivos (Budina y Petrie, 2005)

Los riesgos se han clasificado en tres categorías: riesgos económicos generales (bajo crecimiento económico); riesgos específicos (desastres naturales); y riesgos fiscales contingentes o que resultan de obligaciones opacas (como las garantías gubernamentales), que pueden causar una seria inestabilidad fiscal si no se controlan o restringen. De aquí que se considere que hay una necesidad de aplicación de un enfoque del balance de la gestión del riesgo fiscal que concentre tanto los flujos como las existencias de variables fiscales y sus interacciones. (Budina y Petrie, 2005)

Lo anterior es particularmente relevante cuando se trata de los riesgos derivados de pasivos contingentes, pues muchos gobiernos han enfrentado serias inestabilidades fiscales como resultado de riesgos financieros ocultos en pasivos contingentes.[24] Entre los principales tipos de pasivos contingentes están las garantías gubernamentales, que pueden ser las garantías de préstamos o las garantías de ingresos mínimos a las APPs. (Budina y Petrie, 2005)

Una característica sobresaliente de los riesgos fiscales implícitos es que su naturaleza, oculta e incierta, tienta a los gobiernos a evitar tratar con ellos. Mientras que éstos riesgos se pueden acumular y alcanzar grandes proporciones. Por estas razones se ha considerado que el contex-

---

24 Un pasivo contingente generalmente se define como una obligación de pago, si y sólo si, un evento específico ocurre o una situación específica surge en el futuro; y puede estar explícita o implícita.

to internacional debería incluir los objetivos del gobierno para el manejo de riesgo financiero, el alcance de la función del manejo del riesgo, la asignación de responsabilidades dentro del ejecutivo y la capacidad actual para manejar los riesgos fiscales.

En algunos países se han establecido unidades para el manejo de ciertos tipos de riesgo fiscal, como las unidades de PPPs. Y también se ha observado que las principales normas internacionales de contabilidad se están moviendo hacia una contabilidad más precisa para el riesgo. Sin embargo, también se ha observado que algunos tipos de riesgo como los de las PPPs no se ven reflejados en los estándares de contabilidad de retribución.

Inconvenientes de las APP

Las grandes expectativas sobre las APPs se han creado por las grandes promesas que se les atribuyen, pero el análisis más profundo y la experiencia que se han estado acumulando a raíz de su aplicación, han dado cuenta de que aunque prometen financiamiento barato, es probable que resulte más costoso que el que se erogaba bajo el esquema tradicional. La principal causa de lo anterior es que el sector privado requiere mayores tasas de retorno, lo que afectará a las finanzas públicas y, por ende, su capacidad para mantener los servicios existentes.

Si bien el financiamiento privado permite proveer servicios públicos, también a largo plazo puede acumular pasivos. Además de que, dado el largo plazo de su contratación, los privados pueden realizar cambios en sus estrategias de inversión, en la propiedad o en la organización. Por si esto fuera poco, se ha encontrado que las APP no responden a satisfacer necesidades urgentes y plenamente identificadas.

En resumen, como otros mecanismos de mercado las APP pueden tener costos ocultos y resultados no previstos. Y la principal problemática a resolver, transferir deuda y riesgo al sector privado, sólo se consigue en el corto plazo (CEFP, 2007). Además de lo anterior, otro importante punto a considerar es que pueden ser utilizadas para eludir los controles sobre el gasto, ya que permiten trasladar tanto la inversión pública fuera del presupuesto, como la deuda fuera del balance del gobierno. Y, al final de cuentas, el Estado puede tener que soportar la mayor parte del riesgo que entrañan las APP y hasta tener que enfrentar costos (Akitoby et al., 2007).

Otros estudiosos han señalado que los contratos y las decisiones de asociación no parecen hacerse para satisfacer las necesidades de la sociedad, sino que están relacionados con los beneficios de mercado para las empresas, o la solución de problemas financieros para el gobierno; mientras que el beneficio hacia la sociedad es cuestionable. Así que, aunque se afirme que el punto central de la asociación es que proporciona un equitativo reparto de los riesgos y beneficios, el lugar de la sociedad "permanece como materia de conjeturas en un mundo de eventos económicos que no se han revelado". Las preguntas que surgen desde la sociedad son: qué beneficios obtiene de las asociaciones y hasta qué punto debe ayudar a las empresas a recuperarse de su inevitable crisis (Callender y Johnston, 2001: 25-26).

Sobre las APPs se han expresado argumentos encontrados sobre su utilidad y objetivos. Mientras por un lado se promocionan como la tercera vía o la forma nueva e idónea para obtener financiamiento; por otra se ha advertido sobre sus potenciales efectos privatizadores, o bien, se han observado como una etapa que conduce a la privatización total, como efecto de la desinversión que se efectúa en los servicios públicos o las empresas públicas.

Además se ha analizado que en estas modalidades de participación del sector privado no existen controles, como en su momento señala José Ruiz Massieu, existieron en la concesión (minera, bancaria, vías de comunicación) mientras el Estado mantuvo la función de policía, que se ejercía a partir de poderosas facultades de vigilancia sobre las empresas concesionarias, las cuales no podían emitir acciones, obligaciones o bonos ni aumentar su capital sin aprobación previa de la misma (1980: 32).

De aquí que, como lo explica José Acerete los procesos de financiación de las APPs conllevan modificaciones en las relaciones entre sector público y sector privado que tienen efectos en la gestión de infraestructuras o en los servicios públicos. Esa reordenación de tareas originalmente públicas entre los sectores público y privado modifican el contorno que define a la Administración Pública, en la medida en que se involucran recursos públicos y bienes y servicios de interés general (2004, 14).

En este sentido también se ha resaltado que disminuye el control del sector público esto sucede porque cuando se decide utilizar APPs se acepta tomar decisiones en conjunto y se pierde parte del ejercicio del control que se tenía en la prestación de servicios (Legorreta, 2011, 14).

Condiciones para establecer APPs

Las APP que se establezcan deben someterse a un fuerte escrutinio para dilucidar si constituyen una solución, y no sólo de corto plazo, o aquilatar si pueden potencialmente convertirse en una fuente de problemas de ajuste y reajuste de contratos o de posteriores necesidades de creación de órganos reguladores que pueden ser más costosos en dinero y trabajo de control gubernamental.

Otra situación que no debe confundirse es visualizar esta relación de APP como una suerte de democratización donde el sector público-gubernamental ya no es el que monopoliza la prestación de servicios, pues como ya se ha señalado, los efectos positivos o negativos hacia la sociedad no están claros. Además de que como lo ha señalado Márquez: "socializa los costos y privatiza las ganancias" (cit. en Mendoza, 2012).

Es necesario considerar que la rendición de cuentas se torna difusa, dados los cambios generados en la modalidad de prestación de servicios. Se deben tener en cuenta los diferentes factores pueden ocasionar que la APP ofrezca servicios de mala calidad, a fin de considerarlos dentro de las previsiones y establecer mecanismos para que se corrija.

Cuidar los procesos de concesión fomentando la trasparencia para evitar que la corrupción esté presente en la designación de contratos.

Tener en cuenta que en la operación de la APP las dos partes comparten recursos y tareas e intercambian información en la prestación de servicios y, que en este mismo sentido se tomarán decisiones conjuntas sobre diseño, prestación, evaluación y mejora de los servicios.

Será muy importante incluir mecanismos que no permita que las APP sean utilizadas para eludir controles sobre las finanzas públicas, es decir, que se traslade la inversión pública fuera del presupuesto y la deuda pública fuera del balance de gobierno.

Conclusiones

Una característica relevante de las APPs, por cuanto a la forma en que se hacen los contratos con las empresas privadas en nuestros días, radica en el papel de asociado que busca situarse en una posición en la cual, los derechos por cuanto a la toma de decisiones se pueda realizar sin que la parte gubernamental presida o decida, sino que se establezca una relación paralela.

Esto reafirma que la APP lleva implícito un cambio en las relaciones entre el sector público y el privado que es necesario examinar pues no sólo se cede o se concesiona la prestación de un servicio sino que también con éste se traslada cierta capacidad de toma de decisiones.

Y más aún, es necesario volver a reflexionar sobre la utilidad de las APPs, o al menos sobre cuáles son los sectores en los que efectivamente puede representar una ventaja en su utilización con relación a la propia actuación del gobierno, pues se ha encontrado que en realidad existe de manera subyacente una alta complejidad contractual y de estructuración financiera que, entre otras cosas, como los gastos asociados, se traduce en un alto coste de la financiación.

Si bien se ha señalado que hay ventajas en las APPs, como inversiones de capital menores de los socios promotores en contraste con el tamaño del proyecto, al tiempo que el elevado endeudamiento atrae al accionista por la potencial rentabilidad que asegura su posición gracias al riguroso control de la gestión y riesgos del proyecto, que naturalmente se genera desde las entidades financieras y que se refuerza a partir de la correcta asignación de los riesgos del proyecto, hemos apreciado que en realidad el financiamiento para los proyectos depende de la disponibilidad de financiamiento que, particularmente desde las crisis económicas y financieras de 2008 se ha restringido. Y a partir de estos hechos, son las instituciones gubernamentales de crédito las que están generando condiciones para proveer el financiamiento a las empresas privadas, lo cual, parece anular de manera inmediata la razón de existir de la APP.

No hay duda que es relevante encontrar formas novedosas de resolver problemas públicos, pero hay que cuidar que en el camino no se generen mayores problemas como la búsqueda de alternativas para el manejo del riesgo de las APPs, que en muchos países ha hecho necesario el establecimiento de oficinas de APP, pues en gobierno el objetivo es la maximización del bienestar, no el enfoque más limitado de su posición financiera.

Referencias

* Acerete Gil, José Basilio, Financiación y gestión privada de infraestructuras y servicios públicos. Asociaciones Público-Privadas, Tesis Doctoral, Departamento de Contabilidad y Finanzas, Universidad de Zaragoza, Ed. Instituto de Estudios Fiscales, 2004.
* Akitoby, B., R. Hemming y G. Schwartz. 2007. Inversión pública y asociaciones público-privadas. Washington DC: Fondo Monetario Internacional.
* América Economía. 2013. "Conozca cuáles son las principales Asociaciones Público-Privadas en A. Latina", agosto [recuperado de: http://www.americaeconomia.com/negocios-industrias/anuncian-las-principales-asociaciones-publico-privadas-en-america-latina].
* APP Noticias México. 2013. "Valadés propone modificar el artículo 10 de Ley de Asociaciones Público-Privadas", 10 de octubre de 2013 [http://www.onexpo.com.mx/NOTICIAS/NOTICIA.asp?ID_NOTICIA=996].
* Blöndal, J. R. 2005. "The reform of public expenditure management systems in OECD countries". Documento presentado al séptimo taller de Banca d'Italia sobre finanzas públicas, Perugia, abril, Refe-

rencias CEPAL [http://www.cepal.org/publicaciones/mxl/9/24079/ lcg2294e_bibliografia.pdf].

- Budina, Nina y Petrie, Murray, "Managing and controlling fiscal risks", en Mr. M. Cangiano, Ms. Teresa R Curristine, Mr. Michel Lazare, The World Bank, 2005 Draft.
- Callender, G. y J. Johnston. 2001. "Contracting between governments and the private sector: private haven or public risk?" En Farazmand, A. (ed.), Privatization or public enterprise reform?: international case studies with implications for public management. Westport, CT: Greenwood Publishing Group.
- Cardoso, V. 2008. "Los Pidiregas ya cumplieron; es hora de cambiar, dicen expertos". Economía. La Jornada, miércoles 18 de junio. Centro de Estudios de las Finanzas Públicas (CEFP). 2007. Proyectos para Prestación de Servicios (PPS). México: Cámara de Diputados [Serie de Cuadernos de Finanzas Públicas].
- Chanes, J. 1980. "Presentación". En Ruiz Massieu, J. F. La empresa pública: un estudio de derecho sobre México. México: INAP. Diario Oficial de la Federación (DOF). 2012. Ley de Asociaciones Público Privadas.
- Díaz Pérez, Jaime, 2011, Retos de la Colaboración Público-Privada para el desarrollo de Infraestructuras Públicas (PPP), Boletín Económico de ICE N° 3012 del 1 al 30 de junio.
- Forrer, J. et al. 2010. "Public-private partnerships and the public accountability question". Public Administration Review, vol. 70, núm. 3, mayo-junio. Guadarrama, J. de J. 2013. Avanza licitación para prueba piloto de red óptica de la CFE. Dinero en imagen [http://www.dineroenimagen. com/2013-09-16/25971].
- Guerrero, O. 2004. La nueva gerencia pública. México: Fontamara.
- Guillén, A. 2012. "Ley de Asociaciones Público Privadas, análisis" [http:// www.legis.com.mx/BancoConocimiento/A/articulo_de_opinion_-_ ley_de_asociaciones_publico_privadas/articulo_de_opinion_-_ley_ de_asociaciones_publico_privadas.asp].
- Hodge, G. A. 2004. "The risky business of public–private partnerships", Australian Journal of Public Administration, vol. 63, núm. 4. Jamali, D. 2004. "Success and failure mechanisms of public private partnerships (PPP) in developing countries". The International Journal of Public Sector Management, vol. 17, núm. 5.
- La Redacción. 2008. "Adeuda PEMEX 2.1 billones de pesos por concepto de Pidiregas", 22 de mayo [http://www.proceso.com. mx/?p=198947]. Mendoza, E. 2012. "Asociaciones público-privadas: nueva oleada de privatizaciones". Contralínea, enero 8 [http://

contralinea.info/archivo-revista/index.php/2012/01/08/asociacio-nes-publico-privadasnueva-oleada-de-privatizaciones/].

- Legorreta Gabriela L., Asociaciones Público-Privadas en la inversión pública, Noviembre de 2011 Fundación Rafael Preciado Hernández A.C., Documento de Trabajo No. 417
- Organización para la Cooperación y Desarrollo Económicos (OCDE). 1997. La transformación de la gestión pública. Las reformas en los países de la OCDE. Madrid: Ministerio de las Administraciones Públicas.
- Plan Nacional de Desarrollo (PND). 2013-2018. Gobierno de la República [http://pnd.gob.mx/wp-content/uploads/2013/05/PND.pdf]. Ruiz Massieu, J. F. 1980. La empresa pública: un estudio de derecho sobre México. México: INAP.
- Polackova Brixi, Hana, Budina, Nina and Irwin, Timothy, *Public–Private Partnerships, Fiscal Risks, and Fiscal Institutions in the EU8*. The World Bank, 2005 Draft.
- Shaoul, J. 2009. "The political economy of the private finance initiative". En Arestis, P. y M. C. Sawyer. Critical essays on the privatization experience. Volume 4 of International papers in political economy. Nueva York, NY: Palgrave, Macmillan.
- Starr, P. 1983. "El significado de privatización". En Kamerman, S. y A. Khan. La privatización y el Estado benefactor. México: FCE.
- Wettenhall, R. 2003. "The rhetoric and reality of public-private partnerships". Public Organization Review: A Global Journal, vol. 3, núm. 1.
- Woodhouse, D. 2010. Marco regulatorio para el desarrollo de asociaciones público-privadas en estados de la República Mexicana. Programa para el Impulso de las Asociaciones Público-Privadas en estados Mexicanos. México: BID. World Bank. 2012. Public-private partnerships. Reference guide. Washington, DC: World Bank Institute.
- Yin, W. 2009. "The challenge of public-private partnerships: Learning from international experience. A broken fantasy of public-private partnerships". Public Administration Review, vol. 69, núm. 4, julio-agosto.

Gasto público y APP en México: el caso de la titulización de activos públicos en el sector autopistas

José Enrique Mendoza Méndez[25]

Resumen

El proceso de financiarización ha transformado al gasto público en garante de rentas financieras. Una de las expresiones de este proceso, es el gasto público asociado al capital privado, como soporte de la titulización de activos.

Dicho proceso transforma el papel del gasto público en la acumulación de capital: en la formación de capital, infraestructura y servicios básicos; en la creación y mantenimiento de la ganancia empresarial; en el sostenimiento del salario y el empleo; en la disponibilidad de los bienes salario, y en la distribución del ingreso.

Introducción

Costas Lapavitsas argumenta que la financiarización "...es el resultado de la transformación sistémica de la economía capitalista, la cual gira en torno al sistema financiero e implica la creación de nuevas fuentes de ganancias." (Lapavitsas, 2011: 75)

La libre circulación de capitales internacionales y el predominio de un capital financiero altamente concentrado, determinan que las políticas macroeconómicas se subordinen a mantener la rentabilidad de los activos financieros. El nuevo régimen de acumulación dominado por lo financiero transformó el papel del Estado en la economía, en particular, las funciones del gasto público en la creación de infraestructura y validó nuevas fuentes de ganancia para las altas finanzas.

Las Asociaciones Público Privadas (APP) son una expresión de la reorganización del aparato estatal y de la simplificación de las actividades del gobierno.

Las APP se iniciaron en el Reino Unido con la *Private Finance Iniciative* (PFI) en 1982. En América Latina destaca el papel de México y Chile en la promoción de esquemas de APP. En Chile las APP fueron

25 Esta investigación se desarrolla gracias a la beca otorgada por Conacyt para desarrollar una estancia posdoctoral en la Unidad Académica en Estudios del Desarrollo de la Universidad Autónoma de Zacatecas. jemend@hotmail.com

utilizadas para la transportación, y la creación de aeropuertos, prisiones e irrigación. En México las APP fueron primero implementadas para el financiamiento de carreteras en los años ochenta y desde mediados de los años noventa, se realizan un creciente número de proyectos de inversión relacionados con el sector de energía.

Los gobiernos promueven la implementación de APP bajo el argumento de que permiten construir obras de infraestructura sin erogar fuertes sumas de dinero. Sin embargo, en el largo plazo el presupuesto, tanto de los gobiernos locales como los nacionales, queda comprometido por el pago de esta infraestructura.

Asimismo, los organismos financieros internacionales advierten sobre el riesgo de que las APP sean implementadas para eludir el control de gastos y mover la inversión pública fuera del presupuesto y la deuda fuera del balance del gobierno. Además el gobierno conserva la mayor parte del riesgo y se enfrenta a costos fiscales potencialmente grandes. (FMI, 2004: 03)

Una gran parte del financiamiento de las APP se realiza por medio de la titulización de activos públicos. Las autoridades federales, estatales y municipales han titulado los ingresos fiscales, cuentas por cobrar de préstamos y otros flujos de efectivo de una gran variedad de activos existentes y futuros.

Asociaciones público privadas, conceptos básicos

En México por medio de las asociaciones público privadas se han desarrollado proyectos de infraestructura ligados al sector energético (por ejemplo, Pidiregas), concesiones en el sector carretero y de agua, fondos de inversión para estimular la inversión privada (FINFRA, FONCAR y FONATUR) y también contratos de suministros de servicios en diversos sectores.

De acuerdo con Engel "… una app se define como un acuerdo mediante el cual el gobierno contrata a una empresa privada para construir o mejorar las obras de infraestructura, así como para mantenerlas y operarlas por un periodo prolongado (por ejemplo, 30 años). Como compensación, la empresa recibe un flujo de ingreso a lo largo de la vida del contrato…" (Engel et al, 2014:16)

En la Ley de las Asociaciones Público Privada mexicana, que fue aprobada en enero de 2012, se establece lo siguiente:

> Artículo 2. Los proyectos de asociación público-privada regulados por esta Ley son aquellos que se realicen con

cualquier esquema para establecer una relación contractual de largo plazo, entre instancias del sector público y del sector privado, para la prestación de servicios al sector público, mayoristas, intermedios o al usuario final y en los que se utilice infraestructura provista total o parcialmente por el sector privado con objetivos que aumenten el bienestar social y los niveles de inversión en el País. (Ley de Asociaciones Público Privadas, 2012)

El sector privado puede complementar el financiamiento para la inversión en APP en una variedad de formas. Cuando los servicios son vendidos al público, el sector privado puede emitir una deuda usando el flujo de ingresos proyectados de una concesión como garantía. Cuando el gobierno es el principal comprador de los servicios, esta corriente de ingresos puede ser utilizada como colateral. También el gobierno puede hacer una contribución directa a los costos del proyecto o garantizar los préstamos al sector privado. (FMI, 2004: 9)

La participación del gobierno en las APP puede adoptar distintas formas: pagos complementarios a los peajes o tarifas pagados por los usuarios; establecimiento de peajes "sombra"; cesiones en uso de terrenos, equipos; compromisos de compra de lo producido; etc.

El financiamiento de los esquemas APP muchas veces se realiza por medio de los vehículos para fines específicos (SPV por sus siglas en inglés). "...Un SPV es un típico consorcio de bancos y otras instituciones financieras, creado para combinar y coordinar el uso de su capital y experiencia..." (FMI, 2004:09) Los SPV adquieren los activos o derechos de cobro y a su vez financian la compra por medio de la emisión de bonos de titulización.

En la gráfica 1 se muestra el funcionamiento de los esquemas tradicionales de contratación de obra pública, en donde los costos de mantenimiento, operación y obra pública son pagados por el gobierno desde el inicio de la prestación del servicio. El Estado obtiene financiamiento de los bancos, ya sea la banca de desarrollo o la banca privada, y establece contratos con las empresas operadoras y constructoras. Posteriormente, paga la deuda y gestiona el bien producido, bien sea de manera directa o bien a través de concesionarios.

Gráfica 1. Comparación entre esquema tradicionales de obra pública y APP

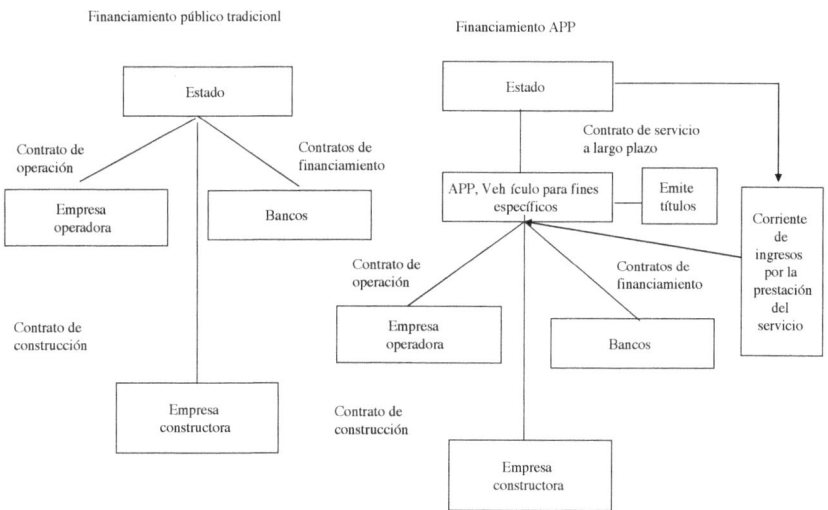

Fuente: Basado en Hana Palockova Brixi, Nina Budina y Timohy Irwin, "Managing Fiscal Risk in PPPs", en Current Issues in Fiscal Reform in Central Europe and the Baltic States 2005 (Washington: Banco Mundial, 2005), págs. 135–156.

Por su parte, en los esquemas APP el Estado paga en el largo plazo, conforme le son entregados los servicios. Los vehículos para fines específicos establecen contratos de operación, financiamiento y construcción. En muchos casos se emiten títulos de deuda que son respaldados por la corriente de ingresos que genera la prestación del servicio en el largo plazo.

Las APP como *estrategia de desarrollo*

Existe un amplio debate en torno a las APP. Los promotores de las APP básicamente esgrimen los argumentos de la eficiencia en la gestión y calidad de servicios y productos del sector privado sobre el sector público. También los gobiernos esgrimen la oportunidad de generar infraestructura y dotar de servicios públicos sin incrementar el gasto público ni la deuda pública. Detrás de estas concepciones, se encuentran los intereses del capital financiero internacional por mantener finanzas públicas equilibradas y generar nuevos espacios de rentabilidad para el sector privado.

Sean Fitzpatrick (2006) sostiene que las APP permiten: i) mejorar la relación precio-calidad en las habilidades gestoras y operativas del sector privado, frente a la provisión de bienes y servicios públicos; ii) la entrega de servicios e infraestructura que de otro modo no se suministrarían; iii) mejorar la gestión de riesgos; iv) impulsar la competencia que prevalece en los mercados privados como vehículo de la eficiencia; v) reducir el gasto público, reorientando el presupuesto a otras prioridades; y vi) entregar rápidamente los bienes y servicios. (Fitzpatrick, 2006:11)

Algunos argumentos en contra de las APP son: i) los gobiernos y autoridades públicas adquieren compromisos irrenunciables de pago a largo plazo, que pueden llevar al deterioro en la calificación de los créditos o la disminución el nivel de gasto en servicios públicos; ii) una forma de ocultar el endeudamiento público y convierten al gobierno en una caja de pagos; iii) los costos de financiamiento de las APP son mayores que los del financiamiento tradicional, debido a que el Estado tiene una mejor capacidad para conseguir créditos; iv) en la recesión las APP tienen un efecto de control del gasto, cuando es necesario ejercer un gasto público contracíclico; y v) los vehículos especiales de inversión pueden ser utilizados para ocultar deuda del gobierno y los inherentes riesgos de una APP.

Engel, Fisher y Galetovic argumentan que las APP no alivian las restricciones presupuestarias fiscales:

> (…) El valor presente de los recursos ahorrados por el gobierno, al no pagar el costo de la inversión inicial en el caso de las APP, debería ser igual al valor de los cobros a los usuarios cedidos al concesionario. Desde el punto de vista financiero, lo que hacen las APP es endeudarse a costa del futuro, sin que exista una ganancia neta en el valor presente." (Engel et. al. 2014: 31)

No obstante, estos mismos autores sostienen que el sector privado es más eficiente en la operación y mantenimiento de las obras de infraestructura.

APP y titulización de activos públicos

La titulización de activos es el proceso mediante el cual se obtienen recursos con la emisión de valores respaldados con activos que generan un flujo futuro de rentas. Mediante la titulización las empresas financieras o no financieras, pueden externalizar activos o derechos de cobro futuros y obtener financiación. Una gran variedad de activos o flujos de ingresos futuros puede ser titulizados, entre otros: préstamos hipotecarios comerciales y residenciales, préstamos al consumo, préstamos al gobierno, derivados de crédito y rentas futuras.

El proceso de titulización de activos conlleva la emisión de título fuera de balance contable mediante el uso de vehículos para fines específicos (SPV) o un fideicomiso (trust), que adquiere los activos o derechos de cobro y a su vez, financia la compra por medio de la emisión de bonos de titulización. El financiamiento de las APP a menudo se realiza a través de SPV.

Los sistemas de titulización se pueden agrupar en tres tipos: i) on-balance sheet securitisation, involucra la emisión de valores de deuda respaldados por un flujo de ingresos generados por los activos. En este tipo de emisiones, no hay ninguna empresa de titulización ni transferencia de activos; ii) true-sale securitisation, que se refiere a la emisión de valores de deuda por una sociedad de titulización en donde los activos subyacentes han sido transferidos de la hoja de balance de los propietarios originales de los activos; y iii) Synthetic securitisation, implica la transferencia del riesgo de crédito relacionada a un *pool* de activos, sin la transferencia de los activos mismos. El propietario original compra protección contra posibles pérdidas de default sobre un pool de activos, usando Credit Default Swaps (CDS). (Bis, 2009:16)

El gran mercado de los bonos de titulización son los inversores institucionales. En primer lugar, porque facilitan la gestión de los fondos de pensiones y entidades aseguradoras. Asimismo, ofrecen la posibilidad de invertir en activos de largo plazo con rentabilidades superiores a las emisiones de deuda pública.

Los valores emitidos en un proceso de titulización son conocidos como *Asset-Backed Securities* (ABS), que son emisiones de títulos de renta fija respaldados por activos. Si un ABS es respaldado por créditos hipotecarios, se utiliza el término *Mortgage-Backed Securities* (MBS).

Andreas Jobs argumenta que la titulización de los activos públicos promueve "...un mayor control sobre los bienes públicos y facilita la desinversión del gobierno en el orden de hacer inversiones de infraestructura autofinanciada a una tasa de mercado justa e independiente de la hoja de balance soberano." (Jobst, 2006: 16)

Como lo comenta Jobs la titulización de activos públicos se está convirtiendo en una pieza fundamental de las finanzas públicas:

> En los últimos años, autoridades federales, estatales y locales (municipios y provincias), así como los organismos gubernamentales en varios países de mercados emergentes han titulizado los futuros ingresos de nacionales y / o inversores minoristas. En la mayoría de los casos, los organismos del sector público se han alistado

de titulización con el fin de obtener beneficios económicos de los créditos fiscales (las participaciones de impuestos federales), impuesto sobre las ventas de ingresos diferidos, el petróleo y las regalías de gas, cuentas por cobrar futuras de agua, los ingresos de peaje, créditos soberanos de arrendamiento, los préstamos del gobierno, cuentas por cobrar préstamos para la vivienda, y los activos bancarios de los sistemas estatales de seguro de depósitos (Jobst, 2006: 6).

Por ejemplo, en México desde 2003 los gobiernos locales empezaron a emitir Certificados de Participación Ordinaria (CPOs) en el mercado de dinero. La emisión de deuda de los gobiernos locales se realiza utilizando como garantía las participaciones, recursos de los Fondos de Aportaciones para la Infraestructura Social (FAIS) y del Fondo de Aportaciones para el Fortalecimiento de las Entidades y Municipios (FAFEF), impuestos sobre nómina y sobre la tenencia vehicular.

Las APP en el sector carretero

Las APP en México han sido efectuadas por el gobierno federal en el sector transporte de manera extensiva: carreteras interestatales, autopistas, aeropuertos, puertos marítimos y ferrocarriles. También se han desarrollado proyectos de prestación de servicios y esquemas mixtos, hospitales de alta especialidad, instalaciones universitarias, centros carcelarios, sector energético y proyectos estatales y municipales.

Desde mediados de los años noventa los esquemas de APP se aplican en el sector de comunicaciones y transportes con las concesiones y privatización de carreteras; en el sector energético mediante los proyectos de infraestructura de largo plazo (Pidiregas) y los contratos de Servicios Múltiples.

Ante las restricciones presupuestarias, también los gobiernos estatales y municipales han decidido implementar esquemas APP para la prestación de servicios y el desarrollo de infraestructura.[26] Por ejemplo, en el Estado de México se ha construido el Viaducto elevado Bicentenario o el Circuito Exterior Mexiquense, mientras que en el Distrito Federal destaca la construcción de la Supervía Poniente.

26 En México la mayor parte de las entidades cuentan con un marco jurídico que permite a las administraciones estatales y municipales, contratar un servicio con el sector privado bajo el esquema de APP. Este les permite transformar el gasto de inversión en gasto corriente y por lo tanto, omitir el crecimiento contable de la deuda pública, que estarían implícitos los esquemas tradicionales de obra pública.

En el caso del sector carretero, desde 2001 la Secretaría de Comunicaciones y Transportes (SCT) contempla tres tipos de esquemas APP para atraer capitales a la inversión en el sector carretero:

i.   Las concesiones, que pueden requerir o no financiamiento público, se otorgan hasta por 30 años de plazo y es la SCT la que fija las tarifas máximas y las reglas para su actualización[27];

ii. Los Proyectos de Prestación de Servicios (PPS) carreteros, que son contratos a través de los cuales la SCT y una empresa privada se asocian para diseñar, financiar, construir, mantener y operar una carretera, la empresa privada realiza la prestación de servicios a cambio de pagos periódicos trimestrales con un plazo de contratación de 15 a 20 años, se aplican a las carreteras libres de peaje.[28]

iii. El aprovechamiento de activos, consiste en que las SHCP y SCT acuerdan desincorporar activos carreteros de la red del Fondo Nacional para Infraestructura (Fonadin) a cambio del pago de una indemnización o por la integración por parte de la SCT de paquetes conformados por la red Fonadin y por nuevas autopistas de cuota. La SCT concesiona al sector privado estos paquetes y obtiene una contraprestación con la que paga al Fonadin. El concesionario opera, conserva y explota los activos en cuestión, así como construye y posteriormente explota las nuevas autopistas que forman parte del paquete. (SCT, 2010)

Parte de las empresas que se encontraban dentro del Fideicomiso de Apoyo al Rescate de Autopistas Concesionadas (FARAC) han sido licitadas dentro de los proyectos de aprovechamiento de activos.

En el periodo 2006-2012 las inversiones en infraestructura carretera ascendieron a 366.5 miles de millones de pesos, de los cuales un 80 por ciento procedió de recursos públicos. Estos recursos estuvieron dirigidos a construir 19,684 kilómetros de carreteras, autopistas, caminos rurales y mantener la red federal de carreteras libre de peaje. (FCH, 2012)

En el Plan Nacional de Infraestructura 2012-2018, de la administración de Enrique Peña, se contempla como meta la construcción de 52 nuevas autopistas, con una inversión público-privada de hasta 184 mil millones de pesos con una extensión de más de 3,000 kilómetros. (SCT, 2015: 05)

---

27 Cuando son requeridos fondos público, estos se otorgan a través del Fondo Nacional de Infraestructura (Fonadin). El gobierno se compromete a efectuar, en su caso, una aportación subordinada (CAS) para cubrir el servicio de la deuda.

28 Una vez terminada la construcción, la carretera modernizada sigue operando como vía libre de peaje. En el caso de que se traté de autopistas de cuota, el pago periódico se realiza mediante una combinación de tarifas y recursos presupuestales.

Asimismo, el PNI 2012-2018 tiene como meta la construcción y modernización de 80 carreteras federales, con una inversión superior a los 87 mil millones de pesos y una extensión superior a los 4,000 kilómetros. En caminos rurales y conservación de carreteras se requerirá una inversión de 64,680 y 81,000 millones de pesos respectivamente. (SCT, 2015: 05)

A pesar del fuerte impulso a las inversiones privadas, los proyectos de infraestructura carretera siguen dependiendo en gran medida de una inversión pública insuficiente.

La titulización de activos públicos en el sector autopistas

En el periodo 2006-2014 se han destinado a la inversión pública en infraestructura física, sector de autopistas, más de 22.8 miles de millones de pesos, dirigidos al mantenimiento de las mismas. Cabe mencionar que las autopistas representan el 6 por ciento de la red de caminos pavimentados.

Tomando como ejemplo las calificaciones de Fitch Ratings para su portafolio de autopistas de cuota mexicanas, podemos verificar la gran solvencia que tiene los títulos emitidos por el sector de autopistas. En la tabla 1 podemos verificar las calificaciones de 25 emisiones bursátiles de 15 proyectos. Las calificaciones de riesgo crédito de Fitch consideran en su análisis distintos factores, como son la fortaleza del tráfico y el ingreso de cada autopista, la solidez de la estructura de deuda de cada emisión, el nivel de apalancamiento financiero de cada proyecto y el desarrollo y mantenimiento de la infraestructura.

Tabla 1. Fitch Ratings: Listado de Calificaciones del Subsector Infraestructura-Autopistas, 21 de julio de 2015

Emisor	Clave	Monto (Millones)	Moneda	Calificación
Autopista Kantunil – Cancún	MAYACB 12	1,500.0		AA(mex) vra
	MAYACB 12U	623.0	UDIS	AA(mex)vra

Autopista Amozoc - Perote y Libramiento de Perote	GANACB 11U	370.4	UDIS	AA+(mex)vra
Autopistas de Chiapas	CASCB 11U	762.1	UDIS	A(mex)vra
Red de Carreteras de Occidente	RCO 12	2,841.0		AAA(mex)vra
	RCO 12U	1,480.6	UDIS	AAA(mex)vra
	RCO 14	4,100.0		AAA(mex)vra
Autopista Monterrey - Saltillo y Libramiento de Saltillo	CAMSCB 13U	854.1	UDIS	AA(mex)vra
	CAMSSCB 13U	169.3	UDIS	AA-(mex)vra
Autopista Monterrey – Cadereyta	AMCCB 13U	507.4	UDIS	AA-(mex)vra
	MYCTA 04U	526.1	UDIS	AA(mex)vra
Circuito Exterior Mexiquense		1,633.6	UDIS	AAA(mex)vra
		2,087.3	UDIS	AAA(mex)vra
		6,465.0		AAA(mex)vra
	CONMEX 14U	1,464.1	UDIS	AAA(mex)vra
Autopista Arco Norte	ARCONCB 15	6,500.0		AAA(mex)vra

Autopista Tenango - Ixtapan de la Sal	TENIXCB 14U	158.1	UDIS	AA+(mex)vra
Autopista Atlixco – Jantelelco	CONCECB 06U	143.8	UDIS	AAA(mex)vra
Libramiento Plan del Río	PLANRIO 05-2U	180.0	UDIS	AA-(mex)vra
	PLANRIO 05U	320.0	UDIS	AAA(mex)vra
Autopista Peñón – Texcoco	CPACCB 04	1,850.0		AA+(mex)vra
Autopista El Altar - Santa Ana	ZONALCB 06-2U	84.7	UDIS	A(mex)vra
	ZONALCB 06-3U	127.1	UDIS	B-(mex)vra
	ZONALCB 06U	211.8	UDIS	AA(mex)vra
Autopistas de Chi-huahua	CHIHCB 13	1,500.0		AAA(mex)vra
	CHIHCB 13-2	1,500.0		AAA(mex)vra
	CHIHCB 13U	2,425.7	UDIS	AA+(mex)vra
Libramientos de Zacatecas	FREZAC 05	1,350.0		AAA(mex)vra

Fuente: Cuadro tomado de http://www.fitchratings.mx/sector/infraglobal/autopistas/default.aspx, el 19 de agosto de 2015.

Un ejemplo de la titulización de activos públicos: la Autopista Tenango-Ixtapa de la Sal, S.A. de C.V. (ATISA)

La Autopista Tenango-Ixtapa de la Sal se ubica en el Sur del Estado de México y cuenta con una longitud de 40.15 kilómetros. Forma parte de la autopista Toluca-Ixtapa de la Sal.

Dicha concesión entró en operación a partir de diciembre de 1994 y fue otorgada Inicialmente a la empresa Tribade S.A. de C.V, subsidiaria de PINFRA, en diciembre de 1994 por 18 años 3 meses.

Posteriormente, en 2003 PINFRA cedió la concesión a su también subsidiaria ATISA. Actualmente el plazo de vigencia de la concesión fue ampliado por la Secretaría de Comunicaciones del Estado de México hasta diciembre de 2054.

El concesionario es ATISA, y ejecuta la operación Opervite, S.A. de C.V. Ambas empresas son subsidiaria de Promotora y Operadora de Infraestructura, S.A.B. de C.V. (Pinfra). La concesión se revierte cuando termine su plazo de vigencia (Fitch, 2014:02).

Gráfica 2. Financiamiento APP

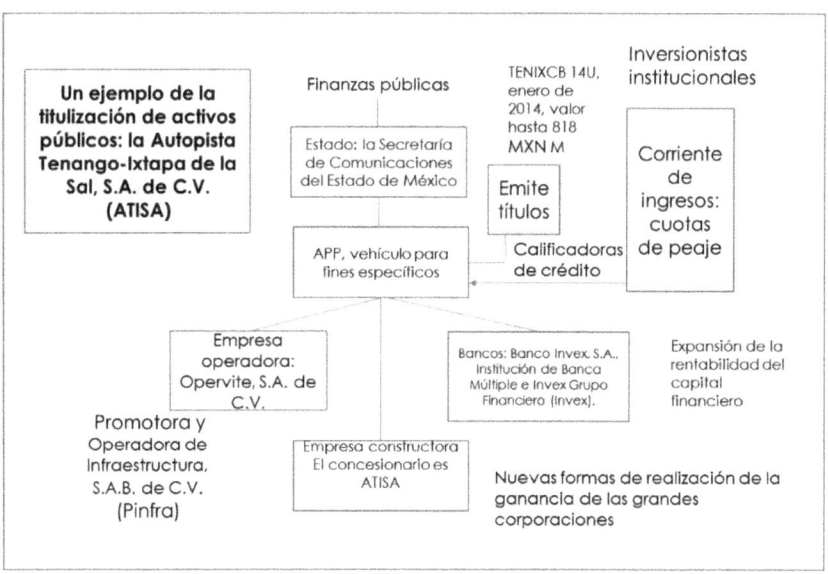

Fuente: Elaboración propia con información de Fitch Rating.

En un documento publicado por Fitch Rating en febrero de 2014, se puede verificar la calificación AA+ (seguridad muy alta) con perspectiva estable, que dicha agencia le daba al título TENIXCB 14U, por un valor de hasta 818 MXN M, emitido en enero de 2014 y con un plazo de vencimiento de 30 años. Los derechos de cobro de cuotas de peaje de la autopista constituyen la fuente de pago de esta emisión (Fitch, 2014:02).

En la gráfica 2 podemos ver cómo se constituye una APP y sus oportunidades de negocios. Pinfra y la Secretaría de Comunicaciones y Transportes del Gobierno del Estado de México establecen en asociación un vehículo para fines específicos, que se encarga de la emisión de los títulos. El fideicomiso emisor está constituido por el Grupo Financiero Invex. La APP contrata a la empresa operadora y posteriormente, a la empresa constructora. Todo este proceso tiene incidencia sobre las finanzas públicas, así como la consolidación de nuevas esquemas de negocios para el sector privado.

Comentario final

La financiarización ha transformado al gasto público en garante de rentas financieras. Una de las expresiones de este proceso, es el gasto público asociado al capital privado, como soporte de la titulización de activos.

La financiarización transforma el papel del gasto público en el proceso de acumulación de capital: i) en la formación de capital, infraestructura y servicios básicos; ii) en la creación y mantenimiento de la ganancia empresarial; iii) en el sostenimiento del salario y el empleo; iv) en la disponibilidad de los bienes salario, v) en la distribución del ingreso (Correa, 2008).

En las últimas dos décadas, el desarrollo de infraestructura y la prestación de servicios públicos han estado vinculados crecientemente a las APP. Éstas son una consecuencia de la implementación del principio de finanzas públicas restringidas y son impulsadas por los grandes organismos financieros internacionales, los cuales esgrimen los argumentos de la "eficiencia, calidad y superioridad en la gestión del capital privado sobre el sector público".

En México las APP fueron primero implementadas para el financiamiento de carreteras en los años ochenta. Actualmente se realizan un creciente número de proyectos de inversión y se extienden a los sectores de energía, educativo y salud, entre otros. Este tipo de proyectos se implementan tanto a nivel local como federal.

La falta de recursos del gobierno es la justificación principal para la aplicación de los esquemas APP. El efecto fiscal de las APP se oculta por medio de trucos contables. En el corto plazo no se incrementa la deuda pública ni aumenta el gasto público, pero el costo de capital de las APP es remunerado por medio de pagos futuros del fisco.

El crecimiento de las APP ha abierto la puerta para la titulización de activos públicos, es decir, se emite deuda respaldada con los ingresos públicos para desarrollar todo tipo de proyectos. El uso del financiamiento estructurado de los bienes públicos supone la exposición de las operaciones del gobierno a las presiones del mercado bursátil.

La titulización de activos públicos del sector autopistas tiene incidencia sobre la disponibilidad de recursos públicos, permite la expansión de la rentabilidad del capital financiero y es una expresión de las nuevas formas de realización de la ganancia de las grandes corporaciones, en las que incide el Estado. El caso de la Autopista Tenango-Ixtapa de la Sal es tan sólo un ejemplo de dicho proceso.

La titulización es otra faceta del avance de las privatizaciones que están comprometiendo recursos presupuestales de 25 a 30 años, mediante proyectos carreteros, Pidiregas, contratos de riesgo, construcción de infraestructura educativa y sanitaria, etc. Resulta fundamental evaluar la diferencia entre las múltiples promesas de eficiencia, bajos precios y mejoras en las elecciones de mercado, con los precios y la calidad del servicio que prevalecen en las autopistas, los servicios de energía eléctrica, los servicios médicos otorgados al sector privado, entre los más representativos.

Bibliografía

* BIS (2009), The Joint Forum, Report on Special Purpose Entities, Basel, Switzerland, 107 págs.
* Correa, Eugenia.(2008), "México: la crisis fiscal del Washington Consensus" en Red Eurolatinoamericana Celso Furtado, http://www.redcelsofurtado.edu.mx/
* Lapavitsas, Costas (2011), "El capitalismo financiarizado. Crisis y expropiación financiera." en Lapavitsas y Morera (coordinadores). La crisis de la financiarización. IIEc, CLACSO-UNAM, pp. 33-90.
* Calderon, Felipe (2012), Sexto Informe de Gobierno, Poder Ejecutivo Federal. México, Presidencia de la República.
* Engel, Eduardo; Fisher, Ronald; y Galetovic, Alexander (2014); Economía de las asociaciones público privadas. Una guía básica, México, Distrito Federal, Fondo de Cultura Económica, 255 págs.
* FMI (2004) Public-Private Partnerships, Fiscal Affairs Department, INTERNATIONAL MONETARY FUND.

- FitchRatings (2014), Autopista de Tenango – Ixtapan de la Sal, S.A. de C.V. Autopista Tenango - Ixtapan de la Sal Reporte de Calificación, Infraestructura y Financiamiento de Proyectos, México, febrero, 13 páginas.
- Fitzpatrick, Sean (2006) "Asociaciones público-privadas: Principales Aspectos económicos y directrices básicas ", Universidad de Hamburgo 2006
- Jobst Andreas A. (2006). "Sovereign Securitization in Emerging Market". Journal of Structured Finance, Vol. 12, No. 3. FMI, USA, Washington, D.C.
- Lapavitsas, Costas (2011) "El capitalismo financiarizado. Crisis y expropiación financiera." en Lapavitsas y Morera (coordinadores). La crisis de la financiarización. IIEc, CLACSO-UNAM, pp. 33-90.
- Ley de Asociaciones Público Privadas, 2012, México.
- SCT (2015), Informe sobre las acciones relevantes de la SCT, enero 2013 junio 2015, México, Distrito Federal, Presidencia de la República, 40 págs.
- SCT (2010). "Asociaciones Público-Privadas para el desarrollo carretero en México". Dirección General de Desarrollo Carretero, octubre de 2010.
- Scatigna, Michela y Tovar, Camilo E (septiembre de 2007). "Titulización en América Latina". Informe Trimestral del BPI, septiembre de 2007.

TEMA IV. MICROCRÉDITO Y FINANCIAMIENTO REGIONAL

Mujeres emprendedoras en Rioverde, San Luis Potosí: microcrédito y exclusión crediticia[29]

Aderak Quintana, Mario Gutiérrez y Horacio González.[30]

Resumen

En la economía mexicana las microempresas son las unidades de mayor presencia, y expresan una feroz competencia entre ellas, alimentada por la incorporación creciente de nuevos microempresarios, asociado a la presión del desempleo y la pobreza, trayendo consigo bajos niveles de utilidades que las presiona a cerrar sus operaciones al poco tiempo de haber sido inauguradas. Esto alimenta la desconfianza de las grandes instituciones financieras para otorgar créditos a este tipo de empresas, acentuando la exclusión crediticia, la cual es cubierta por otras alternativas, principalmente el microfinanciamiento, que resulta insuficiente para consolidar y expandir los pequeños negocios. El propósito de la investigación es analizar a partir de diversas experiencias de mujeres emprendedoras que han utilizado microcréditos cómo han enfrentado sus problemas de liquidez, todas ellas habitantes de la ciudad de Rioverde, S.L.P.

Palabras clave: Microcrédito, exclusión crediticia, mujeres emprendedoras
Keywords: Microcredit, credit exclusion, women entrepreneurs

Introducción

La micro, pequeña y mediana empresa (mipymes) son importantes en la economía mexicana, sobre todo en tiempos recientes en los que se

29 Una versión previa de este trabajo fue presentada en el III Foro Iberoamericano en Estudios del Desarrollo, 6 al 8 de abril de 2015.
30 Profesores – Investigadores de la Universidad Autónoma de San Luis Potosí – Zona Media, correos electrónicos respectivos: aderak.quintana@uaslp.mx; mario.gtz.lagunes@uaslp.mx; jorgonzz@uaslp.mx

manifiestan bajas tasas de crecimiento y por lo tanto una fuerte presión sobre el desempleo. Cabe resaltar que en el año del 2013 (INEGI, 2014), el 99.8% de establecimientos a nivel nacional fueron mipymes, pero, el 95% correspondieron a microempresas, dominando el terreno de la economía nacional. Como es conocido, su reducido tamaño económico y financiero de este tipo de empresas les impide acceder a un financiamiento holgado que podría ser otorgado por las grandes instituciones financieras. De acuerdo a López (1995) y Ampudia (2008), este problema de liquidez, no les permite a estas empresas afrontar de mejor manera su modernización, crecimiento y adaptación a las condiciones cambiantes de los mercados.

Es así que muchos de los micronegocios recurren a otros canales de financiamiento, ya sea en los mercados formales o informales, sin embargo, el tamaño de los créditos que obtienen no son lo suficientemente holgados para permitirles expandirse y consolidarse más allá de la pequeña área de mercado en el que tienen influencia. Además, muchos de estos microcréditos, tienen la característica de ser demasiado pequeños, con plazos muy cortos y elevadas tasas de interés, minando la capacidad financiera de los usuarios de estos créditos.

El microcrédito se puede expresar de diferentes formas, en México, la principal fuente de financiamiento de las mipymes son los proveedores (Banco de México, 2015), y en menor medida recurren a cajas de ahorro popular, microfinancieras, o bien a préstamos con condiciones más ventajosas que pueden otorgarles familiares y conocidos.

En el presente trabajo se busca analizar a partir de algunas experiencias de microempresarias, habitantes del municipio de Rioverde, S.L.P., como han utilizado el microcrédito y enfrentado sus problemas de liquidez. Para dar sustento al problema planteado, la información se acomodó en cuatro apartados, en el primero se abordan los principales rasgos económicos que tienen las mipymes en la economía mexicana, y cuáles son las principales canales de crédito que usan este tipo de negocios. En la segunda parte se resaltan algunas de las formas que existen del microcrédito y cuáles son las principales que usan las mipymes mexicanas. En la tercera parte se analizan las experiencias de mujeres emprendedoras habitantes del municipio de Rioverde en el uso del microcrédito y, finalmente se plantean las reflexiones finales.

Rasgos y panorama crediticio de las mipymes en México

Frente al desempleo creciente y el bajo crecimiento económico, en México es común exaltar la importancia que tienen las micro, pequeñas y medianas empresas (mipymes), ya sea por el número de establecimientos que operan o bien por la cantidad de empleos que generan. En este sentido, el Instituto Nacional de Estadística y Geografía (INEGI, 2014), consideró que durante 2013 el 99.8% de establecimientos a nivel nacional correspondían a mipymes, el restante 0.2% eran grandes. Cabe resaltar que de esta enorme proporción, el 95% fueron microempresas, las cuales tienen la característica de emplear a un número reducido de trabajadores, diez como máximo, de generar un volumen reducido de ventas, y en la mayoría de los casos son negocios administrados por familias, pero sobre todo son las que predominan en el mercado nacional.

Asimismo, las mipymes tienen la característica de ser intensivas en fuerza de trabajo si son comparadas con las de mayor tamaño. Por ello son parte fundamental en la generación de empleo, tan solo, el INEGI (2014) resalta que para el 2013 aportaron con el 71.4% del empleo nacional, del cual el 39.7% fue generado por las microempresas, el 15.1% por las pequeñas y el 16.6% por las medianas. El restante 28.6% correspondió a las grandes empresas.

Esta característica se ha visto como una ventaja en las últimas décadas, sobre todo después de las crisis económicas mexicanas de los años 1982 y 1994, cuando numerosas empresas privadas y públicas han dejado sin empleo a un número considerable de mexicanos, fue cuando las microempresas constituyeron una oportunidad para el autoempleo y generación de nuevas fuentes de trabajo sobre todo de carácter familiar.

Como ejemplo de esta situación, durante el mes de diciembre del 2014 (INEGI, 2015) dentro de la población económicamente activa (PEA), el 96.2% era empleada; asimismo, el 67.4% de las personas que ocuparon un puesto de trabajo operaron como trabajadores subordinados o remunerados, el 4.1% fueron empleadores o patrones, el 22.9% trabajó de manera independiente o por su cuenta sin contratar empleados, y el restante 5.6% se desempeñó en negocios familiares sin un acuerdo de remuneración monetaria, cabe resaltar que el 28.5% correspondiente a los dos últimos rubros se encuentra vinculado al empleo generado por las microempresas. Dentro de la PEA es posible identificar la tasa de informalidad laboral, la cual se ubicó en 58.7%, es decir más de 27 millones de personas se encontraban en ese periodo en dicha situación, otra muestra del tipo de empleo vinculado a los pequeños negocios.

La mayoría de las microempresas, se encuentran vinculadas al sector informal y la pobreza, se caracterizan porque sus trabajadores tienen un nivel bajo de calificación, la ausencia de relaciones laborales formales, la falta información de proyectos futuros y la escasa transparencia de registros administrativos, esto último es parte esencial de un conjunto de elementos que se requieren para poder acceder a un crédito bancario, útiles para medir el riesgo de incobrabilidad. En ocasiones este motivo es empleado por las instituciones de crédito como elemento para imponer la presentación de garantías para cubrirse del riesgo y el cobro de elevadas tasas de interés.

El crédito bancario en el corto y largo plazo son necesarios para la expansión productiva de cualquier empresa (Minsky, 1986; Keynes, 2003; Lavoie, 2004; Schumpeter, 1994), esto les permite crecer y posicionarse en el mercado en el que operan. En este sentido, como lo señala Moore (1994, p. 91): "sin el crédito bancario, la empresa no podría financiar los gastos cada vez mayores de sus medios de producción durante el periodo productivo antes de que se pueda recuperar mediante las ventas al valor de los bienes producidos".

Esto no significa que el financiamiento sea el único factor indispensable para alcanzar estos propósitos, existen otros como la cultura organizacional, la competencia y los precios en los mercados que compiten, la mercadotecnia, etcétera, que tienen el mismo propósito, sin embargo, el crédito es la columna vertebral de cualquier negocio, con el cual se podrán alcanzar los objetivos fijados de expansión y generación de empleo, esto es la base de crecimiento para cualquier economía nacional.

En México las condiciones en el mercado financiero mexicano son de fuertes contrastes, lo que hace más difícil el acceso al crédito por parte de las mipymes. Esta situación del mercado financiero mexicano constituye una desventaja para las mipymes, sobre todo al momento de que éstas buscan obtener un crédito, ya que los administradores tienen diversas apreciaciones negativas respecto a este tipo de negocios. Para Lecuona (2007), desde la perspectiva de los bancos existen varios motivos que ocasionan la baja canalización crediticia, entre los que se pueden mencionar los siguientes: una alta mortalidad de las pymes. Hay información insuficiente y poco confiable, debido a la contabilidad deficiente, o que muchas empresas son informales. No existe una historia crediticia. En ocasiones el financiamiento otorgado es utilizado para otros fines distintos a los de la producción y comercialización de la empresa. Se pide un elevado grado de garantías y se otorgan créditos con elevadas tasas activas y comisiones.

Como se puede constatar son diferentes lo motivos por los que los bancos no les otorgan suficiente financiamiento a las microempresas, pero, desde la perspectiva de las mipymes la situación de este problema puede ser diferente. El Banco de México (Banxico, 2014) publicó en la encuesta coyuntural del mercado crediticio del último trimestre del 2014 información sobre las condiciones de financiamiento de las mipymes.

De acuerdo a dicha encuesta, las mipymes que recibieron algún tipo de financiamiento fue de 83.5% durante el último trimestre de 2014, el restante 16.5% no lo recibieron o no lo solicitaron. Como se puede confirmar el número de empresas que recurren a financiamiento es considerable, sin embargo, de este universo sólo el 28.4% obtuvieron un crédito de la banca comercial, el 78.4% recurrió al financiamiento de proveedores, que es por mucho la principal fuente de crédito y es una respuesta ante las dificultades para acceder a un crédito en el mercado bancario.

Frente a este panorama, existen diferentes factores que limitan a las mipymes a solicitar o recibir nuevos créditos, en la misma encuesta se señala que entre los principales motivos se encuentran los siguientes: el 48.0% se debe a la situación económica general del país; asociado a esto el 41.9% se lo atribuye a las ventas y la rentabilidad de la empresa; el 48.9% se lo atribuye a las tasas de interés que prevalecen en el mercado bancario; el 43.4% a las condiciones de acceso al crédito bancario; el 38.7% a la disposición de los bancos para otorgar créditos y el 45.0% a los montos exigidos como colateral para acceder al financiamiento bancario.

Asimismo, se señala que el 45.6% de las mipymes consideran que las condiciones de acceso y costo del mercado de crédito bancario no constituye ninguna limitante en la operación de la empresa, en este mismo sentido el 39.8% lo considera como menor limitante y el 14.6% como la mayor limitante. Es por ello que el 85.4% de las mipymes, porcentaje que engloba a las que lo consideran como ninguna y menor limitante, es muy seguro que esta restricción la afronten con otras alternativas de financiamiento, pero, no por ello constituyen la mejor opción en cuanto a costos. En este sentido, Ampudia (2008) señala que las mipymes prefieren "utilizar el financiamiento de proveedores, argumentando que no utilizan el crédito bancario debido a los altos costos de financiamiento, la exigencia de garantías y la negación de la banca para otorgar el crédito" (p. 142).

El financiamiento a las mipymes resulta indispensable para expandir y fortalecerse productivamente, el crédito proveniente de proveedores y del sector bancario resultan la principal fuente, sin embargo, cuando este es utilizado de manera poco eficiente pueden verse minados los propósitos productivos fijados por los empresarios.

Microfinanciamiento frente a la exclusión bancaria

Como ya se resaltó, las mipymes recurren principalmente al financiamiento de proveedores y en menor medida al crédito bancario. Sin embargo cabe señalar que dentro de este universo de empresas, el 95.6% de establecimiento son microempresas. Como es de esperar, éstas, en su mayoría recurren a otros tipos de fuentes de financiamiento, ya sea en el mercado formal o informal, como: ahorro propio, empeño prendario, préstamos personales o las tandas y el microfinanciamiento. Todas estas formas de crédito, tienen la característica de representar un bajo monto de financiamiento, el cual tiene un bajo impacto productivo.

Una idea cercana a esta situación es la que se proporciona en la Encuesta Nacional de Inclusión Financiera (CNBV-INEGI, 2012), en el caso de ahorro formal, se señala que los adultos que no ahorran son 45 millones, el 73% señaló que se debe a la insuficiencia de ingresos y, el 16% por falta de interés. Por otra parte, son 31 millones de personas que ahorran en el mercado informal, siendo los mecanismos más recurrentes el ahorro en casa con el 28%, y las tandas con 14%.

Cuando el ahorro formal es usado para incrementar activos familiares, es decir cuando se invierte en una casa o negocio, la relación es de 16% y 8% respectivamente. En la misma situación el ahorro informal la relación es de 14% el destinado para adquirir o mejorar una casa y, el 4% para negocio.

En la misma encuesta se resalta que el producto de crédito formal más utilizado es la tarjeta departamental con 72%, superando el 100% de usuarios de tarjetas de crédito bancario, dicha situación se encuentra vinculada con el crédito de proveedores, ya que muchos microempresarios surten sus insumos de las tiendas departamentales. En la misma sintonía, el total del crédito formal tiene como destino el 27% a la ampliación, remodelación o compra de casa, seguido por el 22% de gastos personales y, 19% para inversión en un negocio.

En el caso del crédito informal predomina el otorgado por la familia con 19% y, 13% por amigos, le sigue con 7% la caja de ahorro entre amigos y conocidos, y con el mismo porcentaje se encuentra la casa de empeño. El principal destino de este tipo de crédito es el de gastos personales con 34%, le sigue 32% educación y salud, y muy lejano se encuentra con 7% el destino en inversión.

Otro tipo de financiamiento al que comúnmente recurren los microempresarios es el que otorgan las cajas de ahorro popular y las microfinancieras. Los intermediarios que otorgan este tipo de servicio, no están definidos de manera clara en la legislación mexicana, salvo en los casos de las instituciones que requieren captar ahorros.

En la actualidad, las microfinancieras han sufrido fuertes transformaciones, ya no sólo proporcionan microcrédito a las microempresas, sino suministran todo una gama de servicios financieros, que van desde crédito, ahorro y seguros, no sólo para las empresas, sino también para las unidades familiares pobres.

De acuerdo a Prodesarrollo (2014, pp. 25-26), las microfinancieras, atendieron durante 2013 un poco menos de 6.5 millones de personas, el crédito promedio fue de 7 900 pesos (aproximadamente 600 dólares estadounidenses). También, se destaca que el 29% de las instituciones ofrece dos tipos de metodología de crédito (grupal e individual), el 82% de la cartera representa la metodología grupal. Asimismo, las mujeres representan el 93% de los clientes en los productos ofrecidos bajo metodologías grupales, mientras que en el crédito individual el porcentaje baja a 64%.

En México, el mercado de las microfinancieras es dominado por 10 instituciones, las cuales concentran el 82% de la cartera de crédito bruta total. En cuanto a los clientes atienden el 80%. En relación a las tres instituciones más grandes, estas concentran el 68% de la cartera y el 66% del número de clientes. La institución más grande es Banco Compartamos que concentra el 42% de la cartera bruta total y el 38% del número de clientes, le sigue muy por debajo Financiera Independencia con el 17% de la cartera y 18% de clientes (Prodesarrollo, 2014, p. 26).

Cabe resaltar que las tasas de interés promedio de las microfinancieras oscilan entre el 60% y 130%, en el que un costo anual total menor a 90% es impensable (Castillo, 2013). En este sentido, Prodesarrollo (2014, pp. 17-19), resalta que frente al debate de los elevados intereses se deja de lado el aspecto de las utilidades, en el que estas instituciones operan con los elevados costos de operación y financieros, además de la situación de inseguridad que prevalece en algunas regiones del país. Asimismo, los principales destinatarios de los créditos es la población de ingresos bajos y muy bajos, lo que provoca que los montos de crédito sean pequeños, obligando a fijar tasas de interés más altas que el promedio latinoamericano.

Es así que los principales clientes de estas instituciones son microempresas informales y de autoempleo. Como le señala Bateman (2013), las microempresas que nacen y mueren rápido son vistas por las microfinancieras como menos riesgosas y capaces de generar mayores ganancias en comparación con las empresas pequeñas y medianas. Esto se debe por las elevadas tasas de interés, ya que frente a un incumplimiento de pagos se tiene mayor garantía de obtener un nivel de ganancias adecuadas.

Esta situación genera una falsa ilusión sobre el crecimiento y prosperidad que puedan tener este tipo de empresas en el largo plazo. Se reconoce que el acceso al crédito en otros términos puede contribuir al anhelo de un mejor desempeño y prosperidad de dichos negocios, sin embargo, bajo las condiciones actuales se ve lejana tal aspiración.

Mujeres emprendedoras frente al microcrédito

En la Zona Metropolitana de Rioverde-Ciudad Fernández, ubicada en el estado de San Luis Potosí, México, predominan las microempresas, representando el 96.9% del total de establecimientos, el restante corresponde al 2.8% de pequeñas y el 0.3% a medianas (INEGI, 2009). En dicha ciudad operan dos cajas de ahorro popular, dos microfinanceras reguladas y un número impreciso de microfinancieras no reguladas, cabe resaltar que los canales del microcrédito se extienden más allá de los formalismos institucionales, existen diversas formas del mismo, como las tandas y préstamos de familiares y amigos.

Las mujeres entrevistadas son habitantes de la Zona Metropolitana de Rioverde (un total de 20), las cuales usaron microcréditos en sus actividades económicas o familiares, en la mayoría de los casos hay un total desconocimiento de los costos financieros, por lo que se tiene una mala apreciación sobre los mismos. Es por ello que la mayoría señaló que le ha sido útil el financiamiento, a pesar de las condiciones adversas de los créditos.

Por ejemplo Guadalupe señaló que solicitó un crédito de 20,000 pesos en la Caja Popular Mexicana de Rioverde, cobrándole una tasa de interés del 1.89% mensual (más IVA es de 2.19% mensual y 26.3% anual, a un plazo de 12 a 60 meses), sin embargo, es común que en este tipo de préstamos los solicitantes no cuentan con una garantía prendaria, por lo que dicha señora tuvo que dejar el 10% del capital solicitado, recibiendo un monto menor mencionado.

A pesar de las condiciones adversas del crédito, Guadalupe considera que no se ha sentido presionada para pagar los costos del crédito, ni ha realizado actividades extras para solventarlo:

No, ya que debido a que la cantidad solicitada es solo para el negocio, este ha dejado las utilidades para poder solventarlo y, ya que como socio cumplido cuento con una tasa menor a los demás. Con la cantidad solicitada se remodelo el negocio y se invirtió en materia prima y activo fijo.

Otro caso de este tipo es el de Aracely, señaló que tiene 9 años de antigüedad en la Caja Popular León Franco de Rioverde, al ser socio cumplido le cobran una tasa de 1.5% mensual (más IVA es de 1.74% mensual y 20.8% anual, con un plazo de 6 a 24 meses). Al igual que Guadalupe no se ha sentido presionada al pagar el costo del microcrédito, porque considera:

> (…) que la tasa de interés es muy baja respectivamen-
> te de la cantidad solicitada (20,000 y una garantía del
> 20% del capital solicitado) y el negocio si generaba los
> ingresos necesarios para solventar el crédito y el gasto
> familiar.

Sin embargo, resaltó que vendió su negocio a un tercero por una mala administración, cuando lo poseía vio como se transformó económica-mente gracias al crédito obtenido:

> Muy bien ya que el negocio conto con más material, el
> crédito se utilizó para reinvertir y ampliar el producto
> ofrecido y esto se miraba reflejado en las ventas ya que
> la papelería era la más surtida de Ciudad Fernández
> (municipio que forma parte de la Zona Metropolitana de
> Rioverde).

En este sentido, Martha y dos de sus vecinas, acudieron a la Caja Popular León Franco de Rioverde, solicitaron un crédito de 10 000 pesos para iniciar un proyecto productivo, que consiste en un estanquillo donde venden gorditas y migadas:

> (…) el crédito fue completamente utilizado para el ne-
> gocio por lo que no se ha tenido que realizar actividades
> extras, ya que el negocio ha dejado las utilidades para
> poder solventar los gastos del crédito.

También existen apreciaciones negativas en torno al microfinancia-miento, la señora Blanca Estela lleva 6 años trabajando en grupos de ayuda mutua, comenta que es su primer acercamiento a la institución de Compartamos Banco de la cual tiene una apreciación mala:

(...) debido a que los requisitos que se piden para ingresar a uno de los grupos de ayuda mutua en esta institución es muy difícil ya que se requiere un mínimo de 12 mujeres para aceptar la solicitud del crédito, la señora Blanca dice que la tasa de interés es muy alta ya que por cada 1,000 pesos que les otorgan a crédito les cobran alrededor de 200 pesos (aunque no se menciona el plazo, la institución maneja de 4 a 8 meses con pagos bisemanales, por lo tanto la tasa oscila entre 20% y 40% mensual), (además) eso de que es ayuda mutua es mentira que si una de sus compañeras no paga puntualmente el crédito por consecuente las demás deben solventar el gasto que esto les genera, (...) no brindan ayuda jurídica en caso de requerirla y cuando la institución se acerca a cobrarle a la persona deudora la humilla demasiado de una manera muy cruel e incluso no solo a la persona deudora si no ha toda la familia.

En ocasiones, se solicita un crédito y se tiene total desconocimiento del costo financiero y del cobro de otros servicios provocando un mayor desembolso de recursos, los cuales no son previstos al comienzo del funcionamiento del crédito. Por ejemplo, Alicia comentó que solicitó un crédito en Micro Negocio Azteca, del crédito desconoce la tasa de interés, pero sabe que tiene que pagar 160 pesos por semanas más un seguro de 100 pesos.

Ante la falta de claridad en el cobro y el monto de los costos financieros, las mujeres solicitantes de microcréditos pueden enfrentarse a problemas en sus finanzas personales afectando su calidad de vida. Blanca Estela señaló que se ha sentido presionada al pagar los costos del financiamiento, ya que realiza actividades después de su trabajo, por lo tanto no ha notado cambios económicos en su negocio debido a que realiza un mayor esfuerzo para solventar los gastos financieros. Asimismo, Alicia resaltó que los ingresos que genera su negocio de venta de ropa de segunda no le alcanzan para cubrir los costos del crédito, por ello tiene que realizar otras actividades, como el vender productos por catálogo.

En ocasiones el microcrédito tiene un destino diferente al de financiar alguna actividad productiva o comercial, es usado para solventar otros gastos familiares, al respecto Dora María menciona que el financiamiento obtenido en diversas ocasiones lo ha utilizado en actividades en los que compra productos para revenderlos, pero en otras, le han servido para solventar los gastos escolares de sus hijos.

El microcrédito puede tomar diferentes formas, ya sean tandas o como préstamos a familiares o amigos, en muchas de las ocasiones se prefiere acceder a este tipo de financiamiento que al de los canales formales, ya sea por resultar insuficientes para financiar alguna necesidad o ser cotosos. Por ejemplo, la señora Guadalupe además de recurrir a la Caja Popular, ella misma organiza tandas para obtener financiamiento para su negocio:

> (…) realizó tandas en las que se maneja una cantidad determinada semanalmente, se organizan de 11 personas para el día que recibe no se da el pago de la misma

En este mismo sentido la señora Blanca Estela mencionó que ha estado en tandas, resaltando que en éstas no se pagan intereses, aunque a diferencia de los créditos de las microfinancieras en caso de ser aprobados, inmediatamente otorgan el financiamiento, en las tandas el tiempo para recibirlo es variante debido al número sorteado. También, la señora Alicia ha recurrido a otras fuentes de créditos, su hermana va de viaje regularmente a los Estados Unidos, le trae "pacas de ropa", "cuando terminó de venderlas le regreso el costo de la misma a mi hermana, y no tengo que pagar intereses".

Esto es una pequeña muestra de cómo algunas mujeres emprendedoras se enfrentan a las duras condiciones crediticias, marcada por plazos muy cortos, tasas de interés elevadas y montos insuficientes, sin embargo nunca dejan de cumplir con los contratos. A pesar de ello, se encuentran atrapadas en la pobreza y marginación, podrán salir de ahí hasta que la política financiera nacional forme parte de un plan de desarrollo humano.

Reflexiones finales

A pesar de la importancia de las microempresas en la economía nacional, éstas son excluidas de los grandes circuitos financieros, esto es así, debido a su reducido tamaño económico y financiero. Esta situación les impide a los microempresarios acceder a fuentes de financiamiento con mejores condiciones en comparación con las otorgadas en el mercado del microcrédito, limitando sus márgenes de maniobra financiera. Bajo esta premisa, están destinadas a no crecer más allá de su reducida área de influencia en el mercado, se encuentran atrapadas en un círculo vicioso.

Con las entrevistas realizadas se tuvo un mejor acercamiento a esta idea, es cierto que algunas de las emprendedoras han mejorado su capacidad de consumo, no necesariamente han mejorado su calidad de vida, y mucho menos sus pequeños negocios se han expandido en el mercado local o regional. Prueba de ello es que en la Zona Metropolitana de Rioverde-Ciudad Fernández el tamaño de establecimientos que predominan son los micronegocios, y posiblemente sea así por varios años más.

Los canales formales del microcrédito se aprovechan de la fortaleza de las mujeres emprendedoras, ya que son las que mejor cumplen al abonar los créditos, a pesar de la enorme carga financiera que conlleva, las altas tasas de interés y los plazos cortos alimentan la usura. Los canales alternativos como tandas o préstamos de familiares y amigos, brinda mejores condiciones financieras, sin embargo, al igual que los anteriores son limitados para mejorar la expansión y consolidación de los negocios. Por lo tanto, el microcrédito en la economía sólo administra la pobreza y la exclusión social.

Las posibles alternativas al problema de financiamiento deben estar encaminadas a crear y fortalecer la banca de desarrollo, que otorgue créditos a las mipymes. Dicha banca debe enfocarse en facilitar el acceso al financiamiento a los empresarios, así como otorgarles asistencia técnica y capacitación. Al mismo tiempo crear más y mejores vehículos de canalización de crédito, así como el impulso del crédito a largo plazo.

Actualmente la banca de desarrollo es manejada como banca de segundo piso, por tanto deben de cambiar su estatus a una banca de primer piso como lo fueron en la época del desarrollo estabilizador donde se pudo otorgar crédito barato a las empresas nacionales, cuando se promovía el estímulo del mercado interno por medio del crecimiento de las empresas nacionales. Frente a esta problemática es imperante cambiar el rumbo de la política crediticia, en esta compleja y difícil tarea la banca de desarrollo es una pieza fundamental para alcanzar el progreso empresarial y romper así el círculo vicioso.

Referencias

* Ampudia, Nora (2008), "Micro empresa y pobreza, financiamiento y contribución al desarrollo", *Economía informa*, no. 355, pp. 136-149.
* Banco de México (2014), "Resultados de la encuesta de evaluación coyuntural del mercado crediticio", (consultado el 30 de abril de 2015) disponible en: http://www.banxico.org.mx/SieInternet/consultarDirectorioInternetAction.do?accion=consultarCuadro&idCuadro=CF471&sector=19&locale=es
* Bateman, M. (2013). La era de las microfinanzas: destruyendo las economías desde abajo. *Ola financiera, (15)*, 1-77. Recuperado de:

[http://www.olafinanciera.unam.mx/new_web/15/pdfs/BatemanOla-Fin15.pdf]

- Castillo, Alejandro (2013). "Microfinanzas en entredicho; sólo sirven para incluir", en *El economista*, 9 de julio.
- Comisión Nacional Bancaria y de Valores e Instituto Nacional de Estadística y Geografía (2012). Encuesta nacional de inclusión financiera, México, CNBV-INEGI.
- Instituto Nacional de Estadística y Geografía (INEGI). (2015). "Censos Económicos" (consultado el 28 de enero de 2015), disponible en: [http://www.inegi.org.mx/est/contenidos/proyectos/ce/ce2014/default_t.aspx]
- INEGI. (2014). "Boletín de prensa núm. 12/15", (consultado el 10 de febrero de 2015), disponible en: [http://www.inegi.org.mx/inegi/contenidos/espanol/prensa/Boletines/Boletin/Comunicados/Indicadores%20de%20ocupacion%20y%20empleo/2015/enero/comunica.pdf]
- INEGI (2009). "Censos Económicos" (consultado el 28 de enero de 2015), disponible en: [http://www.inegi.org.mx/est/contenidos/espanol/proyectos/censos/ce2009/default.asp?s=est&c=14220]
- Keynes, John Maynard 1936 (2003), Teoría general de la ocupación, el interés y el dinero, México, FCE.
- Lavoie, Marc (2004), La economía postkeynesiana. Un antídoto del pensamiento único, España, Icaria-Antrazyt.
- Lecuona, Ramón (2007), "El financiamiento a las pymes en México: la experiencia reciente", en *ECONOMÍAunam*, vol. 6, no. 17, pp. 69-91.
- López, M. (1995), "Consideraciones sobre el acceso de la pequeña empresa y el taller artesanal a los mecanismos formales de financiamiento", en T. Calvo y B. Méndez (Ed.), Micro y pequeña empresa en México, México, Centro Francés de Estudios Mexicanos y Centroamericanos.
- Minsky, Hyman (1986), Stabilizing an unstable economy, EUA, Yale University Press.
- Moore, Basil (1994), "Diferencias entre el dinero-mercancía, el de curso legal y el crediticio", en *Investigación Económica*, no. 210, pp. 81-111.
- Schumpeter, Joseph 1911 (1994), Teoría del desenvolvimiento económico. Una investigación sobre ganancias, capital, crédito, interés y ciclo económico, México, FCE.
- Prodesarrollo (2014), Benchmarking de las microfinanzas en México 2013-2014: un informe del sector, México, ProDesarrollo.

Financiamiento regional de las mipymes en el estado de Guanajuato

Martín Romero[31]

Resumen

Con base en una muestra de 1,251 MIPYMES, se encontró que las instituciones financieras no bancarias son la principal fuente de financiamiento, ya que concentran el 66.6% (1,251) de las MIPYMES en el Estado. Mientras que la banca privada presenta una menor participación para la obtención de financiamiento con solo el 33.4% (626).

De acuerdo a la distribución geográfica se encontró que las regiones Noreste y Sur concentran la mayor proporción con el 77% de instituciones financieras no bancarias, respectivamente. Le siguen la región Norte registrando el 70% de las instituciones financieras no bancarias; y la región Centro concentra el 63.2% de las instituciones financieras no bancarias en el Estado. Por el contrario, la Banca privada muestra una mayor presencia en la región Centro con 36.8% de instituciones financieras, la región Norte concentra el 30% de instituciones bancarias y por último las regiones Noreste y Sur muestran una menor presencia de la Banca privada con apenas el 23% de las instituciones financieras en el Estado.

Introducción

En el año 2012 existían en Guanajuato 211,985 empresas, de las cuales el 99.6% eran micro, pequeñas y medianas empresas (MIPYMES). Por tamaño de la empresa, el 94.3% de éstas eran microempresas, el 4.6% pequeñas empresas, el 0.8% empresas medianas y solo el 0.4% se consideraban grandes empresas (INEGI, 2012).

Las micro, pequeñas y medianas empresas tienen una importante contribución al desarrollo económico a nivel mundial, regional y en el estado de Guanajuato, ya que estas generan el 72% de los empleos y aportan el 39% del valor agregado censal de la producción total en el Estado (INEGI, 2009).

31 Profesor de la licenciatura en Economía Industrial de la Escuela Nacional de Estudios Superiores Unidad León, UNAM (martin9.romero9@gmail.com). Se agradece el apoyo y recursos financieros otorgados por la Universidad Nacional Autónoma de México (UNAM), **UNAM-DGAPA-PAPIIT IA300815.**

Por actividad económica, las MIPYMES más importantes en el estado de Guanajuato pertenecen al sector comercio con 48.9%, seguido de los servicios con 38.4% y el sector industrial con el 12.72% del total de empresas. Dentro del sector servicios se encuentran las instituciones de servicios financieros y de seguros, las cuales representan el 0.9% (1,877 MIPYMES) del total de empresas en el Estado (INEGI, 2012).

La Tabla 1 muestra a las MIPYMES, definidas de acuerdo al número de trabajadores empleados, con base en datos de estratificación de empresas publicada en la Ley para el desarrollo de la Competitividad de la MIPYME en el Diario Oficial de la Federación (DOF) el 30 de diciembre de 2002.

Tabla 1. Clasificación de las empresas por tamaño y sector de actividad económica

Tamaño	Sector de actividad económica		
	Industria	Comercio	Servicio
Micro	de 0 a 10	de 0 a 10	de 0 a 10
Pequeña	de 11 a 50	de 11 a 30	de 11 a 50
Mediana	de 51 a 250	de 31 a 100	de 51 a 100
Grande	Más de 250	Más de 100	Más de 100

Fuente: Diario Oficial de la Federación (DOF) el 30 de diciembre de 2002, Última reforma publicada DOF 18-01-2012. México. Consultado en febrero de 2014. http://www.diputados.gob.mx/LeyesBiblio/pdf/247.pdf.

El objetivo del presente estudio es analizar los factores que inciden en las MIPYMES considerando su distribución territorial regional, así como algunos aspectos en lo geográfico, económico y la disponibilidad de instituciones de servicios financieros y de seguros que tienen influencia en el crecimiento de las empresas y el desarrollo de las regiones del estado de Guanajuato.

Este estudio se basa en la hipótesis de que el acceso al financiamiento de las MIPYMES está afectada por la distribución de las instituciones de servicios financieros y de seguros en las regiones del estado de Guanajuato.

El documento se organiza como sigue, se presenta una breve revisión empírica relacionada con varios enfoques en el análisis de las MIPYMES de servicios financieros y su efecto como opción de otorgamiento financiero debido a la distribución territorial de las MIPYMES en las regiones del estado de Guanajuato. A continuación se presenta la metodología y posteriormente los resultados de la muestra de 1,877 MIPYMES de servicios financieros, obtenidos de la base de datos DENUE 2012 de INEGI. Al final se presentan las conclusiones obtenidas del análisis realizado.

Mipymes y financiamiento

De acuerdo con datos del INEGI (2009), en México únicamente el 13% de las MIPYMES han solicitado algún tipo de crédito bancario; de este porcentaje, el 76% ha recibido dicho crédito de los cuales el 88% lo otorgó la Banca Comercial, mientras que el 1.4% de las mismas lo obtuvieron a través de la Banca de Desarrollo. Algunas de las principales causas por las cuales se les niega el crédito, es por el desinterés del banco hacia el sector, la falta de garantías, y la indiscutible falta de información en esta materia (Lecuona V., Ramón, 2009: 25).

Las MIPYMES son una proporción sumamente importante en el crecimiento y desarrollo de la región en el estado de Guanajuato y del país, debido al gran porcentaje de estas en el total de empresas y su gran capacidad de absorción laboral (Flores, Lucio et al., 2009: 28). Gómez (2009) señala que el financiamiento es una parte fundamental para el crecimiento y desarrollo de las MIPYMES, y en consecuencia es evidente la importancia del financiamiento para el desarrollo y el crecimiento de las empresas en la región (Gómez, Alicia et al., 2009: 23).

La idea central de este estudio es que las MIPYMES ubicadas en lugares en donde los entornos geográficos, económicos y financieros son mucho más propicias para el desarrollo y el crecimiento, que las que se ubican en lugares menos favorecidos.

Metodología

La metodología utilizada es una investigación de tipo cuantitativo descriptivo obteniendo la información presentada a través de diferentes fases: En una primera parte se realizó un análisis de tipo descriptivo, para la obtención de la información de las bases de datos de INEGI como son Censos económicos, Censos de población y vivienda, y la base de datos del Directorio Estadístico Nacional de Unidades Económicas (DENUE) 2012 proporcionada por INEGI, la cual contiene 211,985 empresas distribuidas en los 45 municipios del estado de Guanajuato.

Para el análisis de la distribución espacial de las MIPYMES, en Guanajuato se analizó una muestra de 1,877 MIPYMES de servicios financieros y de seguros que representa el 0.9% del total de las 211,233 empresas distribuidas en el estado de Guanajuato (INEGI, 2012).

Resultados

El acceso al crédito es fundamental para el crecimiento y desarrollo de las MIPYMES. En esta sección se presenta el análisis de las MIPYMES de servicios financieros y de seguros que representa el 0.9% (1,877) instituciones financieras del total de las MIPYMES en el estado de Guanajuato (INEGI, 2012). En la Tabla 2 se observa una menor presencia de la Banca privada, al contar con solo el 33.4% (626) instituciones financieras. Mientras que las MIPYMES financieras no bancarias presentan una mayor participación al concentrar el 66.6% (1,251) instituciones financieras en el estado de Guanajuato, en el año 2012.

Tabla 2. MIPYMES de servi cios financieros y de seguros en el estado de Guanajuato, 2012

Instituciones de servicios financieros y de seguros	Mipymes financieras	
	No. instituciones	%
Banca múltiple	626	33.4
Sociedades cooperativas de ahorro y crédito popular	389	20.7
Montepíos y casas de empeño	284	15.1
Casas de cambio y centros cambiarios	249	13.3
Otras instituciones de intermediación crediticia y financiera no bursátil	52	2.8
Compañías de seguros	30	1.6

Sociedades financieras de objeto múltiple (Sofom)	29	1.5
Uniones de crédito	16	0.9
Administración de cajas de pensión y de seguros independientes	14	0.7
Banca de desarrollo	12	0.6
Compañías de autofinanciamiento	10	0.5
Casas de bolsa	7	0.4
Asesoría en inversiones	7	0.4
Otros servicios relacionados con la intermediación bursátil	4	0.2
Servicios relacionados con la intermediación crediticia no bursátil	3	0.2
Fondos y fideicomisos financieros	2	0.1
Compañías de factoraje financiero	1	0.1
Agentes, ajustadores y gestores de seguros y fianzas	142	7.6
Total	1 877	100.0

Fuente: Elaboración propia con datos de una muestra de 1,877 MIPYMES de servicios financieros y de seguros distribuidas en las regiones del estado de Guanajuato, durante el periodo 2012; obtenida de la base de datos DENUE 2012 de INEGI.

Estructura de las MIPYMES de servicios financieros en el estado de Guanajuato

En cuanto a la estructura de las instituciones financieras no bancarias, destaca las Sociedades cooperativas de ahorro y crédito popular con 20.7% (389 MIPYMES financieras), en segundo lugar se encuentran los Montepíos y Casas de empeño con 15.1% (284) MIPYMES financieras, en tercer lugar lo ocupan las Casas de cambio y Centros cambiarios con 13.3% (249); le siguen otras instituciones de Intermediación financiera no bursátil con 2.8%, las Compañías de seguros con 1.6%, Sociedades financieras de objeto múltiple con 1.5%; en menor proporción están las Uniones de crédito con 0.9%, la Administración de Cajas de pensión y de Seguros independientes con 0.7%, la Banca de desarrollo con 0.6%, Compañías de autofinanciamiento con 0.5%, las Casas de bolsa con solo 0.4% y el resto representan el 8.6% del total de las MIPYMES financieras en el estado de Guanajuato (ver Tabla 2).

Distribución Regional de las MIPYMES de servicios financieros

En esta sección se presenta el análisis de la distribución de las instituciones de servicios financieros y de seguros en las cuatro regiones del estado de Guanajuato, en el año 2012. La Tabla 3 muestra las cuatro regiones territoriales y las características que las componen, como son: la superficie territorial, la población, el total de MIPYMES y de las instituciones financieras.

La región Centro es la que presenta mayor desarrollo económico al concentrar el 66.2% de la población, el 70.2% del total de las empresas y el 72% (1,351) instituciones financieras en el estado de Guanajuato. El resto de las regiones presentan menores condiciones económicas la región; la región Sur ocupa el segundo lugar al representar solo el 17.1% de la población, el 17.3% de las empresas y el 16.7% (313) MIPYMES financieras; en tercer lugar le sigue la región Norte con el 11.8% de la población, el 8.9% de las empresas y el 7.6% (143) MIPYMES financieras, y por último está la región Noreste con apenas el 4.9% de la población, el 3.6% de las empresas y el 3.7% (70) MIPYMES financieras en el estado de Guanajuato (ver tabla 3).

Tabla 3. Características de las regiones en el estado de Guanajuato

Región	Municipios que integran la región	Población (habitantes)	Total MI-PYMES	Instituciones Financieras
Noreste	Atarjea, Doctor Mora, San José Iturbide, San Luis de la Paz, Santa Catarina, Tierra Blanca, Victoria y Xichú	4.9%	3.6%	70 (3.7%)
Norte	Dolores Hidalgo, Guanajuato, Ocampo, San Diego de la Unión, San Felipe y San Miguel de Allende	11.8%	8.9%	143 (7.6%)
Centro	León, Irapuato, Celaya, Salamanca, Silao, San Francisco del Rincón, Purísima del Rincón, Romita, Apaseo el Grande, Apaseo el Alto, Comonfort, Cortázar, Jaral del Progreso, Santa Cruz de Juventino Rosas, Tarimoro y Villagrán	66.2%	70.2%	1,351 (72%)
Sur	Abasolo, Acámbaro, Coroneo, Cuerámaro, Huanímaro, Jerécuaro, Manuel Doblado, Moroleón, Pénjamo, Pueblo Nuevo, Salvatierra, Santiago Maravatío, Tarandacuaro, Uriangato, Valle de Santiago y Yuriria	17.1%	17.3%	313 (16.7%)
Total	Estado de Guanajuato	5,486,372	211,233	1,877

Fuente: Elaboración propia con datos del Censo de Población y Vivienda 2010 y de la base de datos DENUE 2012 de INEGI.
Nota: La primera columna de la Tabla presenta las regiones que conforman el territorio del estado de Guanajuato establecidos en el Artículo 14 del Reglamento de la Ley de Planeación del Estado de Guanajuato 2011 (PEOT, 2006).

A continuación se presenta un análisis de la muestra de 1,877 MI-PYMES de servicios financieros y de seguros en las cuatro regiones del estado de Guanajuato, durante el año 2012 (INEGI, 2012).

MIPYMES de servicios financieros y de seguros en la región Centro

La región Centro concentra la mayor presencia de instituciones de servicios financieros y de seguros, al contar con el 72% del total de las MIPY-MES financieras en la región (INEGI, 2012).

Respecto a las instituciones financieras no bancarias, la Tabla 3 muestra que estas instituciones financieras representan el 73.5% del total de MIPYMES financieras en la región. En relación a la Banca privada, se observa que la región Centro concentra el mayor número de instituciones financieras bancarias con 36.8% (497) MIPYMES financieras en la región; sin embargo la Banca privada sigue teniendo una menor participación respecto a las instituciones financieras no bancarias.

Analizando la composición de instituciones financieras no bancarias, destacan las Sociedades cooperativas de ahorro y crédito popular con 19.7% (266) MIPYMES financieras, en segundo lugar lo ocupan los Montepíos y casas de préstamo con 14.7% (199) MIPYMES financieras, el tercer puesto lo ocupa las Casas de cambio y centros cambiarios con 7.8% (105) MIPYMES financieras; le siguen otras instituciones de intermediación crediticia y financiera no bursátil con 3%, el quinto lugar lo ocupan las compañías de seguros con 2.1%, el sexto lugar está representada por las Sociedades financieras de objeto múltiple (Sofom) con 2.1%, en menor proporción están las Uniones de crédito con 1.1%, Administración de cajas de pensión y de seguros independientes con 0.8%; en menor proporción le siguen las Compañías de autofinanciamiento con 0.7%, la Banca de desarrollo con 0.6%, las Casas de bolsa con solo 0.3%, y el resto representan el 10% del total de las instituciones financieras en la región Centro (ver Tabla 4).

MIPYMES de servicios financieros y de seguros en la región Sur

La región Sur cuenta con pocas instituciones financieras al registrar solo el 16.7% (313) MIPYMES financieras. En la región Sur se observa una mayor presencia de Casas de cambio y centros cambiarios con 32.9% (103) MIPYMES financieras, el segundo lugar lo ocupa la Banca privada con 22.4% (70) MIPYMES financieras, el tercer lugar lo ocupan las Sociedades cooperativas de ahorro y crédito popular con 19.8% (62) MIPYMES financieras, el cuarto lugar lo ocupan los Montepíos y casas de empeño con 19.2% (60) MIPYMES financieras; le siguen otras instituciones de intermediación crediticia y financiera no bursátil con 1.9% (6 empresas), la Banca de desarrollo 0.6%, Sociedades financieras de objeto múltiple (Sofom), Compañías de seguros con 0.3%, y el resto 7.6% representan otras instituciones de servicios financieros y de seguros (ver Tabla 4).

MIPYMES de servicios financieros y de seguros en la región Norte

La región Norte ocupa el tercer lugar en relación al número de instituciones de servicios financieros y de seguros al contar con solo 7.6% (143) MIPYMES financieras en el estado de Guanajuato (INEGI, 2012). La Tabla 4 presenta para la región Norte una mayor presencia de instituciones financieras no bancarias con 69.9% del total de MIPYMES financieras. Mientras que la Banca privada sigue teniendo una menor presencia al contar con solo el 30.1% del total de MIPYMES financieras en la región.

Respecto de la estructura de las instituciones financieras no bancarias, sobresale las Sociedades cooperativas de ahorro y crédito popular con 23.8% (34) MIPYMES financieras, en segundo lugar lo ocupan las Casas de cambio y centros cambiarios con 15.4% (22) MIPYMES financieras, el tercer lugar lo ocupan los Montepíos y casas de empeño con 12.6% (18) MIPYMES financieras, le siguen otras instituciones de intermediación crediticia y financiera no bursátil con 3.5% (5 empresas), Casas de bolsa con 2.1%, Administración de cajas de pensión y de seguros independientes con 2.1%, y otras instituciones de servicios financieras y de seguros con 10.5% del total de MIPYMES financieras en la región, como se muestra en la Tabla 3.

MIPYMES de servicios financieros y de seguros en la región Noreste

La región Noreste es la que presentan mayores restricciones en cuanto a la distribución de instituciones que proporcionan apoyo de servicios financieros y de seguros; puesto que la región cuenta con apenas 3.7% (70) MIPYMES financieras en la región (INEGI, 2012).

La Tabla 4 presenta para la región Noreste una mayor presencia de instituciones financieras no bancarias ya que representan el 77.1% de las MIPYMES financieras en la región. Mientras que la Banca privada representa una menor presencia con el 22.9% (16) del total de las instituciones financieras.

En cuanto a composición de las instituciones financieras no bancarias, en la región Noreste sobresale las Sociedades cooperativas de ahorro y crédito popular con 38.6% (34 instituciones financieras), en segundo lugar lo ocupan las Casas de cambio y Centros cambiarios con 27.1% (27) MIPYMES financieras; le siguen en menor proporción los Montepíos y Casas de empeño con 10% (7) MIPYMES financieras y por último está la Banca de desarrollo con sólo 1.4% MIPYMES financieras en la región Noreste (ver tabla 4).

En el caso de la banca comercial, se puede observar que estas instituciones financieras tienen una menor presencia en la región, al representar solo 22.9% (16) de las MIPYMES financieras en la región Noreste (ver tabla 4).

Tabla 4. Distribución de instituciones de servicios financieros y de seguros por región en el estado de Guanajuato, 2012

Instituciones de servicios financieros y de seguros	MIPYMES por Región				
	Región Noreste	Región Norte	Región Centro	Región Sur	Total
Banca múltiple	22.9	30.1	36.8	22.4	33.4
Sociedades cooperativas de ahorro y crédito popular	38.6	23.8	19.7	19.8	20.7
Montepíos y casas de empeño	10.0	12.6	14.7	19.2	15.1
Casas de cambio y centros cambiarios	27.1	15.4	7.8	32.9	13.3
Otras instituciones de intermediación crediticia y financiera no bursátil	0.0	3.5	3.0	1.9	2.8

Compañías de seguros	0.0	0.7	2.1	0.3	1.6
Sociedades financieras de objeto múltiple (Sofom)	0.0	0.0	2.1	0.3	1.5
Uniones de crédito	0.0	0.7	1.1	0.0	0.9
Administración de cajas de pensión y de seguros independientes	0.0	2.1	0.8	0.0	0.7
Banca de desarrollo	1.4	0.7	0.6	0.6	0.6
Compañías de autofinanciamiento	0.0	0.0	0.7	0.0	0.5
Casas de bolsa	0.0	2.1	0.3	0.0	0.4
Agentes, ajustadores y gestores de seguros y fianzas	0.0	8.4	9.0	2.6	7.6
Asesoría en inversiones	0.0	0.0	0.5	0.0	0.4
Otros servicios relacionados con la intermediación bursátil	0.0	0.0	0.3	0.0	0.2
Servicios relacionados con la intermediación crediticia no bursátil	0.0	0.0	0.2	0.0	0.2
Fondos y fideicomisos financieros	0.0	0.0	0.1	0.0	0.1

Compañías de factoraje financiero	0.0	0.0	0.1	0.0	0.1
Total	100.0	100.0	100.0	100.0	100.0
Total de MIPYMES	70	143	1,351	313	1,877

Fuente: Elaboración propia con datos de UNA de una muestra de 1,877 MIPYMES de servicios financieros y de seguros distribuidas en las regiones del estado de Guanajuato, durante el periodo 2012; obtenida de la base de datos DENUE 2012 de INEGI.

Conclusiones

Se realizó un análisis de una muestra de 1,877 MIPYMES de servicios financieros y de seguros distribuidas en las cuatro regiones territoriales en el estado de Guanajuato, obtenida de la base de datos de DENUE 2012 de INEGI.

En el contexto regional, la región Centro es la que presenta mejores condiciones de desarrollo económico, al contar con la mayor concentración de la población (66.2%), así mismo, la región concentra el 70% de las MIPYMES y el 72% de instituciones financieras y de seguros en el Estado. Mientras, que las otras tres regiones Norte, Noreste y Sur concentran el restante 33.8% de la población, el 30% de las MIPYMES y el 28% de las instituciones financieras en el estado de Guanajuato, como se muestra en la tabla 2.

Los resultados obtenidos señalaron a las instituciones financieras no bancarias como la principal fuente de financiamiento, ya que concentran el 66.6% (1,251) de las MIPYMES en el Estado. Mientras que la Banca privada presenta una menor participación para la obtención de financiamiento con solo el 33.4% (626) MIPYMES financieras en el estado de Guanajuato (Tabla 3).

Al analizar la distribución de la muestra de 1,251 MIPYMES financieras no bancarias por región. Las regiones Noreste y Sur concentran la mayor proporción con el 77% de instituciones financieras no bancarias, respectivamente. Le sigue en tercer lugar la región Norte registrando el 70% de las instituciones financieras no bancarias; y la región Centro concentra el 63.2% de las instituciones financieras no bancarias en el Estado. Por el contrario, la Banca privada muestra una mayor presencia en la región Centro con 36.8% de instituciones financieras, la región Norte concentra el 30% de instituciones bancarias y por último las regiones Noreste y Sur muestran una menor presencia de la Banca privada con apenas el 23% de las instituciones financieras en el Estado, como se muestra en la Tabla 3 de la sección de resultados.

En relación a la composición de las instituciones financieras no bancarias, destacan las Sociedades cooperativas de ahorro y crédito popular con 20.7%, (389) MIPYMES financieras, en segundo lugar lo ocupan los Montepíos y casas de préstamo con 15.1% (284) MIPYMES financieras, el tercer puesto lo ocupa las Casas de cambio y centros cambiarios con 13.3% (249) MIPYMES financieras; le siguen en menor proporción otras instituciones de intermediación crediticia y financiera no bursátil con 2.8%, las Compañías de seguros con 1.6%, las Sociedades financieras de objeto múltiple (Sofom) con 1.5%, las Uniones de crédito con 0.9%, Administración de cajas de pensión y de seguros independientes con 0.7%, la Banca de desarrollo con 0.6%, Compañías de autofinanciamiento con 0.5%, Casas de bolsa con 0.4%, y el resto representan el 8.5% de las instituciones financieras en el estado de Guanajuato, como se muestra en la Tabla 4.

De lo anterior se observan diferencias atribuidas a las características de población, económicas y la disponibilidad de instituciones financieras propias debido a la distribución territorial de cada región y que éstas diferencias regionales pueden afectar el crecimiento de las empresas, y como consecuencia el desarrollo de las regiones del Estado. El trabajo ofrece algunas apreciaciones preliminares de los efectos de la distribución territorial de las MIPYMES en las regiones del Estado, en los aspectos geográfico, económico y la disponibilidad de instituciones de servicios financieros y de seguros. Estudios adicionales podrían ampliar los resultados para explicar que factores regionales específicos son importantes para promover el crecimiento y el desarrollo de las MIPYMES en el estado de Guanajuato.

Referencias

* Aznarez, Julio; Vilaseca, Álvaro (2006). "Estructura de financiamiento de la empresa familiar". *Revista IEEM*, Universidad de Montevideo.
* Carreón, Victor y Svarch, Malena (2007). "El mercado de crédito en México". *Documentos de trabajo del CIDE,* No. 392, México.
* Durazo B., María G.; Ojeda Guadalupe (2013). "Factores que afectan el crecimiento de las MIPYME en México", *Global Conference on Business and Finance Proceedings*, Vol. 8, Num. 2. Universidad Estatal de Sonora, México.

- Flores P., Lucio y García B., María Luisa (2012)**:** *"El financiamiento a las micro-empresas en los espacios mexicanos"*, *Revista Académica de Economía*, ISSN 1696-8352, en Observatorio de la Economía Latinoamericana, N°174, 2012. Texto completo en http://www.eumed.net/cursecon/ecolat/mx/
- Gómez M., Alicia; García Pérez de Lema, D; Marín Pérez, S. (2009). "Restricciones a la financiación de la PYME en México: una aproximación empírica" *Revista Análisis Económico*, Num. 57, vol. XXV, Tercer cuatrimestre de 2009, México.
- INEGI (2009). "Censos Económicos 2009, Principales resultados por AGEB y manzana urbana". México. Consultado en marzo de 2014. http:// http://www.inegi.org.mx/est/contenidos/espanol/proyectos/censos/ce2009/default.asp?s=est&c=14220.
- INEGI (2012). "Directorio Estadístico Nacional de Unidades Económicas (DENUE) 2012". Instituto Nacional de Estadística y Geografía (INEGI), México. Consultado en junio de 2013. www.inegi.org.mx/sistemas/denue.
- Lecuona V., Ramón et al., 2009. "El financiamiento a las Pymes en México: La experiencia reciente". Economía UNAM, México, 2009 Vol. 6 Num. 17, pp. 46-68.
- Zhang, Z. (2012), "Strategic Interaction of Capital Structures: A Spatial Econometric Approach", *Pacific-Basin Finance Journal*, 20, pp. 702-722.Zizumbo R., Haydee, Sósima Carrillo (2013). "Factores que afectan la continuidad de las MIPYMES". *Global Conference on Business and Finance Proceedings*, Vol. 8, Num. 2. Universidad Veracruzana y Universidad Autónoma de Baja California, México.

TEMA V. ANÁLISIS SECTORIAL Y METAS DE INFLACIÓN

Sectorización económica y su vinculación con el incumplimiento empresarial (2000 – 2014)

Mario Gutiérrez-Lagunes[32] y
José Manuel Romo Orozco[33]

Resumen

El documento busca conocer la evolución de las actividades económicas mexicanas beneficiadas con el Tratado de Libre Comercio de América del Norte (TLCAN), así como aquellas que no han tenido la misma suerte. Para ello, se realiza una contextualización de ese tratado con las variables macroeconómicas; en seguida se analiza el comportamiento del PIB y las exportaciones, incluido el factor de la tasa de crecimiento y por último, se presentan las conclusiones. El documento encuentra señales de alerta en la capacidad exportadora que se manifiestan en la caída del PIB nacional debido a la existencia de menos exportaciones en la mayoría de las ramas económicas con actividad exportadora.

Introducción

En los años 30 surge el planteamiento de la primera metodología básica dentro del ámbito de la Economía Sectorial. Esta metodología es lo que se llama el paradigma estructura-conducta-resultado, planteado por (Masón, 1939), y desarrollada posteriormente por J. Bain (1951). Sus principales elementos fueron la estructura, la conducta y el resultado, enfatizando el papel de la estructura y las relaciones directas de implicación entre éstas y los resultados. Este paradigma considera que las empresas se adaptan de forma pasiva a la situación estructural del sector o de su entorno de actuación. Los cambios en la estructura del sector son exógenos.

---

32 Profesor-Investigador, Universidad Autónoma de San Luis Potosí, Zona Media, mario.gutierrez.lagunes@gmail.com
33 Profesor-Investigador, Universidad Autónoma de San Luis Potosí Zona Media.

A partir de los 60's, se gestan estudios empíricos que trataban de analizar las distintas estructuras que mostraban los sectores económicos, con especial atención en los índices de concentración (Clarke & Davies, 1982), esto es, se busca identificar las relaciones entre la evolución de las estructuras sectoriales. En los 70´s viene la teoría de la Nueva Organización Industrial, en donde se incorpora una perspectiva teórica del análisis sectorial, distinta a los anteriores enfoques, en donde se permite la modelización de los conflictos estratégicos para su análisis y la resolución de problemas. Actualmente, la creciente complejidad empresarial hace que cada vez surjan nuevas actividades económicas que impactan a la sociedad.

Por su parte, el Banco de México (BANXICO, 2014) publica la información de los diferentes sectores de la economía, desagregados por 96 ramas económicas exportadoras. Esto nos permite agrupar, procesar, calcular, y analizar la variable exportadora a través del tiempo y a su vez analizarla con otras variables como el Producto Interno Bruto (PIB), con el objeto de conocer el entorno económico más completo y tener un panorama más amplio de la situación económica del país.

El trabajo se divide en cuatro apartados principales, uno que es la contextualización del Tratado de Libre Comercio de América del Norte (TLCAN), y las variables macroeconómicas; dos, la variable PIB; tres, las exportaciones, incluyendo en esta sección el factor de la tasa de crecimiento, y finalmente, el apartado cuatro, que muestra las principales ideas concluyentes de estas variables analizadas.

El objetivo de este trabajo es conocer la evolución de las actividades económicas mexicanas beneficiadas ya con el TLCAN implementado, así como las que no han tenido fuerte impacto en la sociedad mexicana.

Tratado de Libre Comercio de América del Norte

Si bien los planteamientos del TLCAN se dirijen a mejorar la economía, crear puestos de trabajo y generar los ingresos necesarios para proporcionar los bienes públicos básicos como la salud y la protección ambiental (Audley, Papademetriou, Polaski, & Vaughan, 2003), el impacto de la desigual distribución de la riqueza en México ha vuelto a aumentar. Medir los efectos del comercio sobre la población requiere evaluar el efecto del comercio en la desigualdad y la pobreza, porque las ganancias y pérdidas del comercio no se distribuyen en forma pareja.

La desigualdad en México es grande y es motivo de preocupación, dado que impacta a la estabilidad social y la cohesión política. Por otra parte, se ha demostrado que las sociedades con economías sumamente desiguales reducen la pobreza menos eficazmente y a un ritmo más lento que las sociedades donde existe más igualdad (Ravallion, 1997). Algunos estudios han revelado que el crecimiento general se reduce a largo plazo debido a distribuciones de los ingresos sumamente desiguales, lo cual limita los ingresos de toda la población (Rodrik, 1997). Asimismo, la desigualdad en materia de ingresos en México tiene además una dimensión geográfica, ya que los estados del sur de México han sido más pobres, mientras que las regiones alrededor de la capital y a lo largo de la frontera de Estados Unidos de América (EUA) han sido relativamente más prósperas (INEGI, 2014).

El efecto ocasionado por el TLCAN en la economía de EUA, es considerablemente menor en comparación con el que hubo en México o Canadá, principalmente porque la economía de EUA es mucho más grande que la de sus vecinos y depende menos del comercio debido a su enorme mercado nacional, de acuerdo con Audley et *Al*. (2003).

La relación comercial con Canadá inició en 1946 con el Convenio Comercial Bilateral México-Canadá; el cual se fortaleció con el Convenio de Cooperación Industrial y Energética de 1980, hasta llegar con el TLCAN en 1994 (Medina & Acevedo, 2009).

Para México, el TLCAN no se trató solamente de una herramienta económica y jurídica de corto plazo para crear empleos, fomentar el comercio y atraer la inversión, sino que además representó un factor importante para su modernización e inserción en las economías desarrolladas. Cuando se presentó la oportunidad de negociar un tratado de libre comercio con Estados Unidos y Canadá, se pensó que varios sectores económicos podrían beneficiarse de las ventajas comparativas y competitivas. Así, se fueron identificando y analizando los sectores que entrarían al tratado para aprovechar las desgravaciones arancelarias e insertarse en forma exitosa (Gracia, 2010).

En el proceso de integración con América del Norte, según (Nye, 2011), se dieron las condiciones para generar un proceso de integración comercial y económica: Simetría o igualdad económica de unidades, valor de la complementariedad de la elite, existencia de pluralismo, y la capacidad de los Estados miembros de adaptarse y responder. A su vez, Guillermo Holzmann (1991) señala la existencia de tres periodos distintos dentro de un proceso de integración, cada uno con diferentes grados de avance: el tiempo económico, representado por la velocidad del intercambio; el tiempo jurídico-institucional, que se da a partir de la estructuración formal de esquemas de integración, lo cual genera la institucionalización jurídica del intercambio comercial, y el tiempo político, a partir de la conformación de una voluntad política expresa, que manifiesta su disposición a iniciar y continuar el proceso de integración.

Los procesos de integración se encuentran más avanzados en lo económico que en lo político; no obstante, la política es imprescindible para el desarrollo y fortalecimiento del proceso. Toda integración económica requiere un proyecto político que la sustente, porque ésta tiene efectos directos sobre las entidades políticas de los países participantes.

El producto interno bruto

La actividad económica de cualquier país se mide a través de sus cuentas nacionales. En México el Instituto Nacional de Geografía, Estadística e Informática (INEGI) elabora una publicación llamada Sistema de Cuentas Nacionales de México (SCNM). En éstas se esquematiza la información referente a aspectos macroeconómicos, tales como la producción, el consumo, el ahorro, la inversión, entre otras. De todas las cuentas, el PIB es sin lugar a dudas la estimación más popular del sistema. De acuerdo con Colander (1998), el PIB se define como el valor de mercado de todos los bienes y servicios finales producidos en una economía durante un determinado período de tiempo.

El PIB nacional durante el periodo en estudio, tuvo el siguiente comportamiento.

Gráfica 1

Tasa de crecimiento del PIB

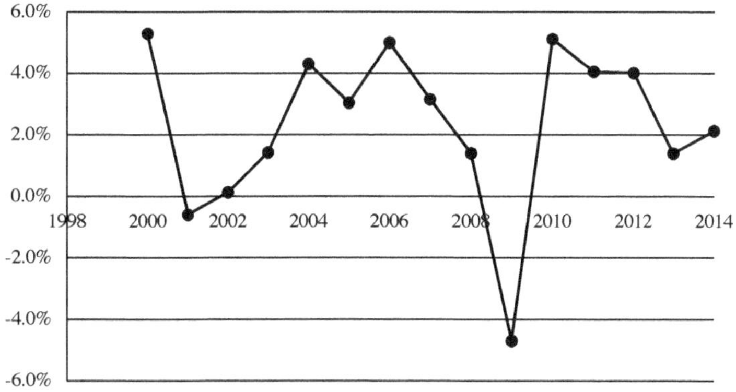

Fuente: Elaboración propia con datos del INEGI.

Las entidades federativas en las que se concentró el PIB en el 2013, fueron principalmente, el Distrito Federal, el Estado de México, Nuevo León y Jalisco

Gráfica 2

PIB por Entidad Federativa (%) durante 2013

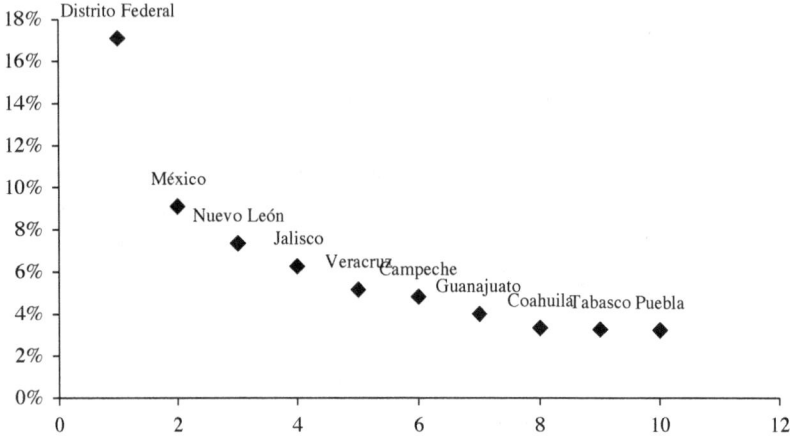

Fuente: Elaboración propia con datos del INEGI.

Por sector económico, el PIB se distribuyó en varias entidades, que se muestran a continuación.

Cuadro 1
Principales Entidades Federativas por sector económico

Entidad Federativa	Sector dominante, 2013
Jalisco	Agricultura, Comercio, Medios masivos
Nuevo León	Electricidad, Construcción, Ind. Manufacturera, Comercio, Transporte, Medios masivos, Serv. Financieros
Estado de México	Construcción, Ind. Manufacturera, Comercio, Transporte
Distrito Federal	Comercio, Transporte, Medios masivos, Serv. Financieros

Fuente: Elaboración propia.

Análisis sectorial

La economía de México, en el análisis de estudio, ha mostrado dos caídas principales del PIB, específicamente en 2001 de -0.6% y en 2009 de -4.7%. En esta último, debido principalmente a la caída de la industria manufacturera, de -8.4% en comparación con el año anterior, ocasionado por la mayor severidad en las actividades orientadas al mercado externo, por la recesión de los EUA. El deterioro general de las condiciones económicas y la reducción de la demanda interna se extendió al sector servicios (medios masivos de comunicación, financieros, inmobiliaria, profesionales, corporativos, apoyo a negocios remediales, educación, salud, esparcimiento, alojamiento, y otros), a pesar de ello, su participación en el PIB se ha mantenido en una estabilidad alrededor del 66% del PIB en el sector terciario.

Gráfica 3

PIB(%): Actividad terciaria

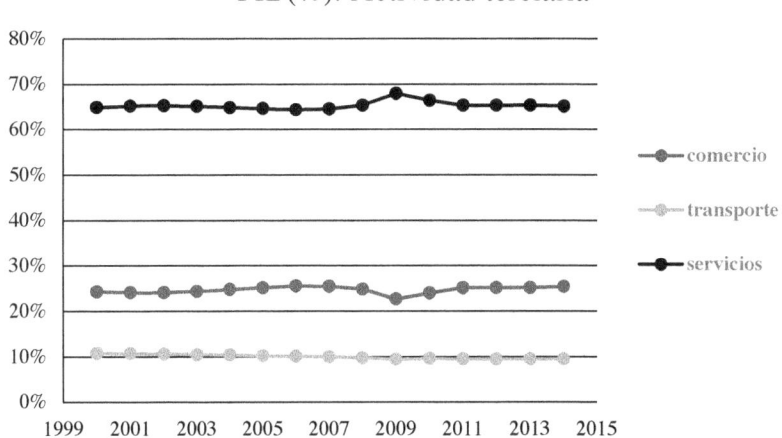

Fuente: Elaboración propia con datos del INEGI.

Sector industrial. Es el más dependiente de la economía de EUA. Sus cuatro divisiones (manufacturas, construcción, electricidad y minería), representan el 36.2% del PIB total, en donde la minería se encuentra técnicamente en recesión, y la división de construcción apenas está recomponiéndose.

Gráfica 4

PIB: Tasa de crecimiento del Sector Secundario

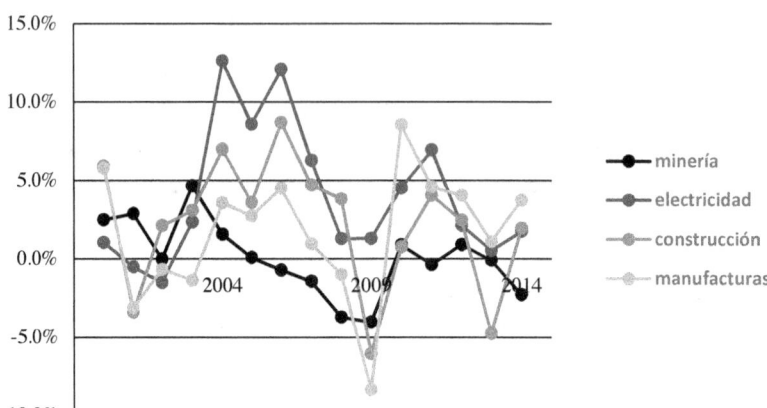

Fuente: Elaboración propia con datos del INEGI.

En torno a este contexto, el sector de la construcción, el segundo en importancia después de las manufacturas, presentó un incremento de 1.9% en el 2014; y la industria manufacturera, que representa el 48% del PIB industrial, registró un subida de 3.7% en este último año.

Gráfica 5.

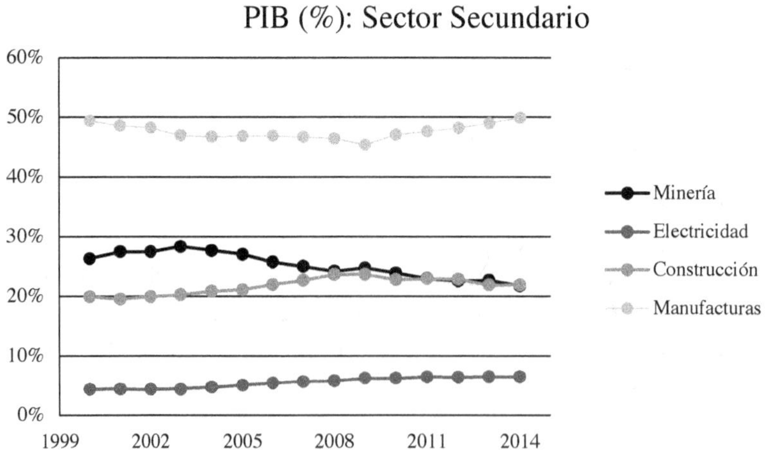

PIB (%): Sector Secundario

Fuente: Elaboración propia con datos del INEGI.

El sector manufacturero presentó un comportamiento superior al promedio, lo cual indica que efectivamente México es un país en vías de desarrollo y, es aquí en donde reside la fortaleza del país, en donde se encuentran la mayoría de las actividades con muy buen desempeño económico.

Por lo general, cuando las economías presentan procesos recesivos, se observa un desplome de la demanda agregada; por un lado, los consumidores se tornan más cautos y reducen su consumo, sobre todo en bienes duraderos o no necesarios; y por el otro lado, se posponen las inversiones por la falta de liquidez.

Gráfica 6

PIB: Manufacturas tradicionales

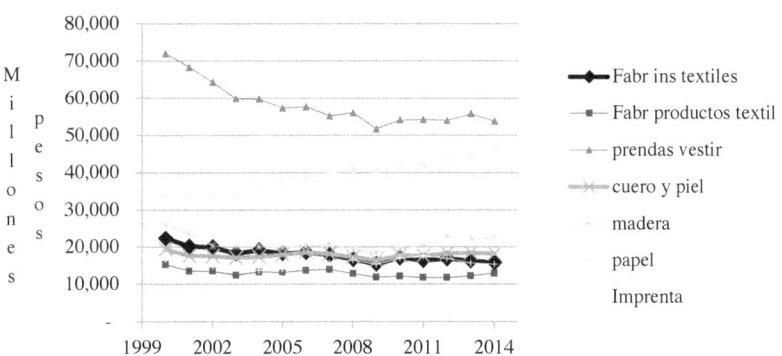

Fuente: Elaboración propia con datos del INEGI.

Exportaciones

Dentro de la economía nacional, la actividad económica juega un papel importante en la generación de los futuros empleos, y en la creación de nuevos ingresos y negocios. Estas actividades, inmersas dentro de un mundo cada vez más globalizado, marcan la tendencia de nuestra realidad.

Es importante señalar que los datos obtenidos a través de Banxico de las variables exportaciones comprenden 96 ramas económicas las cuáles están agrupadas en los tres sectores principales de la economía mexicana: primario, secundario y terciario. Las actividades exportadoras están clasificadas de acuerdo al Sistema Armonizado y el (SCIAN, 2013) que se utiliza en el comercio exterior.

Se define el factor económico de crecimiento[34] como la tasa de crecimiento de cada una de las actividades económicas, y a partir de las fuentes oficiales gubernamentales, se analiza la evolución de las exportaciones de México y los sectores económicos más beneficiados.

Se tiene que la economía nacional está representada por tres sectores: primario, secundario y terciario. El sector primario, está compuesto por las ramas económicas de agronomía, ganado, silvicultura y pesca. En el sector secundario están las ramas en donde la materia prima ha sido transformada para el beneficio humano. Aquí se tiene la industria minera, alimenticia, metalmecánica, eléctrica y electrónica, la industria petrolera y sus derivados, entre otras. Por último, el sector terciario, se distingue por sus actividades económicas de servicio, abarcando hotelería y restaurantes, servicios profesionales y financieros, gubernamentales y de comercio, principalmente. Así, el factor de crecimiento calculado de las 96 actividades económicas exportadoras (la rama 77 es reservada para usos propios de Banxico), se presenta a continuación:

---

34 El factor económico de crecimiento es la tasa de crecimiento de cada una de las ramas económicas bajo estudio, y representa el crecimiento de cada una de ellas con respecto al promedio de ellas. Ver Gutiérrez-Lagunes (2012) para más detalles. Este factor es útil para conocer el entorno económico de manera integral y su evolución.

Cuadro 2. Actividades Económicas de las exportaciones

FACTOR ECONÓMICO DE CRECIMIENTO EXPORTADOR			
1 Animales vivos	0.545	49 Productos de industrias gráficas	0.435
2 Carne y despojos comestibles	1.063	50 Seda	0.990
3 Pescados, crustáceos y moluscos	0.560	51 Lana y pelo hilados y tejidos de crin	0.257
4 Leche, lácteos, huevos y miel	1.293	52 Algodón	0.292
5 Otros productos de origen animal	0.730	53 Las demás fibras textiles vegetales	0.438
6 Plantas y productos de floricultura	0.328	54 Filamentos sintéticos o artificiales	0.446
7 Hortalizas, plantas, raíces y tubérculos	0.410	55 Fibras sintéticas o artificiales discontinuas	0.376
8 Frutas y frutos comestibles	1.127	56 Guata, fieltro y cordelería	0.480
9 Café, té, yerba mate y especias	0.190	57 Alfombras y revestimientos para el suelo de materi	0.343
10 Cereales	2.897	58 Tejidos especiales con mechón insertado	0.338
11 Productos de la molinería	1.390	59 Telas revestidas, artículos técnicos textiles	0.465
12 Semillas y frutos oleaginosos; frutos diversos	0.341	60 Tejidos de punto	0.620
13 Gomas, resinas, jugos, extractos vegetales	0.518	61 Prendas, accesorios de vestir de punto	0.441
14 Materias trenzables y otros productos vegetales	0.369	62 Prendas, accesorios de vestir excepto de punto	0.393
15 Grasas animales o vegetales	0.590	63 Los demás artículos textiles confeccionados	0.282
16 Preparaciones de carne y animales acuáticos	0.477	64 Calzado polainas y análogos	0.363
17 Azúcares y artículos de confitería	1.620	65 Sombreros, tocados y sus partes	0.576
18 Cacao y sus preparaciones	1.488	66 Paraguas, sombrillas y bastones	0.650
19 Preparaciones de cereales o leche	1.230	67 Manufacturas de cabello y artículos de plumas	0.755
20 Preparaciones de hortalizas, frutos, plantas	0.733	68 Manufacturas de piedra o análogos	0.561
21 Preparaciones alimenticias diversas	0.786	69 Productos cerámicos	0.477
22 Bebidas y vinagre	0.810	70 Vidrio y sus manufacturas	0.445
23 Residuos de industrias alimentarias	2.248	71 Perlas, piedras y metales preciosos	1.923
24 Tabaco y sucedáneos elaborados	1.541	72 Fundición, hierro y acero	0.546
25 Sal, azufre, tierras y piedras	0.492	73 Manufacturas de fundición de hierro o acero	0.532
26 Minerales metalíferos, escorias	2.590	74 Cobre y sus manufacturas	0.689
27 Combustibles minerales y sus productos	0.712	75 Níquel y sus manufacturas	1.526
28 Productos químicos inorgánicos	0.530	76 Aluminio y sus manufacturas	0.509
29 Productos químicos orgánicos	0.520	78 Plomo y sus manufacturas	5.859
30 Productos farmacéuticos	0.774	79 Zinc y sus manufacturas	0.663
31 Abonos	2.282	80 Estaño y sus manufacturas	11.088
32 Extractos curtientes o tintóreos	0.651	81 Los demás metales comunes y manufacturas	1.272
33 Aceites esenciales y resinoides	1.853	82 Herramientas y útiles de metal común	0.956
34 Jabón, ceras, lubricantes y velas	0.526	83 Manufacturas diversas de metales comunes	0.553
36 Materias albuminoideas	0.791	84 Aparatos mecánicos, calderas, partes	0.617
36 Pólvoras, explosivos y cerillos	1.851	85 Máquinas y material eléctrico	0.498
37 Productos fotográficos o cinematográficos	0.390	86 Vehículos, material para vías férreas	1.167
38 Productos de las industrias químicas	0.521	87 Vehículos terrestres y sus partes	0.549
39 Plástico y sus manufacturas	0.556	88 Aeronaves y sus partes	0.905
40 Caucho y sus manufacturas	0.618	89 Barcos y artefactos flotantes	0.247
41 Pieles y cueros	0.460	90 Instrumentos y aparatos de óptica y médicos	0.600
42 Manufacturas de cuero y de tripa	0.326	91 Aparatos de relojería y sus partes	1.746
43 Peletería	0.212	92 Instrumentos musicales	0.581
44 Madera, carbón vegetal y sus manufacturas	0.307	93 Armas y municiones, deportivas	1.851
45 Corcho y sus manufacturas	1.263	94 Muebles; medicoquirúrgico; no expresados en otra p	0.595
46 Manufacturas de cestería	0.348	95 Juguetes, artículos para recreo y deportes	0.548
47 Pasta de madera o de materias fibrosas	0.412	96 Manufacturas diversas	0.682
48 Papel, cartón y sus manufacturas	0.446	97 Objetos de arte y antigüedades	6.160

Fuente: BANXICO.

Nótese que el promedio del factor de crecimiento de estas actividades es igual a uno. A partir de la definición del factor de crecimiento de las exportaciones descrito en los párrafos anteriores, se obtiene que de las 96 actividades económicas de exportación, 24 tuvieron un crecimiento mejor que el promedio de la economía.

La industria manufacturera, incluye a las actividades productivas que transforman múltiples y diversas materias primas en diferentes artículos para muchos tipos de consumo, pertenecen a este sector tanto empresas pequeñas como grandes conglomerados. El lugar de la industria manufacturera es estratégico en la economía nacional, y esta trascendencia se nota en los indicadores del sector, los cuales, tienen carácter previsorio del ciclo económico.

Resumiendo la actividad exportadora de México, las cinco principales actividades económicas que presentaron un mejor crecimiento durante el periodo 2000-2014, así como las cinco ramas económicas que tuvieron muy mal desempeño o fueron muy competitivas, con respecto al promedio general de la economía, fueron:

Cuadro 3
Las principales actividades con factor de crecimiento mejor y peor ó más competitivo

LAS CINCO ACTIVIDADES ECONÓMICAS CON MEJOR FACTOR DE CRECIMIENTO EXPORTADOR SON:
R. 80: Estaño y sus manufacturas con un Factor de 11.09
R. 97: Objetos de arte y antigüedades con un Factor de 6.16
R. 78: Plomo y sus manufacturas con un Factor de 5.86
R. 10: Cereales con un Factor de 2.90
R. 26: Minerales metalíferos, escorias con un Factor de 2.59

LAS CINCO ACTIVIDADES ECONÓMICAS CON PEOR FACTOR DE CRECIMIENTO EXPORTADOR SON:
R. 9: Café, té, yerba mate y especias con un Factor de 0.19
R. 43: Peletería con un Factor de 0.21
R. 89: Barcos y artefactos flotantes con un Factor de 0.25
R. 51: Lana y pelo hilados y tejidos de crin con un Factor de 0.26
R. 63: Los demás artículos textiles confeccionados con un Factor de 0.28

Fuente: Elaboración propia con datos del BANXICO.

Los resultados que arrojó el cálculo del factor económico local fue que las ramas económicas locales que tuvieron mejor desempeño que el promedio de la economía pertenecen al sector secundario, aunque en la parte exportadora no tienen un gran efecto.

Con respecto a las importaciones, aunado al factor de crecimiento para las exportaciones, su comportamiento integral viene dado por la siguiente gráfica.

En las exportaciones sobresalieron dos actividades más que el promedio de ellas, que son las ramas 80 y 97, y en lo que respecta a la importación, destacaron las ramas 36 y 3, principalmente.

Se analizan las mismas actividades en cuanto al monto de cada una de ellas en el comercio exterior, destacando las actividades de R.27: Combustibles minerales y sus productos R. 84: Aparatos mecánicos, calderas, partes; R.85: Máquinas y material eléctrico; R. 87: Vehículos terrestres y sus partes.

Gráfica 7

Principales actividades del comercio exterior, 2014
(miles de dólares)

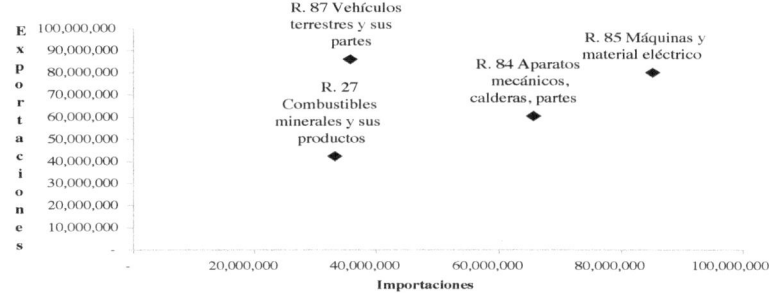

Fuente: Elaboración propia con datos del BANXICO.

Se hace énfasis en que estas cuatro actividades del comercio exterior concentraron el 67.5% y el 54.9% de las exportaciones e importaciones, respectivamente durante el 2014.

Es necesario hacer notar que la rama *R. 87: Vehículos terrestres y sus partes*, a pesar de tener un factor de crecimiento bajo, en el contexto de un mundo globalizado significa que el mercado de su actividad es muy competitivo. Concentró el 21.6% de las exportaciones. México es el 4°. país exportador de autos del mundo. De acuerdo con Litman (2011), señala que el tráfico tiene una demanda creciente de espacio (mientras más espacio se le procura, más se expande), por ello al aumentar la oferta de las vialidades, el tráfico no hace sino aumentar.

Por otra parte, las nuevas economías del sector terciario, ya que, según Rifkin (2011), la irrupción de herramientas como Internet consolidará una lógica económica en la que el individuo deberá pagar por el acceso a la práctica total de las actividades que realice fuera del entorno familiar. Dentro de esta lógica, los individuos, en vez de acumular bienes, tenderán a alquilar servicios. Ello comportará el fin de la era industrial y una completa transformación de las actuales estructuras laborales y sociales.

La producción manufacturera de EUA ha crecido más rápido que la economía en general en los últimos años, y las perspectivas de crecimiento de los sectores de servicios, que contribuyen con más del 80 por ciento al PIB de EUA, son fundamentales, a largo plazo, para la salud de la economía del país (BEA, 2013).

Alcanzar las expectativas de crecimiento propuestas por las diversas instancias gubernamentales en México, con respecto al nivel del Producto Interno Bruto para 2015 luce complicado. No basta con voltear a la economía de los EUA para esperar que un repunte en la demanda de exportaciones mexicanas devuelva el vigor a la economía nacional.

Gráfica 8

Fuente: Elaboración propia con datos del BANXICO.

Resulta de particular interés revisar la composición del aparato exportador, ya que los dos grandes rubros en que se dividen las exportaciones mexicanas son las petroleras y las no petroleras, de las cuales las segundas representan más del 85% del total. Por su parte, las exportaciones de manufactura equivalen a más del 80% del rubro no petrolero, de ahí su importancia en la balanza comercial (BANXICO, 2014b).

Las principales exportaciones se muestran en la siguiente gráfica.

Gráfica 9

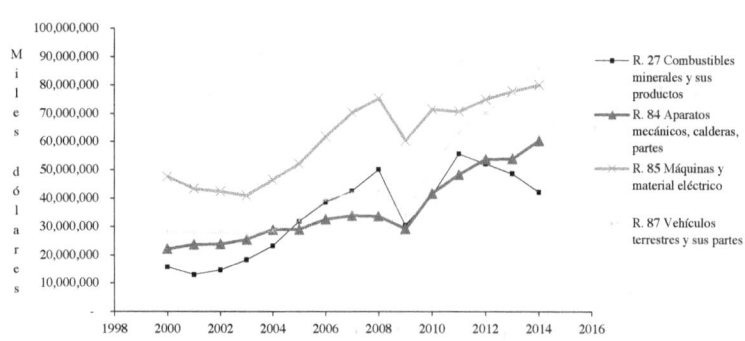

Fuente: Elaboración propia con datos del BANXICO.

El crecimiento de la industria automotriz en México se ha convertido en una plataforma de exportación altamente rentable para las firmas con la garantía de calidad a menores costes de producción – por los salarios bajos principalmente – desde la cual se disputa la hegemonía del mercado norteamericano – e indirectamente el mundial – por las corporaciones líderes. Las tres emblemáticas firmas de la industria automotriz de Detroit (Chrysler, Ford y General Motors) han perdido el dominio no sólo del mercado mundial, sino de su propio mercado en medio del tránsito hacia una Segunda Revolución del Automóvil en la que se ensayan y debaten nuevos paradigmas socio-tecnológicos para crear y desplazar autos (Freyssenet, 2009).

Las entidades federativas que tuvieron mayor participación exportadora son las que se ubican en el norte del país, y fueron principalmente durante el 2012: Chihuahua, Baja California, Coahuila, Nuevo León, Tamaulipas, seguido por Jalisco, el Estado de México, concentrando todas ellas más del 75% de las exportaciones de la industria manufacturera (INEGI, 2012).

Es importante tener en cuenta que las exportaciones mexicanas son orientadas principalmente hacia los EUA, y que estamos en un mundo globalizado y dinámico en donde las empresas evolucionan al ritmo que lo exige la sociedad (Chandler, 1977; Greiner, 1972).

Aunque estos factores económicos nos muestran el comportamiento de cada actividad económica para una mejor comprensión de la economía global, no es suficiente para inferir el éxito o la bancarrota de una empresa dado su sector económico, sin embargo, dan tendencia de ello de acuerdo a su actividad económica preponderante.

Conclusiones

El análisis de resultados efectuado al factor económico local, presenta un panorama del entorno de la economía doméstica e internacional.

La economía mexicana depende mucho del principal socio comercial que es EUA, por lo que se requiere una planeación estratégica en el desarrollo productivo nacional para diversificar el mercado exportador no petrolero con más países.

Las señales de alerta en la capacidad exportadora se manifiestan en la caída del PIB nacional, hay menos exportaciones en la mayoría de las ramas económicas con actividad exportadora.

Por lo anterior, se sugiere realizar un profundo sobre áreas específicas para conocer al detalle el comportamiento de ciertas áreas productivas.

Las exportaciones totales siguen repuntando, y se espera que hayan mejorado en el año 2015. Durante el 2014, las exportaciones de México estuvieron concentradas en un 80% en el mercado de EUA, en algunas actividades como los *vehículos terrestres y sus partes*, *máquinas y material eléctrico, aparatos mecánicos y partes*, y *combustibles minerales y productos*, a pesar de que esta última ha perdido dinamismo en los últimos tres años.

Con Canadá, solamente se registró el 2.7% del volumen de exportación. Tal vez sería conveniente vislumbrar otros mercados de exportación, ya que solamente el 6% de las exportaciones va hacia Europa, y aunque atraviesa una profunda crisis, puede representar un mercado potencial a mediano y largo plazos.

Nuestras ramas económicas están muy ligadas a la evolución económica de EUA, sin embargo, no se ha tenido una mejor inversión en el desarrollo interno del país, en el que se sigue esperando el milagro mexicano del repunte de nuestra economía.

Se coincide con el Banco de México, que aunque es cierto que el fuerte crecimiento en las exportaciones de manufacturas es el resultado de un aumento de la competitividad mexicana en relación con otras economías, también es de notar el crecimiento de las exportaciones de México a otros mercados fuera de los EUA. Muy en particular, los automóviles y las autopartes han sido un factor importante detrás de las exportaciones manufactureras mexicanas, las cuales crecen a un ritmo más acelerado que el resto de las exportaciones.

Dada la fuerte relación existente en el mundo globalizado de las exportaciones con el desarrollo interno de un país, las mayores exportaciones provienen del sector manufacturero, es decir, son las que representan el mayor peso, y por consiguiente, una desaceleración de su principal socio comercial implicaría una reducción de poder de compra. Sin embargo, la economía de EUA está bien, por lo que se espera que mejore nuestro sector manufacturero.

A su vez, la IED ha apoyado a estos sectores, por lo que es lógica la correlación entre todas las variables entre sí de exportaciones, la IED, y el PIB.

Es importante señalar que la metodología empleada para calcular la tasa de crecimiento de las exportaciones presenta un panorama global de la situación exportadora, y el análisis de cada sector debe hacerse a profundidad, e integrando todas las variables para tener más completo el panorama de la realidad del sector económico.

En general, de las variables estudiadas, la mayoría de las actividades que tuvieron mejor desempeño fueron las de la industria manufacturera.

Referencias

- Audley, J., Papademetriou, D., Polaski, S., & Vaughan, S. (2003). *La Promesa y la Realidad del TLCAN*. (I. Press, Ed.) Carnegie Endowment.
- Bain, J. (1951). "Relation of Profit Rate to Industry Concentration: American Manufacturing, 1936-1940". *Quaterly Journal of Economics*, 293-324.
- BANXICO. (2014). Obtenido de Exportaciones, Importaciones: www.banxico.org.mx
- BANXICO. (27 de enero de 2014b). *Reporte analítico*. Obtenido de Información Oportuna de Comercio Exterior. Diciembre 2013: http://www.banxico.org.mx/informacion-para-la-prensa/comunicados/sector-externo/informacion-oportuna-comercio-ext/%7B031889 86-91AA-F9C3-C07D-49AA61A74326%7D.pdf
- BEA. (2013). *Bureau of Economy Analysis, U.S. Department of Commerce*. Obtenido de www.bea.gov
- Chandler, A. (1977). *The visible hand: The managerial revolution in american business*. Cambrigde, Ma: MIT Press.
- Clarke, R., & Davies, S. (1982). "Market Structure and Price Cost Margins". *Economica*(49), 277-287.
- Cohen, I. (1981). El concepto de la integración. *Revista de la CEPAL*(15), 149.
- Colander. (1998). *Economics* (3e ed.). Irwin McGraw Hill.
- Daniels, J., Radebaugh, L., & Sullivan, D. (2014). *International Business* (15th ed.). Prentice Hall.
- Freyssenet, M. (2009). *The Second Automobile Revolution*. Palgrave: London, New York.
- Gracia, M. (2010). "Importancia de Estados Unidos y Canadá en el comercio exterior de México a partir del TLCAN". *Norteamérica, julio-diciembre 2010*(Año 5 - 1).
- Greiner, I. (1972). "Evolution and Revolution as Organizations Grow". *Harvard Business Review*.
- Gutiérrez-Lagunes, M. (2012). "Desarrollo de las ramas económicas en México. Periodo 2004 - primer semestre 2011". *Eseconomía* (33), 79-104.
- Holzmann, G. (1991). "Integración Latinoamericana y Democrática". *Revista Política*(28), 11-31.
- *INEGI*. (2012). Obtenido de exportaciones: www.inegi.org.mx

- INEGI. (2014). *Producto Interno Bruto, Índice Nacional de Precios al Productor.* Obtenido de Variación del PIB Porcentual de México: www.inegi.org.mx
- Litman, T. (2011). *London Congestion Pricing. Implications for Other Cities.* Victoria Transport Policy Institute.
- Masón, E. (1939). "Price and Production Policies of Large-Scale Enterprise". *American Economic Review, 29,* 61-74.
- Medina, M., & Acevedo, V. (2009). "Las relaciones entre México y los Estads Unidos de América a la luz del Tratado de Libre Comercio de América del Norte (TLCAN). Una visión desde el derecho y la economía". En M. Rojas, *Derecho y Economía en el siglo XXI* (págs. 112-133). Morelia.
- Nye, J. (2011). *The future of power.* New York: Public Affairs.
- Ravallion, M. (1997). "Can High-Inequality Developing Countries Escape Absolute Poverty?". *World Bank, Word Bank Policy Research Working Paper No. 1775.*
- Rifkin, J. (2011). *The third industrial revolution how lateral power is transforming energy the economy, and the world.* Palgrave Macmillan USA. Lanier 2013.
- Rodrik, D. (1997). "Where Did All the Growth Go? External Shocks, Social Conflict and Growth Collapses". (H. University, Ed.) *Kennedy School of Government.*
- SCIAN. (2013). *Sistema de Clasificación Industrial de América del Norte.* Obtenido de www.inegi.org.mx
- SE. (2014). *Secretaría de Economía.* Obtenido de www.se.gob.mx

Política de meta de inflación y el precio de los productos manufactureros en México

Tsuyoshi Yasuhara[35]

Resumen

Las economías emergentes en América Latina y Asia han experimentado "un alto crecimiento dirigido por las exportaciones" y "la convergencia de la tasa de inflación hacia el nivel de las economías industrializadas". En el régimen de la apertura comercial y el tipo de cambio fluctuante los principales países latinoamericanos han adoptado la política de la meta de inflación.

En este trabajo observamos las diferentes trayectorias del precio de los sectores alimentario, petrolero, y de la industria manufacturera. El objeto del estudio es analizar el efecto asimétrico del movimiento del tipo de cambio nominal (el efecto de traspaso) sobre el precio de los productos de varios sectores y ramas económicas. En el lapso de aplicación del tipo de cambio estabilizado todos los sectores experimentaron un crecimiento bajo del precio, y posteriormente a la devaluación de 2007-2008 la industria manufacturera registró una tasa de crecimiento del precio casi nula, en comparación con otros sectores.

Introducción

La asimetría del efecto del tipo de cambio estabilizado no se explica en el marco teórico de tal política monetaria, ya que concluimos que la baja tasa de crecimiento de los productos manufactureros no se atribuye a la política de la meta de inflación. Basándose en la hipótesis de que la economía mexicana es precio-aceptante en la cadena mundial de valores, se analiza el mecanismo del precio estabilizado de los productos manufactureros.

Teoría de la política de la meta de inflación

La política de meta de inflación se considera como la manera de controlar la tasa de inflación por medio del control de la tasa de interés interbancaria, el tipo de cambio nominal y otros instrumentos, dada la transparencia de la política monetaria y la autonomía de autoridades

---

35 El autor es el profesor titular de la Universidad Nanzan, Japón. tyasuhara@outlook.jp

monetarias. En el proceso de la liberalización comercial y financiera las autoridades monetarias mexicanas empezaron a adoptar la política monetaria planteada en este contexto. El Banco de México presentó en 2002 el objetivo de inflación anual del 3% que puede moverse dentro de intervalo de ±1%. El resultado actual es que la inflación real (no programada), calculada por el Índice Nacional de Precios al Consumidor (INPC), continuó con la trayectoria descendente, que se ubica alrededor del 4% anual en 2014[36](gráfica 1).

Grafica 1. Variación anual del índice nacional de precios al consumidor y la tasa de interés interbancaria

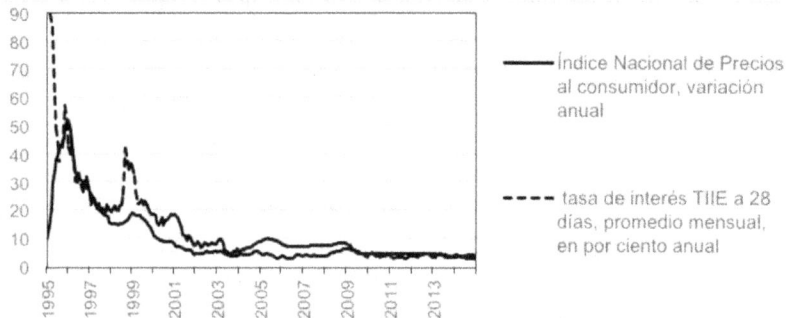

Fuente: Banco de México >Estadísticas >Política monetaria e inflación
http://www.banxico.org.mx/SieInternet/consultarDirectorioInternetAction.do?___accion=consultar-Cuadro&idCuadro=CP151&sector=8&locale=es

1. Modelo monetario de economía abierta

En esta sección criticamos la base teórica de la política de meta de inflación. El modelo monetario de la balanza de pagos se estableció por el FMI (1987) basado en el modelo keynsiano tradicional. En este modelo, las variables exógenas son: el PIB real D, exportación X, deuda externa F y el nivel inicial del precio P_{-1}, y las variables endógenas son: el PIB nominal Y, el saldo del depósitos bancarios B, los créditos bancarios H, e importación M. Por definición:

$$Y \equiv DP, p \equiv p_{-1} + \dot{p}$$

$Y \equiv DP, p \equiv p_{-1} + \dot{p}$,
$X\text{-}M \equiv \dot{R} - \dot{F}$, donde R es el saldo de la reserva internacional.
El balance de la oferta y demanda monetaria se define como: $ER+Q \equiv B+H$, donde B es la base monetaria, y E es el tipo de cambio. El

36 Banco de México 2013 *Informe sobre la inflación julio-septiembre 2013*, pp.4

ajuste de cada sector se demuestra por:

demanda monetaria se supone como el flujo del depósito: $Q = qY$,

demanda crediticia: $H = hY$,

demanda de importación en la moneda nacional: $ME = mY$, donde q,h,m son los parámetros.

Se demuestra $\dot{R} = (X + \dot{F}) - \frac{m}{E} D(p_{-1}+\dot{p})$, por eso $\dot{p} = \frac{B - ER}{(q-h)D}$.

Linealizando las dos ecuaciones derivadas de $\dot{R}$ y $\dot{p}$ alrededor del equilibrio inicial de R y p se obtiene la condición necesaria para la existencia del equilibrio estable, y el proceso del ajuste convergente. En la matriz Jacobiana se demuestra:

$\dot{p}/p = \frac{1}{q-h} \left[\frac{B - E(X+\dot{F})}{Y} + m \right]$, que indica la relación entre los factores monetarios, el tipo de cambio nominal y la tasa de inflación:

- La exportación adicional tiene el efecto de bajar la tasa de inflación;
- La expectativa al alza de la inflación resultará en un bajo coeficiente de la demanda monetaria , por lo cual se eleva la tasa de inflación;
- La oferta adicional de la base monetaria lleva a cabo la elevación de la tasa de inflación;
- La devaluación del tipo de cambio nominal afecta negativamente a la tasa de inflación, porque cambia el balance monetario. Es decir, no se considera el efecto de traspaso (*pass-through*) por medio del precio de los bienes importados.

FitzGerald (2005) define esta ecuación como el modelo original de la política de meta de inflación. El modelo demuestra que, en condiciones donde la política monetaria es eficiente, la devaluación del tipo de cambio no genera el efecto de traspaso. Las empresas, en la circunstancia de perfecta confianza en la política, no cambian el nivel de la expectativa de la inflación, ya que no transmiten el costo adicional provocado por la devaluación al precio de los bienes finales.

FitzGerald *op.cit.* explica que en las economías emergentes el PIB es influido en el corto plazo por los factores externos, y que el problema fundamental es el efecto pro-cíclico de las fluctuaciones de las variables externas. Galindo y Ros (2010) estiman el efecto de traspaso positivo y significativo del movimiento del tipo de cambio sobre la inflación, y el efecto de traspaso de la brecha del producto $y - y_n$ sobre la inflación entre 1986 y 2003 en México. Por su parte el tipo de cambio subvaluado trae consigo una política monetaria restrictiva, no obstante en el tiempo que permanece el tipo de cambio sobrevaluado no se establece la misma política. En este sentido, según Galindo y Ros *ibid.*, el efecto traspaso del tipo de cambio sobre la economía es asimétrica.

2. Nueva teoría keynesiana y post keynesiana

El marco teórico en el que se apoya la política de la meta inflacionaria se basa en el teorema de la cantidad monetaria: $PY=MV$, donde P refleja el nivel de precios, Y es el ingreso real, M es el saldo de la oferta monetaria y V es la velocidad de la moneda. Con el supuesto de que V es constante, la tasa de crecimiento de la demanda agregada nominal se define como: , donde y corresponden a la tasa de aumento de respectivamente.

También se supone que la tasa de inflación se ajusta con respecto a la brecha del producto: $p=p_{-1}+\alpha(y-y_n)$, ya que $\dot{p}=\alpha(y-y_n)$ donde y_n es la tasa natural de crecimiento definido por la curva Philips. En el Nuevo Modelo Keynesiano el banco central administra el saldo de la oferta monetaria en el nivel de equilibrio: $m=\overline{m}$. De tal manera se obtiene d, y por eso p_{-1} y p que indican la tasa de inflación en equilibrio.

En el nuevo modelo del consenso, apoyado por la teoría post keynesiana, d se determina por: $d=y_0+p-\delta r$, donde r es la tasa real de interés, y y_0 corresponde al componente autónomo de la tasa real de crecimiento del ingreso.[37] Por esta definición d se obtiene como la variable independiente de m, la relación causal es $m=d=y_0+p-\delta r$. Se obtiene $y=y_0-\delta r$, ya que $\dot{y}=\delta\dot{r}$. Utilizando la regla de Taylor[38] se define: $r=r_{-1}+\beta(y-y_n)_{-1}+\gamma(p^T)$ Entonces $\dot{y}=\delta\beta(y-y_n)_{-1}+\delta\gamma(p-p^T)$, donde p^T representa la tasa objetiva de inflación. γ, δ, y β son los parámetros. Linealizando la ecuación de $\dot{p}$ y $\dot{y}$ alrededor del equilibrio inicial de p y y, obtenemos la forma de matriz Jacobiana que se integra por $\delta\dot{y}/y$, $\delta\dot{y}/p$, $\delta\dot{p}/y$, $\delta\dot{p}/p$. De tal manera se ilustra la condición necesaria de la existencia del equilibrio estable y el proceso convergente del ajuste dinámico. La existencia del equilibrio estable refleja la eficiencia de la política de la meta de inflación.

El supuesto de que la relación causal de la demanda agregada al saldo de la oferta monetaria $m=d=y_0+p-\delta r$ se acepta por algunos autores Post Keynesianos. Setterfield (2006) y Lima y Setterfield (2008)[39] presentan el modelo del Nuevo Consenso. Los autores concluyen que la teoría de la meta de inflación es compatible con el modelo Post Keynesiano, porque en aquella teoría se considera que la tasa de inflación se determina en el contexto del ajuste de la demanda agregada nominal.

Por otro lado, la teoría kaleckiana subraya que, en condición de sobrevaluación de la moneda nacional para controlar la inflación, las actividades de los empresarios al preferir los bienes intermedios importados para bajar el costo resulta una disminución del saldo de salario pagado y

---

37 Setterfield 2005
38 Taylor 1993
39 Estos autores observan que la tasa de la meta de inflación entre el cero y el 3% sería consistente con la estrategia Post Keynesiana de mantener crecimiento del empleo.

de la ganancia también. La preferencia de los bienes intermedios importados elimina el empleo en la industria manufacturera local, y provoca eliminación de la demanda agregada. En esta circunstancia la influencia de devaluación a la macroeconomía es complicada. La devaluación modifica los precios relativos entre los bienes importados y los bienes de exportación, y sube el índice del tipo de cambio real. El tipo de cambio real depreciado corresponde a la contracción de ingreso real.[40]

Evidencia empírica de los precios y el tipo de cambio

Enseguida se evalúa la eficiencia del esquema teórico mencionado de la política de la meta de inflación. La explicación de la inflación por el modelo monetario se basa en la hipótesis de que: i) los precios de todos los tipos de los bienes registran la misma tasa de crecimiento; y ii) la oferta de la base monetaria establece un flujo de la oferta monetaria adicional por medio de los créditos bancarios y la captación de los depósitos. A partir de la década de los 90s los bancos mexicanos no otorgan créditos significativamente al sector no financiero, por lo que ii) no se aplica a la economía de México.

Gráfica 2 Crecimiento anual del índice nacional de precios productor

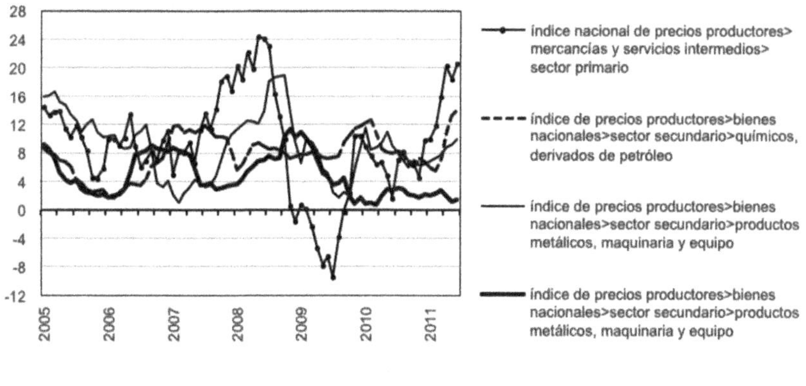

Fuente: Instituto Nacional de Estadística y Geografía, Banco de Información Económica> Precios e inflación > Índice nacional de precios productor. INPP excluyendo petróleo > Bienes intermedios >inflación acumulada anual
http://www.inegi.org.mx/sistemas/bie/?idserPadre=10000280#D10000280

Para evaluar la hipótesis i), revisamos la trayectoria de la tasa elevación de los precios de los productos de las ramas principales. La trayectoria de la tasa de crecimiento del INPC de cada rama, ha bajado hasta un nivel menor del 10% después del 2001. El precio de los productos

---

40 Mántey 2010

metálicos, maquinaria y equipo, en INPP e INPC, registran las tasas de crecimiento más bajas y estabilizadas durante la última década, en comparación con el precio de los productos del sector primario.

Gráfica 3. Crecimiento anual del índice nacional de precios al consumidores

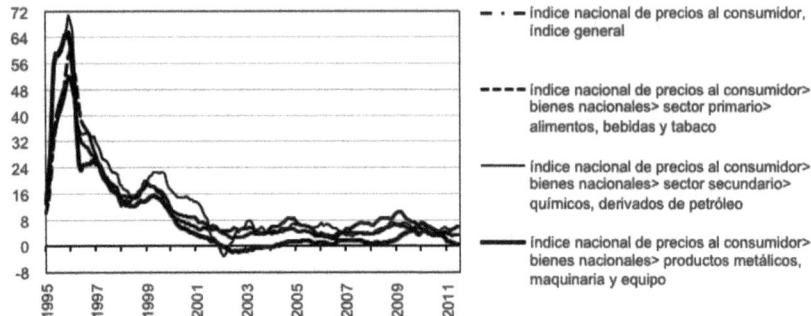

Fuente: Instituto Nacional de Estadística y Geografía, Banco de Información Económica> Precios e inflación > Índice nacional de precios al consumidor >inflación acumulada anual >por origen de los bienes
http://www.inegi.org.mx/sistemas/bie/?idserPadre=10000280#D10000280

La consecuencia de la política de la meta de inflación, por el efecto traspaso, se examina en la relación (in)significativa del movimiento del tipo de cambio nominal, en relación con la tasa de inflación. En el régimen de tipo de cambio flotante, el Banco de México intervino en el mercado de divisas con objeto de evitar una devaluación drástica.

A partir de 2007 el índice del tipo de cambio real se halla en una trayectoria más estabilizada en comparación con el tipo de cambio nominal (gráfica 4). El índice del tipo de cambio real y los términos de intercambio se obtiene por:

tipo de cambio real=
tipo de cambio nominal
$$\times \left(\frac{\textit{índice de precios normalizado en dólares}}{\textit{índice de precios domésticos (los bienes comerciables y nocomerciables)}} \right)$$

Gráfica 4 Tipo de cambio nominal (izquierda) y el índice
del tipo de cambio real (derecha)

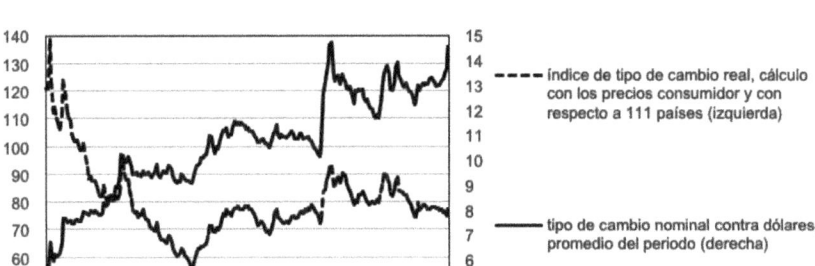

Fuente: Banco de México>Estadísticas > Mercados financieros
http://www.banxico.org.mx/SieInternet/consultarDirectorioInternetAction.do?accion=consultarDi-
rectorioCuadros&sector=6&sectorDescripcion=Tipos

Por definición, esta observación apoya la hipótesis de que, en el lapso mencionado, funciona el mecanismo de estabilizar el precio en dólares de los bienes. También la gráfica 2 nos permite suponer que el efecto de estabilizar el INPP ha funcionado destacadamente en el sector manufacturero. Tal efecto ha eliminado la influencia del efecto de traspaso, por lo que no se observa este fenómeno de manera significativa en la fase de devaluación después de 2007.

En la siguiente sección investigamos el efecto de estabilizar el precio normalizado en dólares del producto de las ramas principales del sector manufacturero, poniendo el énfasis en los precios de exportación e importación. De tal manera analizamos el mecanismo de la baja tasa de inflación en los tiempos de devaluación, y concluimos que la circunstancia actual de la inflación no es la consecuencia de la política de la meta de inflación. En realidad la posición de cada rama de la industria manufacturera se identifica como el factor determinante de la baja tasa de inflación.

Precio del comercio exterior de las principales ramas manufactureras

El análisis del precio y cantidad del producto de comercio exterior de cada rama de la industria manufacturera nos dirige a observar la relación causal siguiente: la actividad de estas ramas en México se identifica como aceptante del precio de importación y exportación en el mercado internacional, ya que ellas ajustan el nivel de actividad y la cantidad del comercio exterior dependiendo del precio dado en el mercado. Nuestra conclusión está en contradicción con el supuesto de $\dot{p}=\alpha(y-y_n)$ presentado por el Nuevo Consenso de la teoría de la política de la meta de inflación. El saldo del comercio exterior del valor agregado del sector manufacturero se ha recuperado después de la contracción en 2008 alcanzando el 16.7% del Producto Interno Bruto mundial. No obstante, la participación de la producción del valor agregado de México ha disminuido del 11.7% en 1992 al 5.7% en 2012, particularmente a partir de 2007[41].

Gráfica 5 Composición de la importación total (%):
las ramas del sector manufacturero

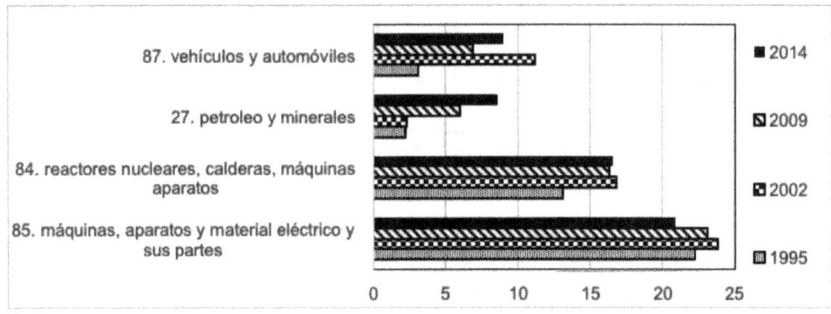

Fuente: elaboración propia basada en los datos de Global Trade Atlas
https://www.gtis.com/gta/secure/gateway.cfm

Gráfica 6 Composición de la exportación total (%):
ramas del sector manufacturero

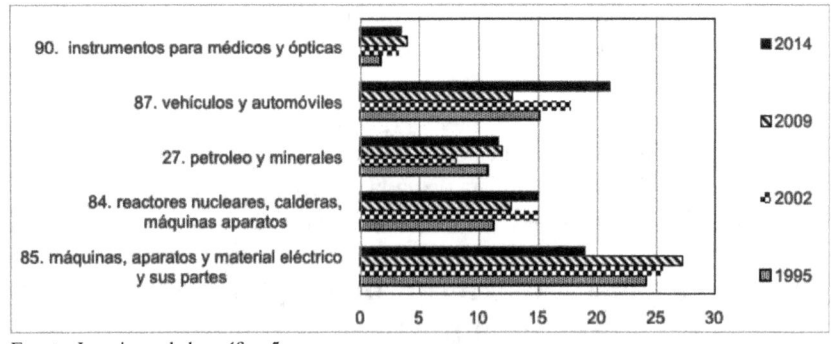

Fuente: La misma de la gráfica 5.

La composición del saldo del comercio exterior de los bienes no registra cambio significativo. El capítulo 84 "reactores nucleares, calderas, máquinas aparatos y artefactos mecánicos" y el capítulo 85 "máquinas, aparatos y material eléctrico y sus partes" registran una participación del 13% y 20%, respectivamente, en la importación total de los bienes, y también del 11% y el 23%, respectivamente, en la exportación.

41 United Nations Industrial Development Organization 2013 pp.8-9.

Gráfica 7 Composición de la importación de los bienes del capítulo 84, porcentaje en la importación total del capítulo

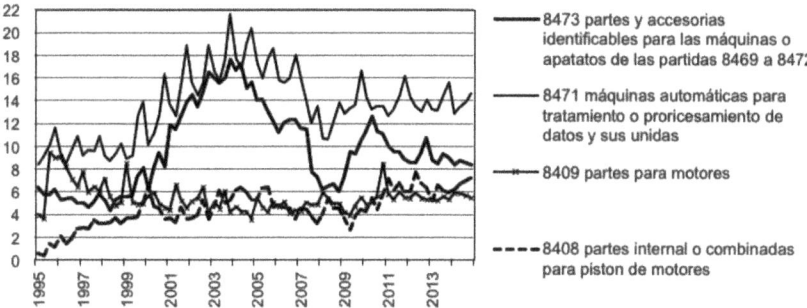

Fuente: Global Trade Atlas https://www.gtis.com/gta/secure/gateway.cfm

Gráfica 8. Composición de la importación de los bienes del capítulo 85, porcentaje en la importación total

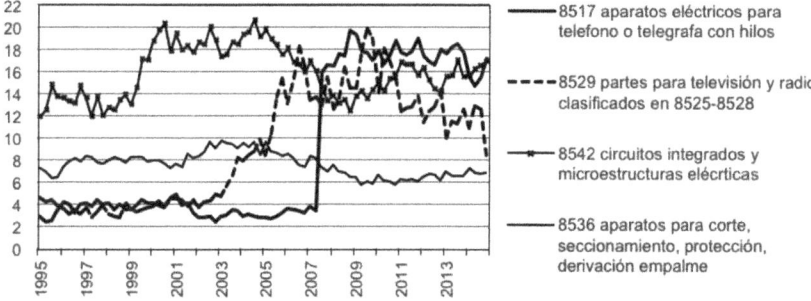

Fuente: Global Trade Atlas

En la importación de los bienes del capítulo 85, el 8517 "aparatos eléctricos de telefonía o telegrafía con hilos, incluidos los teléfonos de usuario de auricular inalámbrico combinado con micrófono y los aparatos" aumentó su participación en 2007, y en ese mismo año la exportación de esos bienes registró también un incremento (gráficas 7 y 8).

1. Importación del capítulo 8542 "circuitos integrados y microestructuras electrónicas"

Los productos de circuitos integrados y microestructuras electrónicas se demandan como bienes intermedios en varios sectores manufactureros. Más del 80% del valor de la importación de estos productos provino de Estados Unidos antes de 2000, y después se ha diversificado a Malasia, Costa Rica, China y Corea del Sur. No obstante, en términos reales, la cantidad de los bienes importados de Estados Unidos registra más del 40% de participación de la importación sectorial.

El precio por unidad de importación de los productos estadounidenses subió de 0.7 dólares en 2002, a 0.31 dólares en 2007, mientras que el de los productos chinos bajó de 1.72 dólares a 1.35 dólares, y el precio por unidad de los bienes de Malasia disminuyó de 3.88 dólares a 1.40 dólares en los mismos lapsos[42]. Como se puede evidenciar, las diferencias de precios en cada país (alzas o reducciones) debe promover la diversificación de la importación. Un alto porcentaje de la importación de los circuitos integrados y microestructuras electrónicas se constituye actualmente por su alto precio, en comparación con los productos estadounidenses, ya que el nivel del precio por unidad de importación, en promedio, se ubica en el mismo nivel en Gráfica 9. Esta circunstancia del precio de los circuitos integrados y microestructuras electrónicas apoya a sostener el precio de importación, en promedio, de los bienes intermedios, razón por la cual el costo del insumo en varias ramas manufactureras, por los bienes intermedios importados, se ha ubicado en evolución incrementada.

Gráfica 9 Capítulo 8542 "circuitos integrados y microestructuras electrónicas": cantidad de importación (izquierda) y los precios de dólares por unidad (derecha)

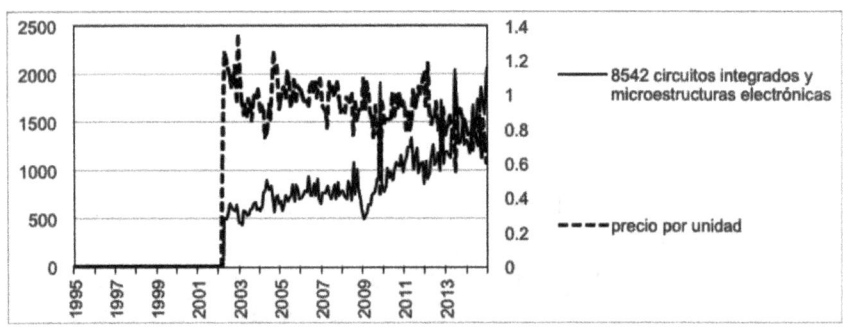

Fuente: Global Trade Atlas

Es evidente que la industria eléctrica y electrónica de México, establecida en el esquema de la maquiladora, se integra en la cadena mundial de valores. El cambio de la composición de la importación de los bienes intermedios del capítulo 8542 es un resultado de la transformación estructural del comercio intra-industria, donde todas las líneas de producción se enfrentan en competencia vía bajos precios. Tal desempeño contribuye a la des-inflación como consecuencia del precio estabilizado

---

42 Los datos de Global Trade Atlas.

del insumo en la moneda foránea, aún en la fase de la depreciación del tipo de cambio nominal. Los bienes importados del 8542 se dedican a insumos de la fabricación de equipos de computación, la fabricación de accesorias y aparatos eléctricos, y entre otras, ya que su participación en la importación total de los bienes alcanza al 3.5% a partir de 2007. El precio de los bienes importados del 8542 disminuyó 33.3% entre 2002 y 2013, y el tipo de cambio nominal contra dólares se devaluó el 31% en el mismo lapso, y de tal manera la competencia vía bajos precios ha contribuido a la des-inflación.

2. Importación del capítulo 8517 "aparatos eléctricos de telefonía o telegrafía con hilos" y la exportación de los productos del 8517

En la rama de "los aparatos eléctricos de telefonía" el precio de exportación se halla en la trayectoria elevada (Gráfica 10). Los factores explicables de la cantidad de exportación se estima por:

La evolución subida del precio de exportación, la estabilización del precio de importación, y el tipo de cambio son los factores explicables de la disminución de la cantidad de exportación particularmente después de 2007. En las gráficas 10 y 11 se observa que el estancamiento del valor de exportación de los productos finales y el aumento de la importación de los mismos productos contribuye a que la trayectoria disminuya el índice de la actividad industrial de la "fabricación de equipo de computación, comunicación medición y de otros equipos componentes y accesorios electrónicos (334)" Al mismo tiempo el alza del precio de la exportación ha garantizado ganancias en la rama. También aquí se observa que la elevación del precio de exportación se aprovecha para captar ganancia, y disminuye la cantidad de exportación de los productos finales.

Estimación por OLS: entre 2002 y 2014, por los datos trimestrales
Cantidad de Export = 27222-69 "Precio de Export" -3.71 "PIB de EEUU"
$$\qquad (1.1) \ (-2.1) \qquad\qquad (-2.0)$$
+0.265 "Cantidad de Import"+452"Precio de Import"+1616 "Tipo de Cambio"
$$\quad (2.5) \qquad\qquad (6.4) \qquad\qquad (1.7)$$

R^2 ajustado=0.70,D.W.=1.11,error estandar=5453

Gráfica 10 cantidad de exportación (millones, izquierda) y el precio por unidad (derecha) del producto de la 8517

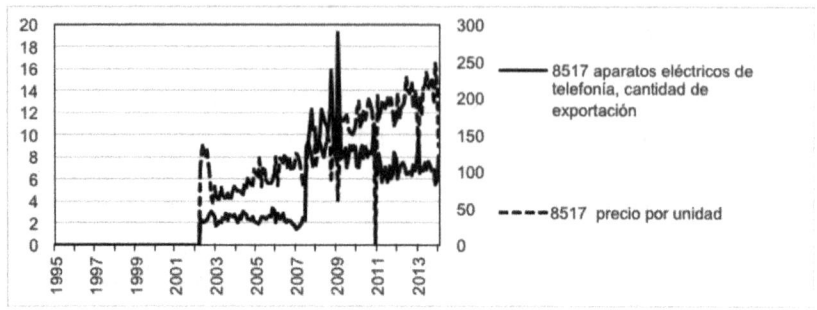

Fuente: Global Trade Atlas

La importación se constituye por los aparatos telefónicos, los teléfonos celulares, y las máquinas para recibir y convertir comunicaciones, que empezaron a comercializarse con China desde julio de 2007. El precio por unidad de importación de los teléfonos celulares fue de alrededor de 90 dólares hasta 2014, por lo que la importación de los bienes intermedios de China ha contribuido a controlar el costo de la producción en México.

Además el nivel de la actividad industrial se ha estancado. Los bienes importados semi-finales de China se han canalizado, en alto porcentaje, a la oferta en el mercado doméstico mexicano, ya que el precio estabilizado de importación trae consigo la baja tasa de crecimiento del precio de los productos finales. Entonces se elimina un efecto de traspaso de la devaluación del tipo de cambio nominal.

Gráfica 11 Volumen de importaciones del capítulo 8517 (millones de unidades, izquierda), precio de importación (derecha) e índice de la actividad industrial de 334 (derecha)

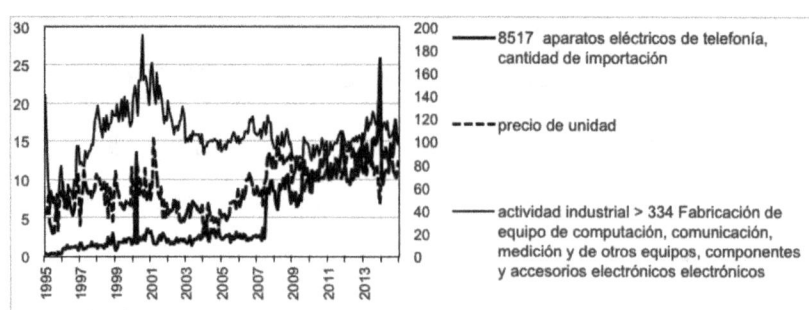

Fuente: Global Trade Atlas

3. Importación de los productos del capítulo 8471 "máquinas automáticas para tratamiento o procesamiento de datos" y la exportación de los productos del 8471

Entre 2012 y 2014, los productos de la rama "máquinas automáticas para tratamiento o procesamiento de datos" registran un 14% de participación en la importación de los bienes del capítulo 84 y el 35% de la exportación de los bienes del mismo. Ellos son productos de la tecnología estandarizada y su precio de importación bajó en 1996 a 70 dólares por unidad. Desde este tiempo la relación comercial con México se ha diversificado con China, Estados Unidos y Japón.

Gráfica 12 Volumen de exportaciones (millones de unidades, izquierda) y precio por unidad (derecha) del producto de la 8471

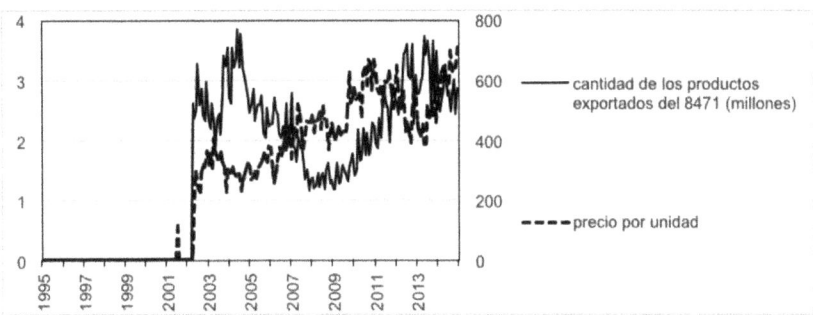

Fuente: Global Trade Atlas

Estimación por OLS: entre 2002 y 2014, por los datos trimestrales
Cantidad de Export = 2484-4.81 "Precio de Export" -0.38 "PIB de EEUU"
 (0.45) (-1.7) (-0.7)
+0.38 "Cantidad de Import"+41.3"Precio de Import"+19.1 "Tipo de Cambio"
 (6.1) (1.2) (0.07)

R^2 ajustado=0.5, D.W.=1.3, error estandar=1631

En términos reales, el volumen de exportación se relaciona negativamente con el precio de exportación. La actividad industrial aprovechó la elevación del precio de los bienes finales en el mercado internacional, por la contracción de la cantidad de exportación. A partir de 2007 el comercio de los aparatos digitales de las "máquinas para el procesamiento" registra más del 25% de participación en la exportación de los bienes del capítulo 84, y también en la importación de ellos.

Gran parte de la actividad industrial de la industria de máquinas se dedica al comercio exterior de bienes intermedios, ya que se observa una integración de dicha industria mexicana en la división internacional del trabajo. En esta circunstancia la importación de los bienes de la actividad de la actividad 847170 "los aparatos de memoria de los datos" de Estados Unidos disminuyó su participación del 46% en 2001 al 9.2% en 2003, mientras que la importación de los mismos de Singapur y Malasia aumentó del 12% al 25%, y del 7.4% al 24%, respectivamente, en el mismo lapso.

Gráfica 13 Volumen de importaciones del capítulo 8471 (millones, izquierda), el precio de importación (derecha) y el incide de la actividad industrial de 334 (derecha)

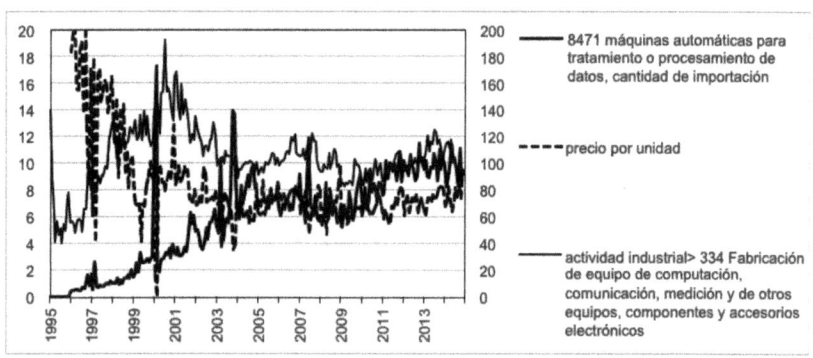

Fuente: Global Trade Atlas

Desde 2007, la rama industrial de las "máquinas automáticas para tratamiento" subió su nivel de actividad industrial, así como la cantidad de las importaciones de bienes intermedios En ese año la actividad industrial buscó importar los productos a precios disminuidos, procedentes de los países asiáticos para disminuir el costo de los insumos. La importación de tales bienes intermedios contribuyó reducir la tasa de crecimiento del precio de los productos finales en el mercado interno.

4. Importación del capítulo 8529 "aparatos de televisión, radio y para radar" y la exportación del 8528 "televisores y monitores de video"

A partir del año 2009, el precio de exportación de los "televisores y monitores" disminuyó alrededor del 20%, mientras que entre 2007 y 2009, el precio de importación de los "aparatos de televisión y radio" cayó más del 60%. La actividad industrial mexicana aprovechó la elevación de los términos de intercambio, con repercusiones desfavorables en la cantidad exportada de los productos de los "televisores y monitores".

Gráfica 14 Volumen de exportaciones (millones de unidades, izquierda) y precio por unidad (derecha) del producto de la 8528

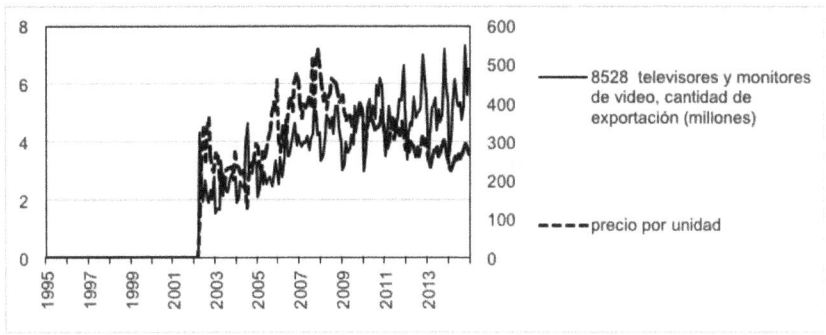

Fuente: Global Trade Atlas

En la importación de los "aparatos para televisiones" la procedente de Estados Unidos bajó su participación del 48% en 2002 al 9% en 2008 en el total de las importaciones de los productos del capítulo 8529, mientras que el valor de la importación de Corea del Sur y China aumentó del 8% al 40%, y del 4% al 25% respectivamente en el mismo lapso.

Gráfica 15 Volumen de importaciones del capítulo 8529 (millones de unidades, izquierda), el precio de importación (derecha) e índice de actividad industrial del producto 334 (derecha)

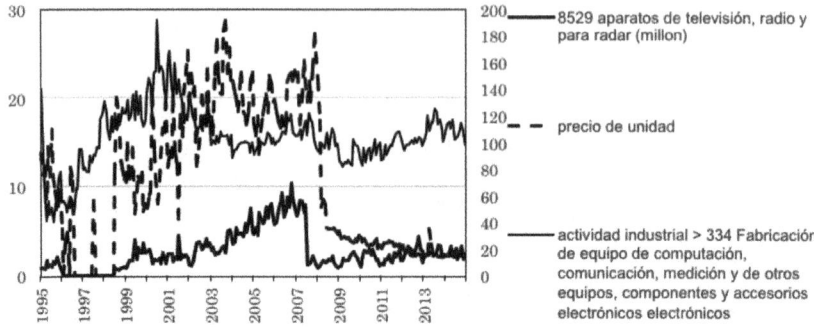

Fuente: Global Trade Atlas

A manera de conclusión

Revisamos la trayectoria de la tasa de crecimiento del precio de los sectores económicos y ramas industriales. Se identifica cierta diferencia en la evolución del precio entre el sector alimentario, petróleo y la industria manufacturera, en el que el precio de esta última se ubica en el nivel más bajo y estabilizado. Por tal motivo, presentamos la hipótesis de que, en las ramas industriales principales, se aplicó el mecanismo de disminución del efecto de traspaso de la devaluación del tipo de cambio, al precio de los bienes.

El análisis del precio y volumen del producto de comercio exterior de cada rama de la industria manufacturera nos dirige a observar la relación causal siguiente: la actividad de estas ramas se identifica como aceptante del precio de importación y exportación en el mercado internacional, ya que ellas ajustan el nivel de actividad y la cantidad del comercio exterior dependiendo del precio dado en el mercado. La relación causal de los precios al nivel de actividad industrial nos permite rechazar el supuesto presentado en la teoría del Nuevo Consenso de la política de la meta de inflación: $\dot{p} = \alpha \, (y - y_n)$.

La tasa de inflación calculada por INPC ha bajado significativamente, no obstante, el proceso des-inflacionario no se atribuye a la política de la meta de inflación. La disminución de la tasa de inflación refleja los rtitmos de actividad industrial de las ramas principales que: i) buscan los bienes intermedios importados a menores precios (costos) en el mercado internacional; y ii) aprovechan la elevación del precio de exportación controlando el volumen de exportación en términos reales, para mantener el saldo de ganancia.

Referencias

- Caldentey, Esteban Pérez, y Matías Vernengo, (2013), "Is inflation targeting operative in an open economy setting?" *Working Paper Series No.324* Political Economy Research Institute, University of Massachusetts Amherst
- FitzGerald, Valpy, (2005), "Monetary models and inflation targeting in emerging market economies," en Arestis, Philip, Michelle Baddeley y John McCombie (eds.) *The New Monetary Policy, Implications and Relevance* Cheltenham/Northampton, Edward Elgar
- Galindo, Luis Miguel, y Jaime Ros, (2010), "Alternatives to inflation targeting in Mexico" en Epstein, Gerald A., y Erinç Yeldan *Beyond Inflation Targeting, Assesing the Impacts and Policy Alternatives*, Cheltenham, Northampton, Edward Elgar
- Lima, Gilberto Tadeu, y Mark Setterfield, (2008), "Inflation targeting and macroeconomic stability in a Post Keynesian economy," *Journal of Post Keynesian Economics* vol.30, pp.435-461
- Mántey de Anguiano, Guadalupe, (2010), "El "miedo a flotar" y la intervención esterilizada en el mercado de cambios como instrumento de la política monetaria en México," en Mántey de Anguiano, Guadalupe, y Teresa S. López González (coords.) *Política monetaria con elevado traspaso del tipo de cambio, la experiencia mexicana con metas de; inflación* Universidad Nacional Autónoma de México, Plaza y Valdés
- Setterfield, Marc, (2006), "Is inflation targeting compatible with Post Keynesian economics?" *Journal of Post Keynesian Economics* vol.28, pp.653-671
- Taylor, John B., (1993), "Discretion versus policy rules in practice," Caenegie-Rochester Conference Series on Public Policy 39, pp.195-214, North Holland
- United Nations Industrial Development Organization, (2013) *Industrial Development Report 2013 Sustaining Employment Growth: the Role of Manufacturing and Structural Change* United Nations Industrial Development Organization.

TEMA VI. SECTOR MANUFACTURERO Y TRANSNACIONALIZACIÓN

Una mirada al sector manufacturero mexicano

Ana Luisa González[43]

Resumen

El presente trabajo aborda las características actuales más importantes que presenta la industria manufacturera en México. La hipótesis principal a desarrollar es la siguiente: la manufactura presenta un proceso de desindustrialización en términos generales, y su tasa de crecimiento en el último lustro en promedio ha sido muy débil, sin embargo, este sector es un receptor importante de inversión extranjera directa. Este tipo de recursos se orientan en especial a la fabricación de equipo de transporte, donde se localizan importantes empresas armadoras automotrices de marcas con mucho prestigio a nivel mundial.

Las exportaciones manufactureras sobre el total de las ventas de nuestro país en el exterior, resultan ser muy significativas, es decir, la rama automotriz contribuye con un porcentaje fundamental en la exportación de mercancías mexicanas, llegando a ser casi tres veces mayores que los recursos obtenidos con la venta de petróleo crudo en el exterior. Las importaciones de manufacturas también tienen un peso trascendental.

Palabras clave: Desindustrialización, industria, manufactura, exportaciones, importaciones.

1. La industria manufacturera

La industria manufacturera mexicana ha tenido que enfrentar en los últimos años, las dos crisis de inicios del presente siglo —la crisis económica y financiera internacional (2008-2009) y la crisis de la zona del euro (2009-2013) — han sido las de mayor envergadura desde la Gran

43 Investigadora del Instituto de Investigaciones Económicas de la Universidad Nacional Autónoma de México, correo electrónico: analuisa10 @yahoo.com.mx.

Depresión de los años treinta por su intensidad, impactos económicos y sociales, y duración. Asimismo, estas crisis y sus efectos no solo han puesto nuevamente de manifiesto la incapacidad de la gran mayoría de las instituciones públicas y privadas o de actores del mundo académico para anticiparlas, identificar desequilibrios insostenibles y prevenir los riesgos inherentes al sector financiero. (Bárcenas, 2015: 15).

En efecto, se puede observar una caída en su tasa de crecimiento de -8.2 para el año 2009, cuando se presenta la crisis a nivel mundial. Ver cuadro 1 y gráfica 1.

Cuadro 1. Variación anual, PIB total, PIB de actividades secundarias y PIB de industrias manufactureras, 2008 – 2015
A precios de 2008.

Año	PIB Total	Actividades Secundarias	Industrias Manufactureras
2008	1.42	-0.45	-1.01
2009	-4.69	-6.2	-8.23
2010	5.11	4.55	-0.74
2011	4.04	3.43	4.61
2012	4.03	2.89	4.14
2013	1.39	-0.59	1.03
2014	2.13	1.86	3.75
2015	2.53	1.41	2.93
Promedio	**2.00**	**0.86**	**0.81**

Fuente: INEGI. Sistema de Cuentas Nacionales. Consultado el 4 de junio de 2015.
Disponible en: http://www.inegi.org.mx/sistemas/bie/

Gráfica 1. Variación anual, PIB total, PIB de actividades secundarias y PIB de industrias manufactureras, 2008 – 2015. A precios de 2008.

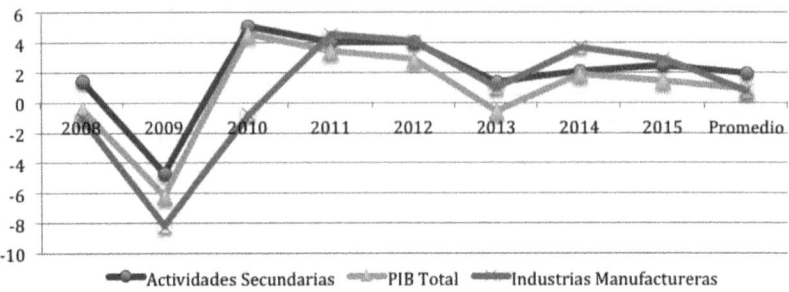

Fuente: Cuadro 1.

2. Inversión Extranjera Directa

2.1 Principales países receptores de Inversión Extranjera Directa

El principal país receptor de Inversión Extranjera para el año 2013 es China, con una participación de 18.39%, a México le corresponde el 2.79%. Ver cuadro 2 y gráfica 2

Cuadro 2

País	2012	2013
China	253.3	258.2
Reino Unido	45.9	47.7
Brasil	65.3	64.0
Canadá	43.0	67.3
Indonesia	10.1	18.8
México	17.2	39.2
Chile	24.7	17.7
Total Mundial	**1311.5**	**1404.0**

Fuente: Secretaría de Economía.

Gráfica 2. Principales países receptores de Inversión Extranjera Directa, 2012-2013.

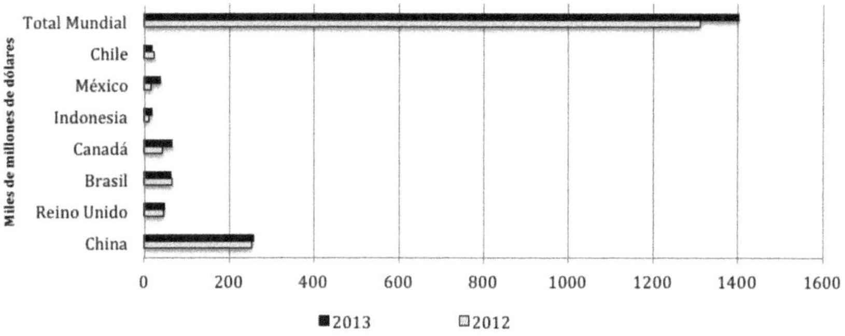

Fuente: Cuadro 2.

2.2 La Inversión Extranjera Directa en México.

En efecto, la inversión extranjera directa en México impulsó a la industria manufacturera mexicana, y en particular favoreció el boom de exportaciones; sin embargo solamente se encuentran en esta situación las grandes empresas en especial las automotrices.

En este marco, los grupos empresariales mexicanos comenzaron una actividad exportadora respaldada por la política de protección por parte del Estado desde 1986 aproximadamente, esta gestión que se volvería muy intensa de 1994 en adelante. Esta actividad fue llevada a cabo también por las trasnacionales (ETNS) situadas en el territorio nacional, en particular por las empresas armadoras de automóviles que realizaron importantes inversiones para convertirse en plataformas de exportación fomentadas por la propensión a la globalización económica.

En el ímpetu exportador de los grupos transnacionales ubicados en nuestro país se advierte una predisposición cada vez mayor a destinar una gran parte de su producción hacia los mercados externos.

Durante 2014 el flujo de IED que recibió la economía mexicana sumó 22,568.4 millones de dólares, monto que fue menor casi en un 50% en relación con 2013 (ver gráfica 2). Tal cifra se integró como sigue: 4,234.6 millones de dólares por concepto de nuevas inversiones; 12,768.6 por reinversión de utilidades; y 5,565.2 millones de dólares por cuentas entre compañías.

La mayoría de las principales translatinas mexicanas iniciaron su proceso de internacionalización en la primera mitad de los años noventa, siguiendo el proceso de apertura y liberalización de la economía que se produjo poco antes. En el periodo de 2009 - 2013 la media anual de la IED de nacionales invertida fuera del país fue cercana a los 14.600 millones de dólares y en 2012 se alcanzó un máximo histórico de inversión fuera de México de 22,470 millones de dólares. Ver cuadro 3.

Las principales translatinas mexicanas son empresas de gran tamaño y muchas de ellas tienen un alto nivel de internacionalización, aunque no particularmente diversificado en términos geográficos. Varias de las mayores ya tienen más del 50% de sus operaciones, ventas, activos o empleo fuera de México: América Móvil, Femsa, Cemex, Bimbo, Grupo México y Gruma.

Si bien la mayoría de los activos en el exterior se concentran en los Estados Unidos y en países de América Latina, hay un grupo de translatinas mexicanas cuyas actividades presentan una mayor dispersión geográfica. Entre ellas destacan la empresa cementera Cemex, las de alimentos Bimbo y Gruma, el fabricante de componentes para automóviles Nemak, parte del Grupo Alfa, y la química y petroquímica Mexichem. Asimismo, la diversidad de sectores en que se desempeñan las principales translatinas mexicanas es bastante amplia e incluye desde actividades extractivas hasta servicios, pasando por una gran variedad de actividades manufactureras. (CEPAL, 2013).

Para el caso de Cemex, esta gran empresa en la actualidad, el 44% de sus filiales están en América Latina y el 46% en los Estados Unidos y Europa. La adquisición en 2007 de la australiana Rinker, por 15.434 millones de dólares, justo antes de la crisis financiera mundial, que afectó duramente al sector de la construcción, ha puesto a la empresa en dificultades financieras (Basave y Gutiérrez-Haces, 2013).

Cuadro 3. Inversión Extranjera Directa en México e Inversión Extranjera Directa de México en el exterior, 2000-2014 (millones de dólares)

Año	IED en México	IED de México en el extranjero
2000	18,318.8	0
2001	30,028.6	-4,404.1
2002	24,027.3	-890.8
2003	18,887.6	-1,253.5

2004	25,127.0	-4,431.9
2005	24,693.7	-6,474
2006	20,900.6	-5,758
2007	32,213.2	-8,256
2008	28,573.9	-1,157
2009	17,643.7	-9,604
2010	´ 25,961.5	-15,050
2011	23,559.9	-12,636
2012	18,997.9	-22,470
2013	44,198.8	-13,138
2014	22,568.4	-7,610

Fuente: Secretaría de Economía. Dirección General de Inversiones Extranjeras.
Banco de México. *Informes Anuales* varios años.

Gráfica 3. Inversión extranjera directa en México e Inversión de México en el exterior. Millones de dólares.

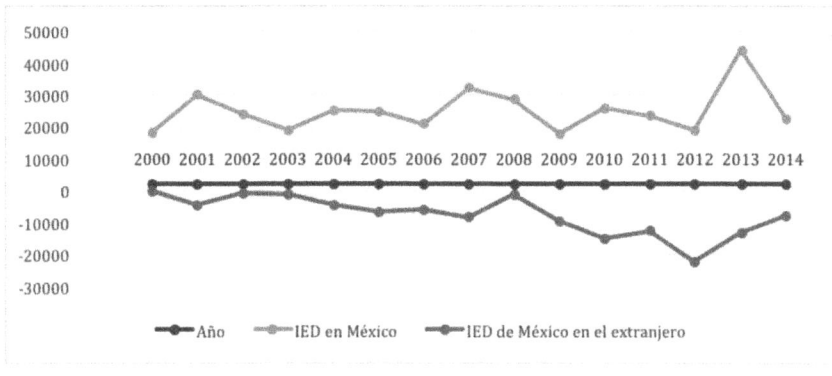

Fuente: Cuadro 3.

La mayor parte de la inversión extranjera se orienta a la industria manufacturera; en el periodo acumulado de 2000 - 2014 alcanzó la cifra total de 214,707.9 millones de dólares de los cuales, 66,613.5, millones de dólares están en la manufactura, con el 31.02 %, y a servicios financieros 63 617.4, millones de dólares, con el 29.62%. (Ver cuadro y gráfica 4).

Cuadro 4. Inversión extranjera directa acumulada por sector de destino, 1999-2014
millones de dólares.

Sector	Monto	% del total
Agricultura, cría y explotación de animales, aprovechamiento forestal, pezca y caza	126.6	0%
Minería	6,813.9	3%
Energía eléctrica, gas y agua	3,710.6	2%
Construcción	8,248.1	4%
Manufacturas	66,613.5	31%
Comercio	22,504.2	10%
Transportes, correos y almacenamiento	5,345.7	2%
Información de medios masivos	15,334.2	7%
Servicios financieros y de seguros	63,617.4	30%
Servicios inmobiliarios y de alquiler de muebles e intangibles	8,572.2	4%
Servicios profesionales científicos y técnicos	6,010.8	3%
Servicios de apoyo y de servicios a los desechos	4,156.1	2%

Servicios educativos	243.6	0%
Servicios de salud y asistencia social	112.9	0%
Servicio de esparcimiento, culturales y deportivos	672.6	0%
servicios de alojamiento temporal	2,348.1	1%
Otros servicios, excepto actividades gubernamentales	277.4	0%
Total	214,707.9	**100%**

Fuente: Secretaría de Economía.

Gráfica 4. Inversión Extranjera Directa Acumulada por Sector de Destino, 1999-2014
millones de dólares

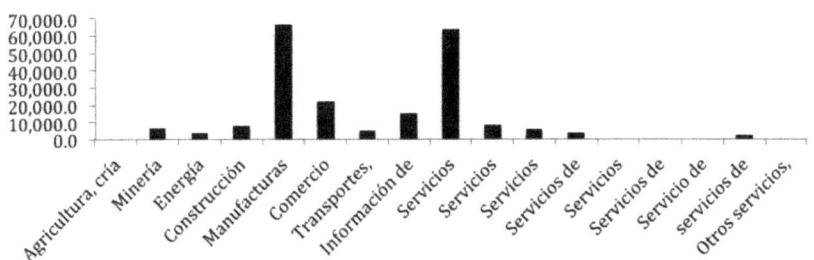

Fuente: Cuadro 4.

En particular para este periodo 2000-2014, en la manufactura, la rama que capta mayor flujo de capital extranjero con un 22.62% del total de la IED es la de fabricación de equipo de transporte, le sigue en orden de importancia la de bebidas y tabaco, con 19.60% el tercer lugar lo ocupa la fabricación de alimentos y bebidas con 13.13%. Ver el cuadro 5 y gráfica 5.

Cuadro 5. Inversión Extranjera Directa en la manufactura, 2000-2014
Millones de dólares

Subsectores	Acumulado 2000-2014	% del total
Alimentaria	20,121.70	13.14
Bebidas y Tabaco	30,034.60	19.61
Insumos Textiles	966.6	0.63
Productos Textiles	1,356.50	0.89
Prendas de vestir	1,858.90	1.21
Cuero, piel	504.1	0.33
Madera	100.90	0.07
Papel	3,027.80	1.98
Impresión	625.60	0.41
Derivados de petróleo	515.10	0.34
Química	19,271.60	12.
Plástico y hule	7,008.70	4.58
Minerales no metálicos	3,211.90	2.10
Metálicas básicas	10,406.00	6.79
Productos metálicos	3,748.90	2.45
Maquinaria y equipo	5,411.30	3.53
Computación y comunicación	16,569.70	10.82
Generación energía eléctrica	9,576.80	6.25
Equipo de transporte	34,653.10	22.62
Muebles	325.10	0.21
Otras	4,001.30	2.61
Total	**153,164.50**	**100**

Fuente: Comisión Nacional de Inversiones Extranjeras. Informe estadístico sobre el comportamiento de la inversión extranjera directa en México (enero-diciembre de 2014).

Gráfica 5. Inversión Extranjera Directa en la Manufactura. Millones de dólares. Acumulado 2000-2014.

Gráfica 5. Inversión Extranjera Directa en la Manufactura. Millones de dólares. Acumulado 2000-2014.

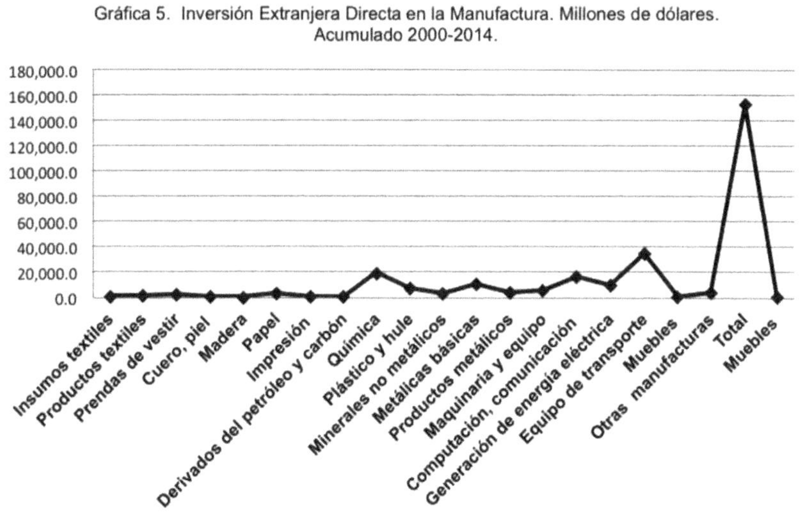

Fuente: Cuadro 5.

Entre 2000 y 2013, el sector automotor representó el 8,2% de la inversión extranjera directa recibida por México. En los dos últimos años, la IED en este sector ha ganado relevancia, al alcanzar montos de 2.370 millones de dólares en 2012 y 2.933 millones de dólares en 2013. En ese último período, México registró por cuarto año consecutivo un récord histórico de producción de vehículos, consolidándose como el octavo productor mundial después de China, los Estados Unidos, el Japón, Alemania, la República de Corea, la India y el Brasil, con poco más de 3 millones de unidades.

Con este resultado, quedarían atrás los difíciles momentos que atravesó la industria como consecuencia de la crisis financiera internacional en 2009. En la actualidad, existen en México más de 20 complejos de producción de vehículos livianos, donde se realizan actividades que incluyen desde ensamblado y blindaje hasta fundición y estampado de vehículos y motores, y se fabrican cerca de 50 modelos diferentes. A esto se agregan anuncios de nuevas inversiones por parte de las empresas automotrices presentes en México, que superan ampliamente los 20.000 millones de dólares. (CEPAL, 2013: 43)

En efecto, la rama de la fabricación de equipo de transporte, que es la más favorecida por la inversión extranjera directa, participó con el 27.03% de las exportaciones manufactureras en el año 2000 y con el

34.03% en el 2014. Dentro de este mismo marco, estas cinco grandes empresas del subsector automotriz resultan también ser importadoras, del total de las importaciones, para el año 2000, les corresponde el 14.67% y para el 2014, el 14.77%. (Banco de México, *Informe Anual 2000 y 2014*.)

Otro indicador importante es el siguiente: de las 10 grandes empresas manufactureras más importantes, las armadoras automotrices, generan el 49.53 % de las ventas para el año 2014. Ver cuadro 6.

Cuadro 6. **Las 10 empresas manufactureras más importantes en ventas, 2014 (millones de pesos)**

Pos. 14	Empresa	País	Sector	Ventas netas. Millones de pesos	% del total
5	Fomento Económico Mexicano	MX	Bebidas y cervezas	263,449.0	15
7	General Motors de México	EU	Armadora	228,030.0	13
8	Cemex	MX	Cemento y materiales	210,022.5	12
9	Chrysler de México	EU	Armadora	199,650.0	11
10	Grupo Bimbo	MX	Alimentos	187,053.0	11
12	Nissan Mexicana	JAP	Armadora	170,534.0	10
13	Coca Cola Femsa	MX	Bebidas y cerveza	147,298.1	8
14	Volkswagen de México	ALE	Armadora	142,758.0	8

Pos	Empresa	País	Actividad	Ventas	%
16	Ford Motor Company	EU	Armadora	136,573.9	8
29	Alpek	MX	Química y petroquí- mica	86,072.1	5
	Total			1,771,440.6	100

Fuente: "Las 500 empresas más importantes de México" *Revista Expansión*. 19 de junio – 16 de julio, 2015. P. 218-219.
Nota: *Pos* significa posición

2.3 Manufactura: comercio exterior

Las exportaciones de la industria manufacturera han sido muy significativas. En efecto, representan en promedio el 83% del total de las exportaciones mexicanas, para el periodo comprendido del 2000-2014. Ver cuadro 7 y gráfica 6.

Cuadro 7. Exportaciones totales de mercancías y exportaciones manufactureras 2000-2014. (millones de dólares)

Año	Exportaciones totales de mercancías	Exportaciones de la industria manufacturera	Participación de las exportaciones manufactureras en el total de exportaciones de mercancías (%)
2000	166,120.70	144,724.60	87.12
2001	158,779.70	140,748.50	88.64
2002	161,045.80	141,634.40	87.94
2003	164,766.40	140,632.10	85.35
2004	187,998.60	157,747.30	83.90
2005	214,232.80	175,166.10	81.76

2006	249,925.10	202,733.60	81.11
2007	271,875.30	219,709.40	80.81
2008	291,343.00	230,881.60	79.24
2009	229,704.00	189,698.40	82.58
2010	298,473.00	245,745.30	82.33
2011	349,433.00	278,617.10	79.73
2012	370,770.00	301,993.40	81.45
2013	380,027.00	314,573.90	82.77
2014	397,535.00	337,289.00	84.84

Fuente: Banco de México. *Informe anual, varios años.* La participación porcentual de las exportaciones manufactureras en el total de las exportaciones de mercancías es elaboración propia.

Gráfica 6. Exportaciones totales de mercancías y exportaciones totales de la manufactura
Millones de dólares.

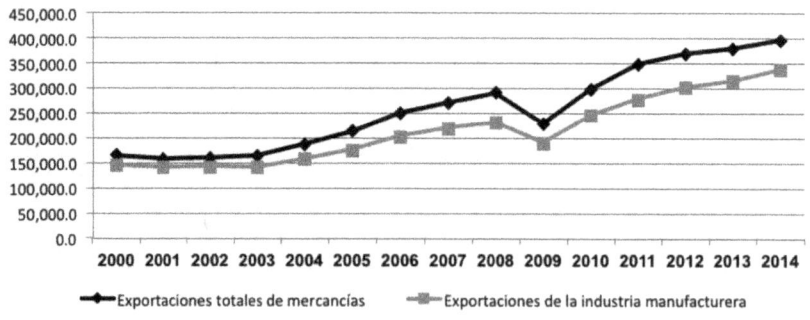

Fuente: Cuadro 7.

Ahora bien, en las importaciones de mercancías también el peso fundamental recae en el sector manufacturero. Se puede decir que tanto las exportaciones como las importaciones van de la mano, porque los mayores montos recaen en la manufactura. Ver cuadro 8 y gráfica 7.

Cuadro 8. Importaciones totales de mercancías y de la industria manufacturera 2000-2014 (%)

Año	Importaciones totales de mercancías	Importaciones de la industria manufacturera	Participación de las importancias manufactureras en el total de importancias de mercancías
2000	174,457.8	160,936.4	92.24
2001	168,396.1	154,774.4	91.91
2002	168,678.7	155,667.4	92.28
2003	170,545.7	155,246.4	91.02
2004	196,809.7	177,896.3	90.39
2005	221,819.0	197,401.4	88.99
2006	256,058.5	227,042.9	88.66
2007	281,949.0	245,907.6	87.21
2008	308,603.3	259,235.3	84
2009	234,385.0	204,500.3	87.24
2010	301,481.8	260,221.8	86.31
2011	350,842.9	293,346.6	83.61
2012	370,751.6	314,768.6	84.9
2013	381,210.2	326,619.2	85.67
2014	399,977.0	344,831.0	86.21

Fuente: Banco de México. *Informe anual, varios años*. La participación porcentual de las exportaciones manufactureras en el total de las exportaciones de mercancías es elaboración propia.

Gráfica 7. Exportaciones e importaciones totales de la industria manufacturera, 2000-2014 (Millones de dólares)

Fuente: Cuadros 7 y 8.

La balanza comercial de la manufactura mexicana ha tenido un comportamiento de mejoría, porque si vemos el saldo para el año 2008 era de casi – 28 354 mil millones de dólares y para el 2014, se redujo a sólo 7,542 mil millones de dólares. Ver gráfica 8.

Gráfica 8. Saldo de la balanza comercial de la manufactura, 2000-2014 (millones de dólares).

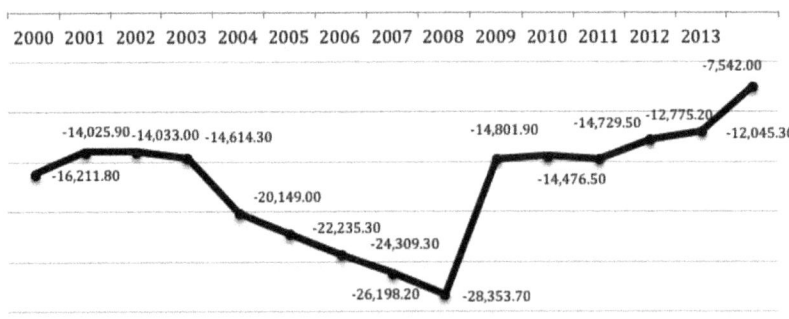

Fuente: Elaboración propia en base a los datos de los cuadros 7 y 8.

2.4 El proceso de desindustrialización en la manufactura mexicana

Después de haber mencionado el papel de la inversión extranjera en la manufactura y el comportamiento del comercio exterior pasaré a describir en forma breve como la manufactura enfrenta un grave problema de *desindustrialización[44]*. En efecto, las importaciones manufactureras son mayores al Producto Interno Bruto manufacturero, esta situación conduce al problema de la desindustrialización, como por ejemplo, para el año 2000, las importaciones de la manufactura eran superiores al producto manufacturero en un 117.92%, y para el 2014 las importaciones son un 176.92% mayores al producto manufacturero. Ver cuadro 9 y gráfica 9.

Cuadro 9.
Coeficiente de desindustrialización.
(Importaciones manufactureras/PIB manufacturero)
millones de dólares

Año	Importaciones manufactureras	PIB manufacturero	Coeficiente de desindustralización
2000	158,322.70	134,262.00	1.17
2001	159,408.50	134,898.30	1.18
2002	155,163.10	133,212.60	1.16
2003	154,819.50	124,699.50	1.24
2004	177,271.60	135,540.30	1.30
2005	197,966.99	149,540.60	1.32
2006	227,463.40	171,025.80	1.32
2007	245,907.60	183,416.20	1.34
2008	259,235.40	156,272.70	1.65
2009	204,500.30	150,655.40	1.35
2010	260,221.70	179,590.80	1.44
2011	293,346.40	202,061.70	1.45

44 El coeficiente de desindustrialización / industrialización mide la relación porcentual entre las importaciones y las exportaciones si es mayor de 100% hay desindustrialización, si es menor es lo contrario.

2012	314,768.60	208,988.80	1.50
2013	326,619.00	207,278.76	1.57
2014	344,831.00	194,906.92	1.76

Fuente: Elaboración propia en base a los datos proporcionados por Banco de México. *Informe Anual*, varios años e INEGI. *Sistema de Cuentas Nacionales*.

Gráfica 9. Coeficiente de desindustrialización de la manufactura mexicana, 2000-2014
Importaciones/PIB manufacturero

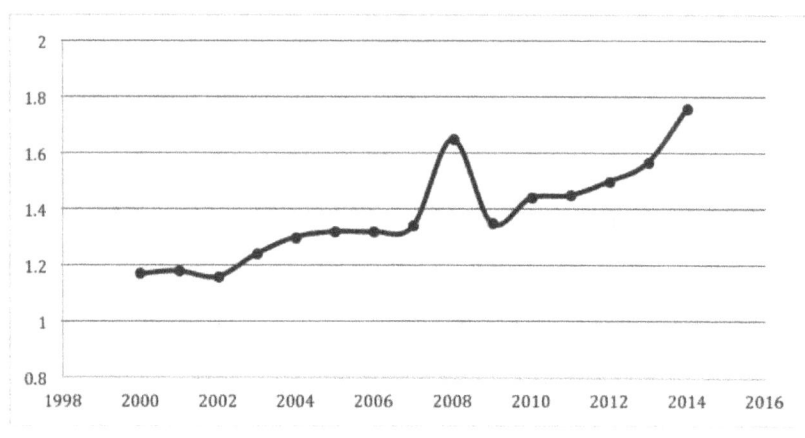

Fuente: Cuadro 9.

En relación al proceso de desindustrialización en las ramas que conforman la manufactura mexicana, se encuentra, que este proceso se agudiza principalmente en la fabricación de plásticos y caucho siguiéndole en importancia la producción de maquinaria y equipo. (Ver cuadro 10).

**Cuadro 10. Coeficiente de desindustrialización en varias ramas
de la manufactura mexicana, 2000-2014
Importaciones/PIB manufacturero**

Año	Alimentos	Textiles	Química	Derivados del petróleo y del carbón	Plásticos y caucho	Maquinaria y equipo
2000	0.15	0.95	0.90	1.35	2.73	1.05
2001	0.16	0.98	0.96	1.16	2.53	1.05
2002	0.17	1.11	1.00	0.84	2.61	1.09
2003	0.2	1.25	1.08	0.84	2.88	1.16
2004	0.21	1.27	1.11	0.74	3.50	1.24
2005	0.20	1.29	0.95	1.44	3.70	1.19
2006	0.20	1.22	0.97	1.11	3.54	1.17
2007	0.22	1.18	1.01	1.37	3.48	1.20
2008	0.27	1.39	1.38	2.39	4.04	1.50
2009	0.22	1.14	1.17	1.32	3.42	1.36
2010	0.22	1.18	1.23	2.06	3.96	1.31
2011	0.23	1.33	1.30	2.71	3.78	1.25
2012	0.23	1.44	1.39	2.96	3.91	1.29
2013	0.23	1.51	0.98	3.66	3.85	3.50
2014	0.26	1.83	1.14	3.82	4.27	3.74

Fuente: Elaboración propia en base a los datos proporcionados por INEGI. Sistema de Cuentas Nacionales y Banco de México. *Informe Anual*, varios años.

2.5 Ejemplos de algunas ramas de la manufactura

2.5.1. Industria de los productos electrónicos

En México existen al menos 35 medianas y grandes empresas tecnológicas con plantas de producción, de las cuales destacan LG, Foxconn, Samsung, HP, Motorola, Flextronics, Intel, Panasonic, Ericsson y BlackBerry, entre las líderes por sus inversiones multimillonarias y gran número de fábricas.

La relevancia de México dentro de la producción de electrónicos a nivel mundial está atrayendo más inversiones de empresas tecnológicas al país. Conforme crece el consumo de dispositivos tecnológicos, como pantallas, teléfonos celulares y computadoras, las empresas manufactureras buscan expandir su presencia en los territorios donde ya están o llegar a nuevos mercados, lo cual ha beneficiado a México.

ProMéxico tiene localizadas al menos 35 medianas y grandes empresas con plantas de producción en el territorio nacional, de las cuales, destacan 10 compañías que, por sus inversiones y número de fábricas, lideran dentro del sector. Estas firmas son Foxconn, LG, Samsung, BlackBerry, Flextronics, Intel,

HP, Panasonic, Ericsson y Motorola.

Una de las más recientes inversiones es la de Flextronics, por 20 millones de dólares, en el estado de Jalisco. Esta firma tiene más de 17 años en el país y cuenta con instalaciones en Guadalajara, Ciudad Juárez, Chihuahua, Tijuana, Aguascalientes y Coahuila.

Flextronics también estaba a cargo de la mitad de la producción de BlackBerry en México, la compañía trasladó en 2014 toda su operación a Ciudad Juárez, Chihuahua, como parte de su plan para reposicionarse en el país. La taiwanesa Foxconn, líder mundial en la producción de electrónicos, junto con LG, son las empresas que más han invertido en el país. La primera ha destinado más de 230 millones de dólares a la ampliación de sus instalaciones a lo largo de la frontera mexicana, mientras que LG acumula inversiones por más de 360 millones de dólares en los últimos cuatro años.

Intel por su parte inauguró un centro de desarrollo en Guadalajara, Jalisco, mediante una inversión cercana a 173 millones de dólares. Otras firmas como Panasonic, Motorola, Hewlett-Packard y Ericsson también han apostado por ampliar sus operaciones mediante inversiones en sus plantas de producción del país.

Estos grupos se concentran en su mayoría en el Norte de México. Los estados con mayor producción en la industria son: Baja California,

Chihuahua, Jalisco, Nuevo León, Aguascalientes, Sonora, Tamaulipas, Coahuila, Estado de México, Querétaro, Durango y Yucatán, en ese orden. En estas entidades las firmas cuentan con 679 instalaciones que dieron empleo en 2013 a 458 mil 563 personas, según el INEGI.

México es el primer exportador de televisores de pantallas planas a nivel global, el cuarto de computadoras y el octavo de celulares, lo cual lo convierte en un país muy relevante dentro de la producción de electrónicos a nivel mundial. Foxconn, por ejemplo, es la líder en la fabricación de pantallas a nivel mundial y México es uno de sus principales centros de producción. Samsung, a su vez, manufactura en el país las TVs más innovadoras de la compañía. "Estas fueron de las primeras compañías que formaron bloques y sectores fuertes en el país, propiciando el ingreso de más empresas, como las que probablemente veremos en un futuro", dijo Víctor Gutiérrez, (Empresas, 2015) presidente de la Cámara Nacional de la Industria Electrónica de Telecomunicaciones y Tecnologías de la Información (Canieti).

Al cierre de 2014, las exportaciones de electrónicos alcanzaron un monto de 58 mil 606 millones de dólares, teniendo un importante impacto en la Inversión Extranjera Directa, y Estados Unidos fue el principal destino, seguido de Canadá, Colombia y los Países Bajos.

Las exportaciones de TVs de pantalla plana llegaron a los 9 mil 694 millones de dólares de enero a septiembre del 2014, un crecimiento del 5.5 por ciento interanual.

La industria electrónica en México tiene una amplia delantera en el mundo, debido a la demanda en el país podría aumentar en los próximos años, manteniendo el liderazgo de esta última década, añadió Gutiérrez (Empresas, 2015).

2.5.2. Industria automotriz

La industria automotriz puede considerarse como la rama manufacturera mexicana más importante. En el año 2014, México se convirtió en el líder de ventas de vehículos en Estados Unidos al desbancar a Canadá como principal proveedor, con la exportación de 1 millón 875,575 autos contra 1 millón 843,295 que vendieron los canadienses en el mercado más grande de América del Norte (González, 2015).

Al cierre del 2014, la balanza comercial de la industria automotriz fue superavitaria al registrar un saldo positivo de 60,259 millones de dólares, con crecimiento de 16.11% respecto del año 2013. El valor de las exportaciones de la industria automotriz fue tres veces las exportaciones petroleras, resultado del desarrollo automotriz de 11.2%. (Banco de México, 2015).

Fausto Cuevas, director general de la Asociación Mexicana de la Industria Automotriz (AMIA) afirma que "durante los últimos 20 años, la industria ha acrecentado su saldo en 506%, reafirmándose como el sector más importante y dinámico del país". Justamente, mientras en el año 2000 la balanza comercial fue positiva en 15,455 millones de dólares, para el año 2014 ascendió a 60,259 millones de dólares (Banco de México, 2015); sin embargo, no podemos dejar de lado la importación de autos, en este sentido debido al auge automotriz de empresas japonesas y coreanas como Toyota, Mazda y Hyundai, en 2014 entró a México un auto asiático cada dos minutos. Hace cinco años, tres de cada 10 autos que se vendían en México provenían de Asia, ahora son cinco de cada 10.

En los últimos cinco años, los autos de origen asiático pasaron a representar 28 por ciento del total de las importaciones de vehículos en México a 48 %, mientras que los de procedencia norteamericana retrocedieron de 37 % a 23 % en ese período.

Un ejemplo del éxito de las marcas asiáticas en México es la surcoreana Hyundai, que se fijó la meta de vender 8 mil autos en México durante 2014, tras aterrizar en el país en mayo del año pasado, pero terminó comercializando 12 mil 64 vehículos, 34 por ciento arriba de su expectativa. "Los mexicanos estaban buscando innovación, calidad y buenos precios nosotros se los ofrecimos", dijo Pedro Albarrán, director general de la armadora en México, Hyundai Motor México.

La importación de autos de Asia creció en el último lustro a un ritmo promedio anual de 21.3 %, mientras los que provenientes de Estados Unidos, el principal socio comercial de México, aumentaron una tasa de apenas 3.2 %.

Rubén Contreras, presidente de Grupo Excelencia, firma distribuidora de autos en el mercado nacional de marcas como GM, Nissan y Mercedes Benz, apuntó que las automotrices asiáticas entendieron que el servicio posventa y la calidad generan lealtad a una marca, algo que los estadounidenses y europeos olvidaron. "La importancia de la calidad en el servicio automotriz, se puede detectar en la inclusión de paquetes de mantenimiento se ha transformado en una herramienta para aumentar la satisfacción y lealtad del cliente a la marca," dijo Gerardo Gómez, director y country manager de J.D. Power de México.

Entre 2010 a 2014, la importación de autos en México aumentó 58%, al pasar de 378 mil 182 unidades a 600 mil 614, impulsada principalmente por el ingreso de vehículos de origen asiático.

Los autos importados representan el 52% del total de vehículos que se comercializan en el país, pero los vehículos que más se venden de origen extranjero son las marcas japonesas y coreanas, porque firmas como Hyundai y Toyota no tienen aún producción en el país y se ubican entre las 10 marcas más vendidas.

Las principales entradas de los autos asiáticos son los puertos de Lázaro Cárdenas, Michoacán; y de Manzanillo, Colima, lugares por donde llegan el 50% de los autos extranjeros.

En contraste, los vehículos fabricados en Estados Unidos ingresan al país a través del servicio de ferrocarril. El año pasado, alcanzaron un volumen de 156 mil 775 unidades, aún lejos de su mejor nivel registrado en 2012, cuando sumaron 202 mil 165 unidades (Sánchez, 2015).

2.5.3. Industria aeronáutica

En Querétaro el clúster aeronáutico ha captado inversiones cercanas a los mil millones de dólares en los pasados 6 años. En este estado se están haciendo fuselajes para avión, alas, partes de turbinas, trenes de aterrizaje, sistemas aeronáuticos, y también estructuras de aluminio y de titanio, arneses eléctricos, y partes de helicópteros. También existe una importante área de mantenimiento.

El Secretario de Desarrollo Económico y Sustentable del estado de Querétaro, Marcelo López Sánchez, señaló que "Hay cerca de 65 empresas que están haciendo partes de aviones para todo el mundo. Y ya se tienen 15 empresas mexicanas que se han ido certificando y que empiezan a ser proveedores del sector".

El desarrollo de la industria aeronáutica en México se ha intensificado en la última década y, como consecuencia, se ha posicionado en el mercado internacional hasta lograr convertirse en el 6° proveedor de aeropartes de Estados Unidos, el principal mercado del mundo. También es interesante observar que el país se coloca por arriba de países como China, Israel e Italia.

Las grandes empresas internacionales aprovecharon los bajos costos de la mano de obra, así como la instalación de plantas y, por supuesto, la cercanía de nuestro país con Estados Unidos.

Según INEGI, la industria aeronáutica nacional registra un crecimiento anual de 15%. Como resultado de esta situación la Secretaría de Economía y la Federación Mexicana de la Industria Aeroespacial (Femia) pusieron en marcha el Programa Estratégico Nacional de la Industria Aeroespacial, Pro-Aéreo, a través del cual Guanajuato, Querétaro y San Luis Potosí, crearon toda una cadena productiva a través de *clústeres* y parques industriales para proveer y dar servicio a esas grandes empresas, de esta forma intensificaron su competencia ante los otros 15 estados del país que también participan en la industria.

El estado de Querétaro se convirtió en el líder innegable del país al atraer la inversión extranjera directa en la fabricación de equipo aeroespacial. Las últimas empresas de esta rama en instalarse en este estado fueron: Airbus, con su división de helicópteros; el MRO de Delta y Aeroméxico, Messier Dowty y Cormer. Entre las compañías que ya se encuentraban instaladas están: Bombardier, Brovedani, Reme, Cessna, Crio, Elimco, Prettl, Aerospace, Eurocpter, Galnik, GEIfraestructure, Grupo Safran, Honeywell, NDT Export México e ITP. (Solís, 2015).

Con este grupo de empresas, la rama alcanzó la cifra de 693 millones de dólares en exportación que se agrupa en mercancías para el ensamble o fabricación de aeronaves o aeropartes, turborreactores de empuje superiores a 25 kN, trenes de aterrizaje y sus partes, así como productos destinados a la reparación o mantenimiento de naves aéreas o aeropartes.

2.5.4. Industria textil

Según Alba (2013), especialista del Instituto Politécnico Nacional (IPN), en los últimos años una parte importante de este sector ha sufrido una contracción debido al desplazamiento de la maquila de productos exportados a EUA por competidores de otros países, principalmente del sureste asiático y China.

De acuerdo con la experta, las exportaciones de prendas de vestir de manufactura nacional han caído en los últimos años de un 80% de la producción, a un 50%; "ello es debido a la caída en las exportaciones a Estados Unidos, por una pérdida de competitividad, principalmente ante China", acota la maestra de Alba.

Otro aspecto importante es que el mercado interno está recobrando la confianza en las manufacturas nacionales, si bien es cierto que hay productos baratos importados del sureste asiático y China principalmente. Es importante señalar que las personas se están dando cuenta que los textiles hechos en México tienen una calidad mayor, y duran mucho más que aquellos, por lo que se está despertando una conciencia sobre el valor de lo nacional; sin embargo, hay un sector de alto valor que requiere de diseño, y ahí hay mucho trabajo por hacer, tanto en diseño textil, como en diseño de confección.

Las confecciones textiles representan una parte muy importante del mercado nacional, por lo que hay que aprovechar la planta instalada y los procesos con calidad creciente, e invertir con miras a cubrir la demanda del mercado interno, pero también aumentar la participación en América Latina, al amparo de los diferentes tratados de libre comercio que se tienen con los países de la región.

Algunos datos caracterizan al sector en México: es el sexto proveedor de productos confeccionados a Estados Unidos; 450 mil personas son empleadas en la cadena textil y del vestido de acuerdo con el IMSS, más del 50 por ciento de los empleos en el sector son ocupados por mujeres, y no se puede dejar de lado que 65 mil establecimientos están concentrados en Coahuila, Distrito Federal, Estado de México, Hidalgo, Jalisco, Nuevo León y Puebla.

Entre septiembre 2013 y diciembre 2014, las industrias textil y del vestido enfrentaron una de las peores crisis de su historia. Es importante señalar que al mes de octubre de 2015, sólo se importaron 1 millón de metros cuadrados (subvaluados) del total de las importaciones de textiles, en comparación con 165 millones de metros cuadrados en septiembre de 2014.

Es importante mencionar que en el año 2012, la exportación de textiles mexicanos a Estados Unidos alcanzó la cifra de 3.66 miles de millones de dólares, mientras que China ele vendió, para el mismo año, la cantidad de 10 mil millones de dólares. (OMC, 2013). Esta situación ha repercutido en nuestro país.

Resulta muy importante la defensa de la industria textil y del vestido, sobre todo en un contexto en el que es prácticamente un hecho la puesta en vigor del Acuerdo de Asociación Transpacífica (TPP, por sus siglas en inglés). Esta situación puede resumirse en las palabras del presidente de la Cámara Nacional de la Industria Textil (Canaintex), Alfonso Juan Ayub:

> La verdad es que nosotros, si preguntas a la cadena textil-vestido, no nos conviene el TPP, porque con los mercados de acceso ya tenemos tratados de libre comercio, pero como industria tenemos que sumarnos como País, y en eso estamos.

Este representante empresarial considera, además, que la principal amenaza para la confección mexicana son los productos provenientes de Vietnam, dado que la industria de ese país es de una escala intensiva, con insumos muy baratos provenientes de otras economías asiáticas y altamente subsidiadas. Si se les da acceso a estas prendas, previó, podría inundarse el mercado local con ellas.

Para este sector es importante no sólo proteger el mercado nacional, sino también defender la posición de las exportaciones nacionales, especialmente las dirigidas hacia los Estados Unidos (Díaz, 2015).

2.6 La posición de los empresarios ante la manufactura

Otro personaje representante de un grupo de empresarios como Manuel Herrera Vega, presidente de la Confederación de Cámaras Industriales (Concamin) señala que es necesario fortalecer el aparato productivo en todo el país para impulsar el crecimiento económico con equidad y poder así incidir en el descenso de los niveles de pobreza.

Por último, el ingeniero Juan Manuel Chaparro Romero presidente de la Cámara Nacional de la Industria de Transformación (Canacintra) estipula que es necesaria la reactivación del mercado interno; además hace un exhorto al sector gubernamental para que la población mexicana adquiera productos hechos en nuestro país.

2.7 Conclusiones

La manufactura mexicana registra un proceso de desindustrialización, en términos generales, la tasa de crecimiento de este sector en los últimos 8 años no ha alcanzado ni siquiera el 1% en promedio; sin embargo, es un receptor importante de inversión extranjera directa. Este tipo de recursos foráneos se ubican en especial en la fabricación de equipo de transporte, donde se instalan importantes empresas armadoras automotrices de marcas con mucho prestigio de categoría mundial.

La participación de las exportaciones manufactureras en las ventas totales de nuestro país en el exterior, corresponden de manera importante a la rama automotriz que aporta un porcentaje substancial en la exportación de mercancías mexicanas, consiguiendo ser casi tres veces mayores a los recursos adquiridos con la venta de petróleo crudo en el extranjero.

Bibliografía

* Alba, Rocío "La industria textil en México hacia su recuperación", en *Tu interfaz de negocios,* enero-febrero 2013. Disponible en: http://www.tuinterfaz.mx/articulos/10/77/la-industria-textil-en-mexico-hacia-su-recuperacion/
* Banco de México (2015), *Informe anual 2014*, p. 303.

- Bárcena, Alicia (2015), Neoestructuralismo y corrientes heterodoxas en América Latina y el Caribe a inicios del siglo XXI, Santiago de Chile, CEPAL.
- CEPAL: (2013), *La inversión extranjera directa en América Latina y el Caribe*, Santiago de Chile, Naciones Unidas.
- Díaz, Ulises (2015), "Buscan textileros protegerse en TPP", en *Reforma*, 29 de julio. Disponible en: http://www.negociosreforma.com/aplicacioneslibre/preacceso/articulo/default.aspx?id=602762&urlredirect=http://www.negociosreforma.com/aplicaciones/articulo/default.aspx?id=602762&urlredirect=http%3A%2F%2Fwww.negociosreforma.com%2Faplicaciones%2Farticulo%2Fdefault.aspx%3Fid&v=2
- Empresas, (2015), "10 gigantes que impulsan la industria de electrónicos en México", en *El Financiero*, 8 de enero. Disponible en: http://www.elfinanciero.com.mx/empresas/10-gigantes-tecnologicos-que-impulsan-la-industria-de-electronicos-en-mexico.html
- González, Lilia (2015), "Industria automotriz embraga otro récord", en *El Economista*, 10 de marzo. Disponible en: http://eleconomista.com.mx/industrias/2015/03/10/industria-automotriz-embraga-otro-record
- González, Lilia (2015), "México rebasó a Canadá en venta de autos a Estados Unidos", en *El Economista*, 11 de marzo. Disponible en: http://eleconomista.com.mx/industrias/2015/03/11/mexico-rebaso-canada-venta-autos-eu
- Miranda, Juan Carlos (2015) "Políticas que generen empleo de inmediato, exigen empresarios", en *La Jornada*, 27 de julio, p. 22.
- OMC, (2013), Estadísticas del comercio internacional, 2013. Cuadro A21. Disponible en: https://www.wto.org/spanish/res_s/statis_s/its2013_s/its13_appendix_s.htm
- Sánchez, Axel (2015), "Automotrices asiáticas ingresan a México un auto cada dos minutos" en El Financiero 28 de abril. Disponible en: http://www.elfinanciero.com.mx/empresas/automotrices-asiaticas-ingresan-a-mexico-un-auto-cada-dos-minutos.html
- Solís Peña, Margarita (2015) "El Bajío, región estratégica para la aeronáutica", en *El Financiero*, *Número Especial*, 30 de junio, p. 12.

Crecimiento económico y encadenamientos productivos en la industria manufacturera

Ángel Martínez[45]

Resumen

La economía mexicana se encuentra atrapada desde hace más de treinta años en una etapa del ciclo económico de muy bajo crecimiento, ocasionado particularmente por la acelerada apertura comercial y el cambio de la política industrial de promoción de las exportaciones. La rápida apertura comercial no permitió que las empresas locales se modernizaran para poder competir con los productos importados, por lo que las importaciones se fueron apoderando del mercado interno, particularmente de bienes de consumo e insumos intermedios. Por otra parte, la política de promoción de las exportaciones se concentró en estimular a industrias con alto potencial exportador como la automotriz y la electrónica, las cuales pronto pasaron a manos de extranjeros y comenzaron a demandar cada vez más insumos importados, por lo que, como se muestra en los resultados, sus encadenamientos productivos con otros subsectores de la economía son muy débiles y por tanto, los efectos que tiene su crecimiento sobre la producción manufacturera y total son limitados.

Palabras clave: crecimiento económico, industria manufacturera, encadenamientos productivos, política industrial

Economic growth and manufacturing linkages

Introducción

Después de que la economía mexicana mantuviera durante 30 años (1940-1970) una tasa de crecimiento económico en promedio mayor al 6%, los gobiernos mexicanos, presionados por los problemas de sobreendeudamiento, aplicaron diversas políticas económicas que condujeron al país a un ciclo de bajo crecimiento económico, situación que se ha mantenido desde 1982 hasta la fecha, alcanzando tasas de crecimiento medio anual apenas superiores al 2%.

---

45 Correo electrónico: *amonroy@unam.mx*

El problema del bajo crecimiento de la economía mexicana ha sido ampliamente analizado y discutido, sin embargo, aún no hay un consenso entre los economistas sobre los determinantes de dicho estancamiento. Por ejemplo, se encuentran los que consideran que el bajo crecimiento económico se puede explicar por la aplicación de políticas monetaria y fiscal de carácter restrictivo (Guillén, 2000; Huerta, 2004; Villarreal, 2005; Esquivel, 2010); los que explican dicho fenómeno a partir de las relaciones de la economía mexicana con el exterior, particularmente por la vinculación de la economía al ciclo económico de los Estados Unidos (Fuji, 2000; Calva, 2001; Esquivel, 2010); los que consideran que son los bajos niveles de inversión productiva y la falta de financiamiento los responsables del bajo crecimiento (Huerta, 2004; Perrotini, 2004; Ros, 2008); los que atribuyen el estancamiento a la falta de reformas estructurales (Martínez et al., 2004); los que piensan que México ha tenido un tipo de cambio real apreciado, que le ha impedido crecer a tasas más altas (Villarreal, 2005; Ros, 2008); y los que piensan que ha sido el desmantelamiento de la política industrial y la ausencia de políticas sectoriales lo que ha generado las bajas tasas de crecimiento económico (Ros, 2008; De María y Campos, et al., 2009).

Estas son solo algunas de las variables explicativas que los economistas han identificado como probables determinantes del magro crecimiento que ha presentado la economía mexicana en los últimos 33 años, aunque en general no consideran que sea un solo factor el que explica el estancamiento, sino un conjunto de dichos factores.

Por otra parte, la teoría económica (Kaldor, 1966) sostiene que el crecimiento del producto total se encuentra determinado por el crecimiento de las manufacturas, las cuales son consideradas el núcleo de la economía, debido a sus fuertes efectos de encadenamiento hacia atrás y hacia delante.

Considerando lo anterior, creemos que es muy probable que el bajo crecimiento que ha observado la economía mexicana se puede explicar por el conjunto de variables señaladas por los autores antes citados, pero aquí queremos hacer enfatizar en tres determinantes relacionados con la industria manufacturera, en particular, la apertura comercial y el desmantelamiento de la política industrial y la ausencia de políticas sectoriales.

El acelerado desmantelamiento de la protección comercial a finales de los ochenta y principios de los noventa llevó a la desaparición de numerosas empresas manufactureras y al debilitamiento de los encadenamientos entre las ramas de la manufactura (Fuji, 2000).

La apertura comercial de la economía mexicana se aceleró a finales de los ochenta, cuando el consenso de Washington la impuso como una de las políticas que los países en desarrollo debían implementar para salir de la crisis de deuda en la que muchos de ellos se encontraban inmersos. Sin embargo, el proceso de apertura comercial en México se radicalizó cuando el gobierno de Carlos Salinas lo utilizó como instrumento para estabilizar el creciente nivel de precios que se había observado en la década de los ochenta. Pero la rápida apertura comercial impidió que las empresas manufactureras se modernizaran para poder competir con los productos importados, por lo que las importaciones se fueron apoderando del mercado interno, particularmente de bienes de consumo e intermedios, ya que los bienes de capital importados ya tenían una presencia importante.

Por otra parte, no se puede hablar de la ausencia de política industrial en los noventa, ya que se contaba con el Programa Nacional de Modernización Industrial y del Comercio Exterior (1990-1994), y con el Programa de Política Industrial y Comercio Exterior (1996); y tampoco se puede decir que no hubo políticas sectoriales, ya que desde "1989 se ejecutaron políticas específicas para las industrias automovilística, de cómputo y farmacéutica" (Méndez, 1997: 53). Lo que sí ocurrió fue un cambio importante en la política industrial, al reducirla a una política de promoción de las exportaciones, la cual desde 1988 ya concentraba más del 90% de los estímulos fiscales.

Los programas sectoriales se enfocaron particularmente hacia industrias con alto potencial exportador como la automotriz y la de cómputo, que pronto pasaron a manos de grandes empresas extranjeras, las cuales por la calidad y especificidad de sus insumos decidieron importar una parte importante de los mismos, debilitando los encadenamientos que tenían con otras ramas manufactureras.

En el presente trabajo vamos a mostrar que las industrias en las que se concentró la nueva "política industrial", o mejor dicho, la política de promoción de las exportaciones, como son la automotriz y la electrónica, tienen encadenamientos productivos muy débiles, por lo que aun cuando presentan un crecimiento dinámico, este no tiene efectos importantes en el crecimiento de la industria manufacturera, y por tanto, tampoco en el crecimiento de la producción total, ya que de acuerdo con Kaldor (1966), la manufactura es el núcleo de la economía, y si la primera no presenta tasas de crecimiento elevadas, tampoco lo hará la última.

Para ello, vamos a utilizar las matrices de insumo producto de la economía mexicana desagregada en 79 subsectores para los años 2003 y 2008, haciendo uso de la metodología propuesta por Rasmussen (1957) y Ghosh (1958), con la que se estiman los encadenamientos productivos hacia delante y hacia atrás de los 79 subsectores de la economía y, posteriormente, los vamos a clasificar en función del valor de sus encadenamientos. Finalmente, para el período 2003 a 2008 se analizan las industrias automotriz y de cómputo se encuentran con el grupo de los subsectores denominados independientes, lo cual significa que no tienen relaciones importantes con los otros subsectores, por lo que su crecimiento no tiene efectos importantes en el crecimiento de la producción del resto de la manufactura y de la economía total.

Datos

Para el presente ejercicio se van a utilizar las Matrices simétricas domésticas de insumo-producto por subsector de actividad económica para los años 2003 y 2008, publicadas por el Instituto Nacional de Estadística y Geografía en 2008 y 2013, respectivamente. Para la construcción de las matrices se utilizó el Sistema de Clasificación Industrial para América del Norte (SCIAN) 2002 y 2007, respectivamente.

Metodología

El modelo de insumo-producto se construye a partir de la información económica observada en un área o región determinada, regularmente un país. La actividad económica del área se clasifica en n sectores, que de manera simultánea actúan como compradores y vendedores. Se contabiliza y registra el valor monetario de las transacciones que se realizaron entre cada par de sectores (de cada sector i a cada sector j), en un periodo determinado de tiempo, regularmente un año. La magnitud de los flujos interindustriales se registra en un arreglo numérico como el que se presenta en la tabla 1, la cual en el lado izquierdo muestra los sectores de origen o vendedores, en la parte superior los sectores de destino o compradores, y en la parte central muestra todos los intercambios intersectoriales.

Tabla 1. Matriz insumo-producto de flujos interindustriales de bienes

			Sectores compradores			
		1	...	j	...	n
Sectores vendedores	1	z_{11}	...	z_{1j}	...	z_{1n}
	⋮	⋮		⋮		⋮
	i	z_{i1}	...	z_{ij}	...	z_{in}
	⋮	⋮		⋮		⋮
	n	z_{n1}	...	z_{nj}	...	z_{nn}

Fuente: Miller, Ronald y Peter Blair (2009). Input-Output Analysis: Foundations and Extensions. Cambridge, GBR: Cambridge University Press, p. 13.

La tabla 1 se puede ampliar si le agregamos tres columnas, para el total de la demanda intermedia, la demanda final y el valor bruto de la producción, y tres filas, para el valor agregado, las importaciones y el valor bruto de la producción, por lo que una presentación más completa de la matriz de insumo-producto se muestra en la tabla 2.

Tabla 2. Matriz de insumo-producto expandida, para dos sectores

Tabla 2. Matriz de insumo-producto expandida, para dos sectores

	Sectores		Demanda intermedia	Demanda final	Valor bruto de la producción (x)
Sectores	z_{11}	z_{12}	c_1	d_{f1}	x_1
	z_{21}	z_{22}	c_2	d_{f2}	x_2
Valor agregado	l_1	l_2	lc	l_{df}	L
Importaciones	m_1	m_2	m_c	m_{df}	M
Valor bruto de la producción (x')	x_1	x_2	C	DF	X

Fuente: Adaptada a partir de Miller, Ronald y Peter Blair (2009). Input-Output Analysis: Foundations and Extensions. Cambridge, GBR: Cambridge University Press, p. 14.

A los intercambios entre sectores que se presentan en la tabla 1 y en el recuadro al interior de la tabla 2 se les denomina matriz Z; y si las entradas de cada columna de la matriz Z las dividimos por el valor bruto de la producción del sector que corresponde a esa columna, obtenemos la matriz A. Luego, a la matriz identidad (I) le restamos la matriz A, y a la matriz resultante le estimamos su inversa, obtenemos la ampliamente conocida matriz de Leontief o matriz L.

Formalmente tenemos:

$$Z = \begin{vmatrix} z_{11} & \cdots & z_{1n} \\ \vdots & \ddots & \vdots \\ z_{n1} & \cdots & z_{nn} \end{vmatrix}$$

$$I = \begin{vmatrix} 1 & \cdots & 0 \\ \vdots & \ddots & \vdots \\ 0 & \cdots & 1 \end{vmatrix}$$

$$A = \begin{vmatrix} z_{11}/x_1 & \cdots & z_{1n}/x_n \\ \vdots & \ddots & \vdots \\ z_{n1}/x_1 & \cdots & z_{nn}/x_n \end{vmatrix}$$

$$L = |I - A|^{-1}$$

Luego, en 1958 Ghosh presentó una versión alternativa a la matriz de Leontief, ya que en lugar de dividir cada columna de la matriz Z entre el valor bruto de la producción del sector asociado con esa columna, se divide cada fila de la matriz Z entre el valor bruto de la producción del sector asociado a la fila, la cual se le conoce regularmente como matriz B (Miller y Blair, 2009). A la identidad se le resta la matriz B y se estima la transpuesta de la matriz resultante. A la transpuesta se le conoce como matriz G.

Formalmente tenemos:

$$Z = \begin{vmatrix} z_{11} & \cdots & z_{1n} \\ \vdots & \ddots & \vdots \\ z_{n1} & \cdots & z_{nn} \end{vmatrix}$$

$$I = \begin{vmatrix} 1 & \cdots & 0 \\ \vdots & \ddots & \vdots \\ 0 & \cdots & 1 \end{vmatrix}$$

$$B = \begin{vmatrix} z_{11}/x_1 & \cdots & z_{1n}/x_1 \\ \vdots & \ddots & \vdots \\ z_{n1}/x_n & \cdots & z_{nn}/x_n \end{vmatrix}$$

$$G = |I - B|^{-1}$$

Por otra parte, "en los modelos de insumo-producto, los incrementos de la producción del sector j tiene dos tipos de efectos sobre los demás sectores de la economía. Si el sector j aumenta su producción, esto significa que habrá un incremento de la demanda del sector j (como comprador) hacia los sectores cuyos productos son utilizados como insumos para la producción del sector j" (Miller y Blair, 2009: 555), a este tipo de efecto se le conoce como encadenamientos productivos hacia atrás. Por otro lado, están los encadenamientos productivos hacia delante, los cuales hacen referencia a que los aumentos de la producción del sector j están disponibles para ser utilizados para aumentar la producción de los sectores que utilizan el producto generado por el sector j como insumo (Miller y Blair, 2009).

Se han propuesto diversos métodos para cuantificar la magnitud de los encadenamientos productivos totales hacia atrás y hacia delante, pero aquí vamos a utilizar el propuesto por Rasmussen (1957) para estimar los encadenamientos hacia atrás, y la inversa de Ghosh (1958) para estimar los encadenamientos productivos totales hacia delante. Los encadenamientos productivos totales hacia atrás (EPTA) se estiman haciendo uso de la matriz L; mientras que para la estimación de los encadenamientos productivos totales hacia delante (EPTD) se utiliza la matriz G, ambas definidas previamente.

Entonces, los EPTA y EPTD normalizados se definen de la siguiente manera:

EPTA=ni'L/i'Li

EPTD= nGi/i'Gi

donde, n es el número de sectores, i es una matriz unitaria de nx1, i' es la transpuesta de la matriz i, L es la inversa de Leontief, tal como se definió previamente, y G es la inversa de Ghosh, tal como se había definido antes.

Una vez estimados los encadenamientos se procede a clasificar los sectores según sus encadenamientos estén por arriba o por debajo del promedio, lo cual nos genera cuatro posibles resultados:

1. Sectores independientes. Son aquellos que no están fuertemente relacionados con otros sectores, por lo que sus encadenamientos productivos hacia atrás y hacia delante son menores al promedio.

2. Sectores dependientes de la oferta interindustrial. Son aquellos con encadenamientos hacia atrás mayores al promedio, pero no así sus encadenamientos hacia delante.

3. Sectores dependientes de la demanda interindustrial. Son los sectores cuyos encadenamientos hacia delante son mayores al

promedio, pero sus encadenamientos hacia atrás son menores a la media.

4. Sectores dependientes o clave. Son los sectores cuyos encadenamientos hacia atrás y hacia delante son mayores al promedio, lo cual los hace particularmente atractivos para realizar política industrial, ya que los aumentos de su producción generan importantes incrementos en la producción de otros sectores.

Resultados

El gráfico 1 muestra las estimaciones de los encadenamientos hacia delante en el eje de las abscisas, y los encadenamientos hacia atrás en el eje de las ordenadas. Se reportan únicamente los resultados de los encadenamientos productivos para los 21 subsectores de la industria manufacturera, aun cuando para hacer el ejercicio se utilizó la información estadística de los 79 subsectores en que se divide la actividad económica mexicana. Cada uno de los puntos del gráfico representa a un subsector manufacturero. Los puntos de color azul representan los subsectores para el año 2003, y los puntos de color naranja los del 2008. Las etiquetas de los datos se conforman por 5 caracteres, los primeros 3 hacen referencia al número que se le asigna a cada subsector de la industria manufacturera en el Sistema de Clasificación Industrial de América del Norte (2002 y 2007); y el último número de la etiqueta se refiere al año de los datos de la matriz de insumo-producto que se está utilizando, el 3 se refiere a la matriz de 2003 y el 8 a la del 2008.

Los subsectores 334 (Fabricación de equipo de computación, comunicación, medición y del otros equipos, componentes y accesorios), y 336 (fabricación de equipo de transporte) que son básicamente en los que se ha centrado la política de promoción de las exportaciones se encuentran ubicados en el tercer cuadrante del gráfico 1, lo que significa que sus encadenamientos productivos hacia delante y hacia atrás con los otros subsectores de la economía son menores al promedio, por lo que, como se había señalado previamente, el crecimiento de su producción no tiene efectos significativos sobre la producción del resto de los subsectores manufactureros ni de la economía total.

En 2003 ocho de los 21 subsectores de la industria manufacturera se clasificaron como subsectores clave, 6 se clasificaron como dependientes de la oferta interindustrial, y 7 como independientes (tabla 1, Anexo estadístico). En 2008 diez de los 21 subsectores manufactureros se clasificaron como clave, dos más que en 2003; el número de subsectores dependientes de la oferta interindustrial se redujo a 5, y el número de subsectores considerados como independientes bajó de 7 en 2003 a 6 en 2008 (tabla 2, Anexo estadístico).

Gráfico 1. Evolución de los encadenamientos productivos en la industria manufacturera mexicana, 2003-2008

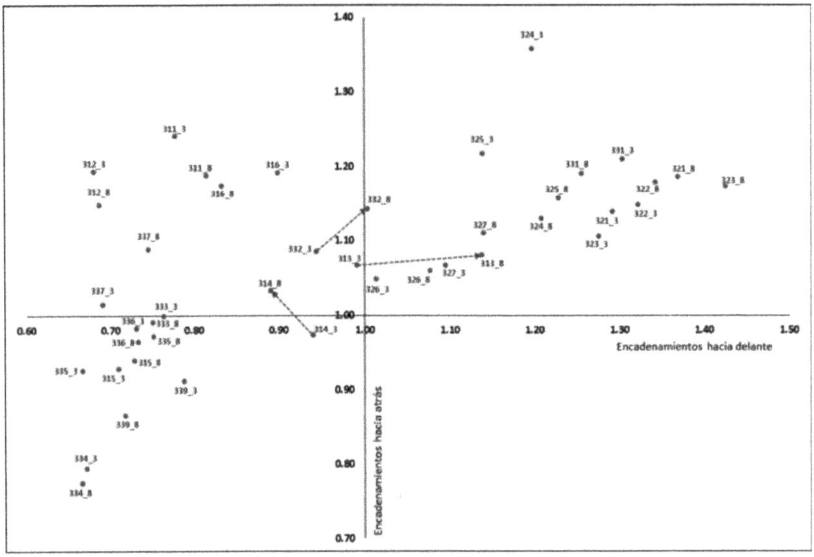

Fuente: Elaboración propia con datos de INEGI (2008, 2013) Matriz de Insumo-Producto.

En el gráfico 1 también se observan 3 flechas. Estas flechas señalan a los sectores que sufrieron un cambio en su clasificación por la evolución de sus encadenamientos entre 2003 y 2008.

Considerando la evolución de los encadenamientos productivos entre 2003 y 2008 en los subsectores de la industria manufacturera se tiene que los subsectores 313 (Fabricación de insumos textiles) y 332 (Fabricación de productos metálicos) dejaron de ser dependientes de la oferta interindustrial para incorporarse al grupo de los sectores clave. Por otra parte, el subsector 314 (Confección de productos textiles, excepto prendas de vestir) dejó de estar clasificado como independiente y pasó a formar parte de los sectores dependientes de la oferta interindustrial.

Por otra parte, si consideramos la participación de las importaciones en los insumos de los subsectores, tenemos que para 2003 las importaciones representaban en promedio el 23% de los insumos de los subsectores clave, el 30% de los insumos de los subsectores dependientes de la oferta interindustrial, y el 62% de los insumos en los subsectores independientes. Para 2008 la participación de las importaciones en los insumos de los subsectores clave se había incrementado considerablemente al representar en promedio 29% de sus insumos. Dicha participación creció marginalmente en los subsectores independientes, al representar el 63% en 2008, un punto más que en el 2003. Para el caso de los subsectores dependientes de la oferta interindustrial el indicador se contrajo, al pasar de representar el 30% de los insumos en 2003 a representar el 26% de los insumos para 2008.

El importante incremento en la participación promedio de las importaciones en los insumos industriales de los subsectores clave se debe particularmente a la incorporación de los sectores 313 (insumos textiles) y 332 (fabricación de productos metálicos) a dicho grupo, ya que la participación de las importaciones en los insumos de estos subsectores es considerablemente más alta que el promedio del grupo, al representar para 2008 41 y 36% respectivamente, lo cual es menor que lo que representaban en 2003, cuando formaban parte de los subsectores dependientes de la oferta interindustrial. Además, es importante señalar que la participación de las importaciones en los insumos del subsector 324 (Fabricación de productos derivados del petróleo y del carbón) creció de manera muy significativa, al pasar de representar 5% del total de sus insumos en 2003, a representar 32% de los mismos en 2008.

De los 21 subsectores que forman parte de la industria manufacturera se tiene que tanto para 2003 como para 2008 el subsector 334 (Fabricación de equipo de computación, comunicación, medición y de otros equipos, componentes y accesorios electrónicos) fue el que presentó los menores encadenamientos productivos tanto hacia delante como hacia atrás, lo cual solo se puede entender si se sabe que la participación de los insumo importados en los insumos totales del subsector representaron 85% en 2003 y 88% en 2008, lo cual hace aún más evidente el escaso encadenamiento de dicho sector con la economía interna, y por tanto, el efecto marginal que tiene su crecimiento sobre el crecimiento de la producción de los demás subsectores.

Conclusiones

El bajo dinamismo que ha mostrado la economía y la industria manufacturera, a pesar del crecimiento importante que han experimentado algunas industrias como la automotriz, se debe en gran medida a los débiles encadenamientos productivos que dichas industrias dinámicas tienen con el resto de la economía.

La desarticulación de la economía se puede explicar principalmente por dos factores. En primer lugar por una rápida apertura comercial que golpeó fuertemente a la industria local, al desplazarla del mercado de bienes de consumo e insumos intermedios; y en segundo lugar, por el cambio de la política industrial por una política de promoción de las exportaciones.

La economía mexicana podría crecer más si: (1) se hace una política industrial que incentive a los subsectores considerados como clave, particularmente aquellos que tienen un bajo coeficiente de importación, ya que los aumentos de su producción incrementan de manera significativa la producción de otros subsectores de la economía; (2) si se aplica una política industrial que promueva el encadenamiento de los subsectores independientes más dinámicos con el resto de los subsectores de la economía; o mejor aún, (3) si se hace una combinación de las propuestas anteriores, es decir, una política industrial que de manera simultánea incentive a los subsectores clave y promueva el encadenamiento de los subsectores independientes más dinámicos con el resto de la economía.

Bibliografía

*   Calva, José Luis (2001). "La economía mexicana en recesión", en Problemas del Desarrollo, vol. 32, núm. 126, México, Instituto de Investigaciones Económicas-UNAM, pp. 237-252.
*   De María y Campos, Mauricio, Lilia Domínguez, Flor Brown y Armando Sánchez (2009). El desarrollo de la industria mexicana en su encrucijada, México, Universidad Iberoamericana de la Ciudad de México e Instituto de Investigaciones sobre Desarrollo Sustentable y Equidad Social.
*   Esquivel, Gerardo (2010). "De la inestabilidad macroeconómica al estancamiento estabilizador: el papel del diseño y la conducción de la política económica", en Lustig, Nora (coord.), Crecimiento económico y equidad, México, El Colegio de México, pp. 35-78.
*   Fuji, Gerardo (2000). "El comercio exterior manufacturero y los límites al crecimiento económico de México", en Comercio Exterior, vol. 50, núm. 11, México, Bancomext, pp. 1008-1014.
*   Ghosh, Ambica (1958). "Input-Output Approach to an Allocation System," en Economica, 25, pp. 58–64.
*   Guillén, Arturo (2000). México hacia el siglo *xxi*. Crisis y modelo económico alternativo, México, Plaza y Valdés Editores y UAM.
*   Huerta, Arturo (2004). La economía política del estancamiento, México, Diana.

- INEGI (2008, 2013). Matriz de insumo-producto. Consultada el 25 de junio de 2015, disponible en: http://www.inegi.org.mx/est/contenidos/proyectos/scn/c_anuales/matrizinsumo/default.aspx
- Martínez, Lorenza, Aarón Tornell y Frank Westermann (2004). "Globalización, crecimiento y crisis financieras. Lecciones de México y del mundo en desarrollo", en Trimestre Económico, vol. 71, núm. 282, México, fce, pp. 251-351.
- Méndez, José (1997). Veinte años de planeación industrial en México en Comercio Exterior, enero, pp. 50-56.
- Miller, Ronald y Peter Blair (2009), Input-Output Analysis: Foundations and Extensions. Cambridge, GBR: Cambridge University Press.
- Perrotini, Ignacio (2004). "Restricciones estructurales del crecimiento en México, 1980-2003", en Economía *UNAM*, vol. 1, núm. 1, México, UNAM, pp. 86-100.
- Rasmussen, P. Norregaard (1957). Studies in Inter-sectorial Relations. Amsterdam: North-Holland.
- Ros, Jaime (2008). "La desaceleración del crecimiento económico en México desde 1982", en Trimestre Económico, vol. 75, núm. 299, México, fce, pp. 537-560.
- Villarreal, René (2005). Industrialización, competitividad y desequilibrio externo en México. Un enfoque macroindustrial y financiero (1929-2010), México, Fondo de Cultura Económica.

Reflexiones sobre la empresa transnacional automotriz y sus procesos de producción y trabajo a nivel global

Angelina Gutiérrez[46]

Resumen

Este trabajo deriva de una investigación más amplia cuyo objetivo se centra en el análisis de los cambios sistemáticos que, desde principios del siglo pasado y dentro del marco de la reestructuración del capital a nivel mundial, lleva a cabo la Empresa Transnacional Automotriz en sus procesos de producción y del trabajo, en su lucha por abatir costos, incrementar su rentabilidad y evitar la caída de su tasa de ganancia, como una forma de enfrentar en mejores condiciones la competencia. En su conjunto, constituye un punto de partida para la reflexión sobre los profundos y sistemáticos cambios que viene presentando esta empresa respecto a su estructura organizativa global, así como de sus sistemas internacionales de organización de la producción y del trabajo, especialmente en el contenido de éste y, por ende, en el surgimiento de un nuevo tipo de trabajador que, a nivel mundial, responde a las necesidades de la empresa.

Empresa Transnacional Automotriz. Proceso Productivo. Proceso de Trabajo.

1. Introducción

El proceso de globalización no puede ser entendido sin considerar el papel que las Empresas Transnacionales han jugado como agentes fundamentales de la internacionalización del capital, la producción y el trabajo durante los dos últimos modelos de acumulación. La presión que sobre cada una de estas empresas ejerce la competencia oligopólica crea las condiciones para su reestructuración sistemática en su búsqueda por ser más competitivas, factor determinante para reducir costos e incrementar su rentabilidad, como una forma de elevar su tasa de ganancia (Gutiérrez Arriola, 2015)

46 Investigadora del Área. Economía Política del Desarrollo, Instituto de Investigaciones Económicas de la UNAM. Correo electrónico: anguarr@unam.mx

En la sistemática reestructuración organizativa de la empresa transnacional está implícita, la cada vez más dinámica innovación tecnológica del producto y la aplicación de nuevos métodos y técnicas de organización de sus procesos de producción y del trabajo en los que las modernas tecnologías de la producción y comunicación, como son la robótica y las TICs, le permiten operar de manera cada vez más eficiente en su lucha por acelerar el proceso de circulación del capital, aventajar al conjunto de empresas competidoras y, con ello, generar una ganancia extraordinaria.

En gran medida corresponde a la competencia entre las grandes empresas el impulso al desarrollo tecnológico y la aplicación de nuevas y diferentes formas de organización de la producción y el trabajo, característicos de cada etapa histórica, como una forma de volverse más competitiva y eficiente, en respuesta a su necesidad histórica por centralizar su capital y extender el control sistemático de sus fuerzas productivas en el mercado

De aquí que cualquier teoría de la evolución económica del capitalismo deba tomar en cuenta los enormes y sistemáticos cambios que, a través del tiempo, viene presentando la gran empresa en su reestructuración organizativa, proceso en el cual las esferas de la producción y la distribución se vienen condicionando mutuamente como dos esferas de una misma unidad, factores importantes para su expansión.

En función de lo anterior, hoy el estudio de la empresa transnacional requiere, del análisis de una división social del trabajo en la que está implícita una relación cada vez más estrecha de un conjunto de empresas y de trabajadores de diverso origen, composición de capital, ramas y sectores económico que, al ser integrados a cadenas internacionales de producción y distribución, forman parte del proceso de valorización del capital que integra tanto las fases de la producción (valor de uso) como de la circulación (valor de cambio).

Actualmente la cadena internacional de producción y distribución, se conforma por un conjunto heterogéneo de empresas de diversos países y regiones caracterizadas por distintos grados de crecimiento y desarrollo, organizadas de acuerdo a la fase del proceso en la que participan, provocando que la reproducción del capital se lleve a cabo en medio de una desigual apropiación de valor.

En este proceso, la reproducción del capital se lleva a cabo en una nueva relación social capital/trabajo, en la que está presente un cambio en las formas y modalidades que ésta asume a lo largo de la cadena internacional en sus procesos de organización de la producción y del trabajo global en los que el valor encarnado en el trabajo de un conjunto heterogéneo de trabajadores de diversos países y regiones, asume formas particulares en la transferencia de valor de uso al valor de cambio, proceso en el que cobran un papel, cada vez más trascendente, el tiempo, los movimientos y la distancia, en el sentido de que acelerar y acortar este ciclo de reproducción del capital proporciona a la gran empresa la oportunidad de obtener mayores ganancias.

Para el estudio de la empresa transnacional es necesario entender que la rentabilidad es el índice de atracción que rige sobre el capital en su decisión de invertir en determinados sectores económicos, países y regiones. El capital fluirá más rápidamente hacia donde la rentabilidad sea mayor que el promedio, y más lentamente hacia donde ésta sea menor, ya se trate de países desarrollados o subdesarrollados que ofrezcan las mejores condiciones y alternativas de rentabilidad.

Bajo las relaciones capitalistas un modelo de producción se refiere a la forma específica en que las fuerzas productivas se combinan al interior del proceso de trabajo en cada fase y presupone un proceso donde el sistema de producción se encuentra íntimamente ligado al de distribución de mercancías para el intercambio. En este sentido Harvey expresa que el modelo de producción "se refiere a toda la gama de relaciones de producción, intercambio, distribución y consumo, así como a los arreglos institucionales, jurídicos y administrativos, a la organización política y al aparato del Estado, a la ideología y a las formas características de reproducción social" (Harvey, 1990: 36)

2. La Empresa Transnacional Automotriz

Se considera a la Empresa Transnacional Automotriz como un aactor emblemático de gran importancia en la que se concreta, con mayor nitidez, los cambios en los sistemas de organización de la producción y del trabajo, en los dos últimos modelos de acumulación: Fordista - producción en función de la oferta-, o Flexible -producción en función de la demanda-, modelos que, en base al desarrollo tecnológico y la aplicación de métodos y técnicas de organización de la producción y del trabajo, característicos de cada fase, la vuelven cada vez más eficiente y rentable para ser competitiva, condición que, como parte del proceso de acumulación, coadyuva a definir la rapidez del ciclo de circulación del capital, factor que la ha convertido, en mayor o menor medida, en el modelo a seguir por empresas de distintas ramas y sectores económicos, de los más diversos países y regiones.

El liderazgo de la Empresa Transnacional Automotriz se da en función de su estrategia global competitiva en base a cadenas internacionales de producción y distribución de las que derivan sus economías de escala, ya se trate del Modelo Fordista, cuyo rasgo distintivo es la organización vertical y centralizada de la empresa cuyas plantas filiales y subsidiarias concentraban a su interior prácticamente todas las etapas del proceso, o del Modelo en Base a la Flexibilidad, mediante una integración vertical/horizontal y en red de sus plantas filiales y subsidiarias de la que deriva un heterogéneo número de empresas proveedoras de diverso países y regiones.

Lo anterior conlleva un cambio muy importante en las formas de producir y organizar el trabajo de las diversas regiones y países, desarrollados y subdesarrollados, integrados a estas cadenas transnacionales, factor que, de acuerdo a la fase o fases del proceso productivo que en éstos se realiza, impactan las estructuras económicas regionales, con énfasis especial en el empleo.

En especial en la fase flexible, la Empresa Transnacional Automotriz internacionaliza su proceso productivo hacia países que le ofrecen ventajas competitivas y comparativas con las que, en conjunto, busca imponerse como líder dentro de la frontera del desarrollo a nivel mundial. Es así como delega un gran número de fases del mismo en proveedores especializados de distinto nivel, origen y composición orgánica de capital los que, mediante contrato riguroso, las llevan a cabo con mayor eficiencia y bajo costo y cuyos insumos y componentes, de acuerdo al *just in time* (JIT), deben llegar en la cantidad necesaria y en el momento preciso al lugar indicado sin importar distancias, como una forma de acelerar el ciclo de reproducción de capital.

La ubicación y relocalización de los procesos de producción y de trabajo de la Empresa Transnacional Automotriz, ha conllevando cambios profundos tanto en el mapa productivo global, regional o local, como en el comercio internacional entre países y regiones en los que se ubica, al acelerarse el flujo continuo de insumos y componentes relativos al auto mundial. El control que ésta ejerce sobre la organización de la producción, el trabajo y el comercio mundial ha llevado a que se le incluya como actor legítimo en las relaciones internacionales.

En ambos modelos de acumulación, es fundamental considerar el papel fundamental que el Estado ha jugado para favorecer el capital el cual, en competencia por atraerlo, ofrece ventajas comparativas y competitivas que, en conjunto favorecen la acumulación del capital y coadyuvan al buen funcionamiento de la empresa en cada país o región.

A partir de los 70' -a diferencia del Estado proteccionista característico del modelo Fordista-, en el modelo basado en la Flexibilidad el Estado viene creando las mejores condiciones para la valorización del capital, tanto a través de la aplicación de políticas de apertura, privatización y desregulación de las economías con el objeto de eliminar cualquier rigidez o restricción a la libertad del mismo, como mediante el ofrecimiento de los más amplios incentivos al capital como son los diversos servicios públicos y modernas obras de infraestructura en los que el gobierno participa o regula, como son las telecomunicaciones, la industria energética y los sistemas de comunicaciones y transporte: carreteras, puertos, aeropuertos, ferrocarriles, agua, etc., campos a los que se agregan las políticas fiscales y monetarias, fuerza de trabajo calificada o de menor calificación capacitada en función a las necesidades del proceso productivo de la empresa, bajos salarios, seguridad social, cercanía a los mercados de consumo, etc., esto es, conjunto de incentivos que crean las mejores condiciones para la aplicación eficiente de los sistemas de logística de la cadena transnacional de producción de la gran empresa, la que, en un marco de asimetrías existentes entre los países y regiones, aprovecha al máximo estas oportunidades para disminuir costos e incrementar su rentabilidad, ser más competitiva, mantenerse en el mercado e incrementar con ello sus ganancias.

3. Algunas características de la Empresa Transnacional Automotriz del Siglo XXI

Dentro de la reestructuración sistemática de la empresa transnacional automotriz debemos resaltar que el modelo basado en la flexibilidad se desarrolla a partir de los principios básicos relativos a la división del proceso de producción y de trabajo que fueron establecidos por Frederick Taylor y Henry Ford, principios que a su vez, Alfred Sloan en General Motors, adecuó respecto a la organización y gestión de la gran empresa. Estos son:

- Cadena de ensamble,
- Producción en serie y en masa,
- Estandarización de componentes e insumos,
- Homologación y definición precisa de puestos de trabajo
- Determinación de tiempos y movimientos.
- Diferenciación de productos por nicho de mercado y
- División de la empresa en Departamentos, áreas y sectores especializados

Dichos principios, a su vez, fueron readaptados a los métodos y técnicas de organización de la producción y del trabajo, a partir de los siguientes cambios establecidos por Taiichi Ohno y Eiji Toyoda :

- Flexibilidad en el puesto de trabajo y delegación de fases del proceso sin importar distancias.
- *JIT* o justo a tiempo, entrega eficiente de componentes en el lugar y momento preciso lo que tiende a cero inventarios.
- *Kan ban*: o flujo inverso de la cadena de producción basados en la relación cliente/proveedor (primero se vende y luego se produce), en lugar de producir en función de la oferta
- Integración de equipos de trabajo definidos por la empresa.
- *Kaizen*: mejora continua para aumentar la calidad y la eficiencia.
- *Poka Yoke*: calidad, cero errores, evitando reprocesos y desperdicios.

Es así como la Empresa Transnacional Automotriz, conservando los principios que rigen la cadena de ensamble de Henry Ford, se convirtió en una gigantesca cadena flexible de producción y trabajo global a la que, a través de una red de redes, integra a las distintas áreas, departamentos, filiales, subsidiarias y empresas proveedoras que, ubicadas en los más diversos países y regiones, operan, bajo estos mismos principios a los que aplica los nuevos métodos y técnicas de organización de la producción y de trabajo propios del Toyotismo.

Aquí hay que reconocer la introducción del <u>Sistema Modular</u> por la empresa Volkswagen, sistema que a principios de los 90' facilitó a la gran empresa la delegación de un mayor número de fases del proceso productivo, en un selecto número de proveedores de primer nivel -también empresas transnacionales-, los cuales pasaron a convertirse en verdaderos filtros de calidad dentro de la relación cliente/proveedor ya que son estos últimos quienes se encargan del ensamblaje de módulos o sistemas complejos del automóvil y que son integrados por insumos y partes producidas por proveedores de menor nivel. En esta forma los proveedores de 1er nivel pasaron a ser responsables de la entrega, a tiempo y con la calidad, de los módulos y sistemas centrales listos para el ensamble final del automóvil, proceso que contribuye a incrementar la eficiencia, abatir costos y reducir el tiempo necesario para la elaboración y ensamble final del vehículo el cual, mediante modernos sistemas de distribución, llegará al consumidor final, acelerando con ello el ciclo de reproducción del capital a nivel global.

De esta manera, en unos pocos años, la gran empresa transnacional, caracterizada por su gran flexibilidad, estandarización, homologación y racionalización de sus procesos de producción y trabajo aceleró su reestructuración sistemática y, con ello la relocalización geográfica de su producción de una parte del mundo a otra, en *un abrir y cerrar de ojos*, lo cual se tradujo en una serie de adquisiciones, fusiones y alianzas estratégicas, así como el traslado plantas y/o puestos de trabajo –no de trabaja-dores-, de una región o país a otro, en el que están presentes la apertura y modernización de plantas y/o del cierre de otras.

Para lo anterior aplican nuevos métodos y técnicas de organización en los que el desarrollo tecnológico y en especial la automatización y las TICs adquieren un papel fundamental en la creación de sistemas muy elaborados de datos e información fundamentales para la administración y control de sus cadenas productivas, así como de los entornos en el que se ubica y sus oportunidades del mercado y de ganancia. De esta manera planea hasta el último detalle las formas de organización que le permitan internalizar sus costos de transacción como una forma de evitar los cos-tos que implica la utilización del mercado abierto.

Es en función de lo anterior que la empresa fue adquiriendo una gran magnitud cuya coordinación y control vuelve imprescindible la aplica-ción de estrategias de gestión y de logística en constante cambio tomando en cuenta las condiciones de los países en que se ubica. Su expansión a nivel global implica la racionalización del funcionamiento de sus cade-nas internacionales de producción y distribución que, como parte de una totalidad, deben referirse al conjunto de relaciones y mecanismos que se establecen entre el conjunto de países y regiones integrados y que de alguna manera median el proceso de circulación de capital.

4. La Estructura actual
de la Empresa Transnacional Automotriz

Actualmente la estructura global en red de la Empresa Transnacional Au-tomotriz del Siglo XXI comprende su Centro de Dirección y Control Corporativo o *Head Quarter Global,* ubicado en su país de origen, el cual centraliza el control de la estructura corporativa de la empresa y define su estrategia global a seguir en todas y cada una de sus áreas: I&D, in-novación y diseño, producción, distribución, *marketing*, financiamiento y servicios. Parte fundamental de su estrategia es el control eficiente de su organización, así como el conocimiento profundo del comportamiento de los mercados y de las empresas competidoras, lo que le permite tanto planificar la relocalización de su producción hacia diversos países, como también planificar la obsolescencia del producto y el desarrollo de nue-vos modelos.

Es a partir de esta estrategia que la empresa, a su vez, delega estas funciones en sus *Head Quarter* regionales, los que, distribuidos entre los tres principales bloques comerciales -Europa, América y Asia- le ga-rantizan, mediante políticas de gestión, tanto el funcionamiento eficiente de su estructura productiva regional en red, como también competir por la obtención de una mayor proporción del mercado al interior de los bloques a partir de la distribución de plantas filiales, subsidiarias y proveedoras que, ubicadas en diversos países de la región, se caracterizan por presentar una cada vez mayor intensidad de capital y concentrar un selecto número de trabajadores formales calificados de los países donde se instala.

En torno a estas plantas se integra –directa o indirectamente-, un heterogéneo número de empresas proveedoras –algunas de éstas locales-, especializadas en diversas fases de la producción, distribución, comercialización o servicios diversos, las que mediante contratos rigurosos, participan en las cadenas internacionales de producción y distribución. Es en estas empresas donde se concentra gran número de trabajadores, con diversos grados de calificación los que si bien laboran en forma directa para una empresa proveedora, operan en forma indirecta dentro del mismo proceso productivo de la empresa transnacional y, por lo mismo se encuentran sujetos a las exigencias globales de la empresa transnacional automotriz.

De este modo por tratarse de una producción en constante cambio, la cual se fragmenta y ajusta a la demanda, la empresa transnacional automotriz, como núcleo central de la red, estará en mejores condiciones para competir en el mercado, competencia que, a su vez, impacta sistemáticamente sobre las redes y subredes de proveedores, los cuales, para continuar formando parte de la cadena internacional, deberán adaptarse rápidamente a las exigencias de la gran empresa en el ámbito de la tecnología y reducción de costos. Esta misma situación se retrasmite a los trabajadores de estas últimas empresas, que si bien forman parte, directa o indirecta del mismo proceso productivo de la empresa transnacional, en gran parte operan bajo el *outsourcing*, y por lo mismo es en éstos en quien recae el mayor impacto provocado por los efectos de la competencia.

Es así como, a partir de sus centros corporativos de dirección, que la empresa transnacional automotriz, aplicando el desarrollo de la ciencia y la tecnología, así como los nuevos métodos y técnicas de organización a lo largo de sus cadenas internacionales de producción y distribución, está en condiciones de obtener un mayor control y coordinación de toda su estructura en red por la que fluyen, de manera continua y eficiente, tanto información, órdenes y capitales, así como de materias primas, insumos y bienes intermedios y terminados.

Al enlazar la administración de sus divisiones de producción con las divisiones de *marketing* y distribución, la empresa desarrolla, con mayor éxito, el control y la planeación de sus procesos de producción y de trabajo a nivel global, regional o local en ello está presente la información relativa al comportamiento de los mercados y de las empresas competidoras a fin de afrontar en mejores condiciones la competencia. La integración en red de cadenas y subcadenas internacionales de producción y de trabajo le facilitan tanto interiorizar los costos derivados de las transacciones comerciales que implica el mercado abierto, como también redistribuir ganancias y riesgos entre sus proveedores, evitando, en lo posible, las consecuencias que ella sola pudiera enfrentar en la producción de miles de vehículos con alguna falla en el manejo, dentro de un mundo lleno de tecnologías y demandas cambiantes, lo que repercutiría severamente en sus costos. A su vez, la estandarización de módulos y componentes le permiten el ensamblaje simultáneo de varios modelos sobre una plataforma común sin tener que detener la línea de ensamble, así como reequilibrar la producción de acuerdo a la demanda, evitando los riesgos que implica detenerla frente a una caída o crecimiento en ventas de un modelo determinado.

Un instrumento básico para el control y coordinación de la organización eficiente de la gran empresa automotriz son sus estrategias de Gestión y logística que aplica tanto al interior de su estructura, como en su entorno externo de acuerdo al país o región donde se ubica, lo cual conlleva políticas de negociación de carácter económico, político y social acordes al contexto socioeconómico en que actúa.

La flexibilidad con que opera la empresa en toda su estructura le permite estar en una situación de permanente cambio para readaptarse a los cambios en la demanda en el mercado, así como a las condiciones socioeconómicas de cada país o región, tomando en cuenta el desarrollo, salarios, precios, divisas, recursos naturales, infraestructura e incentivos en general, así como posibles proveedores y, en especial el potencial de posibilidades que aporta el conjunto de las habilidades, formación y conocimiento de una fuerza de trabajo, tanto de personal calificado: ingenieros, diseñadores, administradores y profesionistas en general, como de técnicos y trabajadores funcionales al proceso.

5. La Empresa Transnacional Automotriz y los trabajadores

Los nuevos cambios de organización en la producción definen las nuevas formas de organización del proceso de trabajo en el que la tecnología tiene un papel fundamental. A medida que prolifera una nueva división del trabajo y las interacciones del mercado se vuelven más complejas, se incrementa la presión para tratar de reducir tanto los costos y tiempos de producción y distribución para acelerar el ciclo de circulación del capital.

En especial en la fase flexible, junto al desarrollo acelerado de las TICs se presenta una espiral interminable de cambios tecnológicos y organizacionales que afectan a la gran empresa automotriz, en una lucha desesperada por continuar compitiendo en el mercado. Es por esta razón que la empresa, al reorganizar su producción a nivel internacional, al tiempo que cierra, moderniza y/o instala nuevas plantas con equipo necesarios para un mejor funcionamiento, opta por subcontratar gran parte de sus fases productivas y de distribución en una heterogeneidad de empresas proveedoras especializadas de diverso origen y tamaño las que, deberán aplicar, en mayor o menor medida, los nuevos métodos y técnicas de organización de la gran empresa.

Métodos y técnicas que, en base a la relación cliente/proveedor, incrementan la eficiencia, reducen costos y contribuyen a acelerar la velocidad del ciclo de rotación del capital. No obstante, la fragmentación del proceso de producción y de trabajo a nivel global, conlleva una gran complejidad en la organización y funcionamiento de la empresa con gran impacto en las regiones donde se ubica.

La aplicación de estos nuevos métodos y técnicas no está exento de compensaciones y contradicciones ya que viene implicando la necesidad de un nuevo tipo de trabajador que, al verse sujeto a la productividad colectiva global de la gran empresa enfrenta, directa o indirectamente, las nuevas formas en que se expresa la contradicción capital/trabajo

En este sistema, la estandarización del proceso a nivel mundial conlleva tanto la estandarización de componentes e insumos, como también de procesos de producción y de trabajo lo que permite a la empresa llevar a cabo la homologación de puestos y, con ello, la exportación del trabajo –que no de trabajadores-, lo cual expresa la forma en que la empresa concibe al mundo como un mercado de trabajo. Actualmente se requiere un nuevo tipo de trabajador, flexible y polivalente, listo para adaptarse a las nuevas tecnologías y ser capaz de cambiar fácilmente de una línea de producción a otra. Esta capacidad de adaptación, que a menudo requiere una cada vez mayor educación formal y capacitación constante, en las que están implícitas nuevas habilidades administrativas, técnicas y conceptuales, traen consigo un nuevo ordenamiento jerárquico *ad hoc* a las necesidades de la empresa en cualquier lugar donde se instale.

La forma en que los trabajadores se relacionan entre sí como una manera de reforzar mutuamente su desempeño de las fases del proceso de trabajo a las que están suscritos al interior de la cadena internacional evidentemente, tiene que ver con la productividad colectiva de la empresa.

Una gran empresa estructurada en cadenas internacionales de producción y distribución, por cuya red de redes fluye un intercambio sistemático de bienes e insumos estandarizados, supone que gran parte de las relaciones sociales de intercambio, se expliquen en términos del trabajo social realizado por el conjunto heterogéneo de trabajadores, que son recompensados diferencialmente, dado que en ellos está presente una variedad de factores como son la fase o fases del proceso productivo en que se especializan, habilidades, formación, recursos tecnológicos, productividad, remuneraciones, edad, organización sindical, condiciones de vida, etc., de cada país o región integrado a las cadenas internacionales de producción y distribución.

Debemos agregar que, a lo largo de la cadena internacional de producción y distribución, la Empresa Transnacional Automotriz se apropia del conocimiento de los trabajadores tanto el racional y explícito de técnicos e ingenieros, como del empírico o tácito de los trabajadores funcionales al proceso, conocimiento que, a su vez, es materializado u objetivado, como trabajo muerto, tanto en activos tangibles o activos fijos, -robots, computadoras, *transfers*, grúas y maquinaria en general-, como en activos intangibles -software, sistemas de computación y de comunicación, así como en los métodos y técnicas de organización de la producción y del trabajo. Lo anterior, si bien permite a la empresa potenciar su fuerza de trabajo en todas las fases subsecuentes de la cadena productiva global, al mismo tiempo y como consecuencia de la racionalización sistemática con que opera, su fuerza de trabajo tiende a reducirse.

En otras palabras, la utilización cada vez mayor del trabajo intelectual objetivado, al aplicarse en todas las áreas y sectores económicos, ha creado las condiciones para el desarrollo de la empresa, cuyas consecuencias es la disminución sistemática del número de trabajadores que es sustituido por la automatización, robotización y nuevos sistemas de organización de la producción y del trabajo, coadyuvando con ello, al incremento desproporcionado del ejército industrial de reserva.

Es así como el conocimiento del trabajador adquiere hoy un gran valor ya que éste, apropiado por la empresa, se convierte en capital intangible mediante la aplicación de técnicas como es el caso de la mejora continua o *kaisen*: cada aporte que implique reducción de tiempos muertos, disminución de desperdicios, eliminación de reprocesos y mejor utilización de equipo e insumos en cualquier fase del proceso de producción, es transformado por la empresa en innovaciones tecnológicas y/o métodos y técnicas de producción que pueden ser aplicables en sus plantas a nivel global. Este proceso se lleva a cabo sistemáticamente en cada una de las diferentes fases de la cadena internacional de producción, dispersas geográficamente entre los países desarrollados y subdesarrollados que participan en la elaboración del auto mundial.

6. La Nueva Competencia Global

En la integración de cadenas internacionales de producción y distribución automotriz está implícito el agudizamiento de la competencia a todos los niveles lo que influye en algunos de los siguientes cambios a nivel internacional:

1. Se agudiza la competencia oligopólica entre las empresas transnacionales, lo que conlleva una mayor concentración de capital. En ella están presentes las fusiones, adquisiciones y alianzas estratégicas entre las propias grandes empresas y entre éstas y sus proveedoras.

2. Nuevas relaciones de interdependencia entre los diversos países y regiones que compiten por ser integrados a las cadenas internacionales de producción, distribución, comercialización y servicios, lo cual ha conllevado una reestructuración en el mapa productivo mundial, regional y local, como producto de la relocalización y traslado de procesos de producción y de trabajo hacia nuevos centros productivos, lo que da lugar a procesos de industrialización en algunos países y regiones –como son México, Brasil, China, Corea del Sur y Turquía– y la desindustrialización en otros.

3. Integración de un conjunto heterogéneo de empresas proveedoras globales, regionales y locales de diverso nivel, origen, composición y estructura económica, las cuales compiten entre sí por formar parte –directa o indirecta-, de las cadenas internacionales de producción.

4. Surgimiento de un nuevo tipo de trabajador; tanto especializado como de menor calificación, que es integrado, en forma directa o indirecta, a las cadenas transnacionales de producción y distribución acorde a las nuevas necesidades de la empresa, los cuales compiten entre sí -ya sea a nivel de planta, local, regional o internacionalmente-, por continuar formando parte del mismo proceso productivo, de allí la competencia intertrabajadores.

5. Por las características de la organización de la empresa transnacional automotriz, el número de trabajadores que laboran en forma directa con la empresa –y que cuentan con mejores salarios, condiciones de vida y de trabajo-, tienden a reducirse, en tanto que, el número de aquellos otros, integrados en forma indirecta a través de la subcontratación de empresas proveedoras, si bien a nivel global incrementan su número en forma importante, en general se encuentran sujetos al *outsourcing*, y por lo mismo a la inseguridad en el empleo que se ex-

presa en un abanico de menores salarios, prestaciones y condiciones de vida, convirtiendo a la industria automotriz en uno de los sectores que más empleo genera a nivel mundial.

Es en el conjunto de estos cambios a nivel global donde se encuentra la base con que esta empresa lleva a cabo sus economías de escala en las que está implícita un gran número de países y empresas con diversa capacidad instalada, salarios, divisas, regulaciones, incentivos, etc., que le facilitan establecer el costo medio de producción, como una forma de estar en condiciones de competir con las demás empresas transnacionales del ramo y contar con los elementos para establecer el precio de venta correspondiente a cada nicho de mercado.

El control monopolista y el poder del mercado permiten que la gran empresa transnacional sea una 'creadora de precios' en vez de una 'tomadora de precios' en el mercado. Si bien toda gran empresa cuenta con una serie de estrategias para fijar los precios, ninguna es exactamente igual a la otra y algunas, como la fijación del costo marginal en los precios, armonizan con las circunstancias de la oferta y la demanda como nunca lo hizo antes una empresa respecto a la fijación de precios en el mercado. El ir delante de las empresas competidoras y la planificación de la obsolescencia es particularmente importante para permanecer en el mercado.

Esta situación, a su vez, viene provocando un cambio profundo en el comercio internacional, en especial por el incremento en el flujo de insumos y componentes que, como parte del auto mundial, son elaborados en diferentes países y regiones.

Debemos mencionar que otra de las consecuencias de la integración de cadenas internacionales de producción y distribución, ha sido la transformación de los llamados procesos de maquila de exportación, que hoy comprenden tanto aquellas empresas proveedoras especializadas en fases que requieren en forma intensiva fuerza de trabajo de menor calificación, como aquellas otras empresas proveedoras de primer y segundo nivel, en gran parte empresas transnacionales intensivas en capital, especializadas en sistemas de mayor complejidad, el diseño y la innovación tecnológica las cuales requieren trabajadores de mayor calificación y eficiencia. No debemos olvidar entre estas últimas las grandes empresas transnacionales especializadas en servicios de telecomunicación, transporte y servicios diversos que operan como proveedoras y son fundamentales para el funcionamiento eficiente de la ETA.

El capital es un valor que necesita estar en movimiento: el acto de ser transformado de dinero en actividad productiva, luego en mercancía, y luego en dinero conlleva un fuerte incentivo por acelerar su rotación lo más posible. En cada cambio de modelo de producción se considera cada vez más importante y necesario acelerar el ritmo de rotación del capital y con ello, de la acumulación. De allí la necesidad del cambio tecnológico y la aplicación de nuevos métodos y técnicas de organización.

Bibliografía

* Braverman, Harry {1974} *Trabajo y Capital Monopolista*, México, Ed. Nuestro Tiempo, 513p
* Coase, R.H {1994} *La Empresa, el Mercado y la Ley*, Alianza Edit. Madrid 224p
* Gutiérrez Arriola, Angelina {2015}, *La Empresa Transnacional Automotriz en el Proceso de Reestructuración del Capital, la Producción y el Trabajo a nivel mundial. Un Marco General para comprender la nueva forma de inserción de países como México y Brasil en las Cadenas Internacionales de Valor*. Tesis Doctoral en Estudios Latinoamericanos, UNAM, 315 p.
* Gutiérrez Arriola, Angelina {2011} *La Empresa Transnacional en la Reestructuración del Capital, la Producción y el Trabajo*, Coed. IIEc UNAM, FE, Juan Pablos Edit. 290p.
* Harvey, David {1990} *Los Límites del Capitalismo y la Teoría Marxista*, FCE México.
* _____ {2004} *La Condición de Posmodernidad. Investigación sobre los Orígenes del Cambio Cultural*, Amorrortu Edit., Buenos Aires, 1ª. Reimp., 401 p.
* Juárez Nuñez, Humberto, Lara Rivero, Arturo, Bueno, Carmen (Coord), {2005}, *El Auto Global, Desarrollo Competencia y Cooperación en la Industria del Automóvil*, Benemérita Universidad Autónoma de Puebla, UAM-X, Universidad Iberoamericana, CONACYT, 603p
* Shaikh, Anwar {1990}, *Valor, Acumulación y Crisis. Ensayos de Economía Política*, 3er. Mundo Edit., Colombia, 407p

TEMA VII. ESTUDIOS DE CASO: NANOTECNOLOGÍA

Hacia un estudio de cadena de valor de empresas de nanotecnología en México[47]

Edgar Zayago Lau[a], Guillermo Foladori*, Liliana Villa*
Richard P. Appelbaum+, Edgar Ramón Arteaga*, y Rachel Parker

Resumen

En este trabajo se clasifica a las empresas de nanotecnologías en México en una cadena de valor simple. Los resultados deben ser sometidos a contrastación, ya que se trata de un primer ejercicio clasificatorio que aclara la tendencia de desarrollo de estas tecnologías en el país. Se parte de un inventario de 139 empresas nanotecnológicas. 21 de ellas se ubicaron en la primera etapa, la de nanomateriales. En el siguiente eslabón de la cadena, la de nano-intermedios, localizamos 41. El de productos finales agrupó el grueso, con 72. El resto se clasificaron en la etapa de nano-herramientas. Destaca que la mayoría de las empresas son trasnacionales extranjeras, aunque el grueso de los procesos de manufactura tiene lugar en México.

Palabras clave: nanotecnologías, México, cadena de valor, empresas

[a] Centro de Investigación y de Estudios Avanzados (CINVESTAV)
*Universidad Autónoma de Zacatecas
+Universidad de California, Santa Bárbara
Universidad de Toronto

47 Este trabajo forma parte del proyecto: Nanotechnology in the Mexican industrial policy. A comparative methodological framework" de UC MEXUS-CONACYT Collaborative Grant, 2014-2015. Edgar Zayago Lau agradece el apoyo brindado por el Centro de Investigaciones y de Estudios Avanzados (CINVESTAV).

Introducción

Los resultados aquí presentados forman parte de un proyecto de largo alcance que tiene el objetivo de construir una cadena de valor de las empresas de nanotecnologías (NTs)[48] en América Latina. En este trabajo presentamos los resultados para México. Al momento de redactar este artículo no encontramos referencias acerca de trabajos similares para otros países de la región, en consecuencia intentamos construir un primer acercamiento orientador, que permita ilustrar los vínculos, áreas y sectores productivos en las que estas tecnologías se insertan. Para ello el presente trabajo se despliega en cuatro secciones. En la primera pasamos revista a los conceptos básicos sobre NTs y su importancia económica. En la segunda sección exploramos la relevancia de la cadena de valor como herramienta analítica, y lo ejemplificamos en relación a las NTs. En la tercera parte colocamos a las empresas nanotecnológicas en México en las diferentes etapas de una cadena de valor simple y culminamos con unas conclusiones.

1. Breviario del nano mundo

Las NTs en su definición más amplia implican la comprensión y el control de la materia en la nano escala –entre 1 y 100 nanómetros– para desarrollar aplicaciones únicas y novedosas (NNI, s/f). Un nanómetro es la mil millonésima parte de un metro, lo cual es invisible al ojo humano. Por ejemplo, las uñas de las manos crecen alrededor de un nanómetro por segundo, el virus de VIH puede medir alrededor de 100 nanómetros y el cabello humano puede tener 80 mil nanómetros de diámetro, mientras que un nanotubo de carbono, creado con herramientas nanotecnológicas, tiene tan sólo 1 nanómetro de diámetro.

El carácter revolucionario de las NTs se basa, precisamente, en la manipulación de la materia en la escala nano, ya que las características físico-químicas se manifiestan en formas distintas respecto a los mismos materiales a escala mayor.

Aunque el desarrollo de la las NTs tomó vigor en el umbral del siglo XXI, la humanidad las ha aplicado, quizá inconscientemente, desde la antigüedad. Un ejemplo es la copa de Licurgo, la cual fue elaborada hace 1600 años en la antigua Roma. El líquido vertido en la copa altera la interacción de las nano partículas de oro y plata contenidas en las paredes del recipiente, lo que motiva cambios de color en el mismo (Merali, 2013).

---

48 Este término engloba a todas las tecnologías que explotan las propiedades de la materia en la escala nanométrica. En realidad se trata de un paquete de tecnologías aplicado a todos los sectores económicos. Utilizamos el término de manera amplia para agrupar a las nanociencias y nanotecnologías.

El acero de las espadas de Damasco es otro ejemplo de la manufactura nanotecnológica antigua. Un estudio publicado por la revista *Nature* reveló entramados de nanotubos de carbono en el acero de las espadas, lo que explica su mayor resistencia respecto a las espadas europeas (Reibold et al., 2006). Asimismo, el color rojo y el color amarillo en los vitrales de la Edad Media se conseguían a partir de la aplicación de nano partículas de oro y de plata respectivamente. Los vitrales no han perdido intensidad de color a pesar de siglos de exposición al sol, a los rayos ultravioleta y a otros factores ambientales. Por su resistencia y durabilidad, la misma tecnología es aplicada hoy en día en los cristales de exploración espacial (Zolfagharifard, 2013). El uso de nanomateriales en dicho periodo se usó en cerámica, armaduras, utensilios y otros bienes.

El trabajo con las NTs en tiempos modernos se aceleró en 1990, cuando las primeras empresas especializadas abrieron sus puertas. Zyvex, por ejemplo, surgió en 1997 en Estados Unidos y se especializó en el desarrollo de nanomateriales para varios sectores industriales (Zyvex, 2015). La compañía Nanotex abrió sus puertas en 1998, y actualmente sigue manufacturando textiles con propiedades físico-químicas similares al manto de algunos animales, lo cual les permite repeler polvos y humedades (Nanotex, 2015).

La inserción de las NTs en los planes de ciencia y tecnología (CyT) se aceleró en 2001, cuando los Estados Unidos lanzaron su Iniciativa Nacional. Actualmente un sinnúmero de países han seguido este ejemplo y se han sumado a la "nano ola" mediante iniciativas similares, políticas públicas sectoriales o planes de acción específicos. De acuerdo a una encuesta de la Organización para la Cooperación y el Desarrollo Económico (OCDE), al 2013, Argentina, Canadá, China, Corea, Dinamarca, Estados Unidos, Francia, Israel, Japón, Nueva Zelanda, Noruega, Polonia, Sudáfrica y Países Bajos, de manera individual, y la Unión Europea tienen programas nacionales de investigación en NTs (WPN, 2013). Existen otros países que, como México, no tienen una iniciativa nacional o política pública específica pero que aun así desarrollan activamente a las NTs.

El interés de los países en promover las tecnologías de lo diminuto no sorprende, puesto que la promesa de grandes ganancias está en función al tamaño y al potencial crecimiento del mercado. Existen varios factores que favorecen tal situación: la globalización (mercados integrados en cadenas de valor internacionales), la posibilidad de aplicación de estas tecnologías en cualquier sector económico (habilitación), la combinación de varios servicios en un solo producto (multifuncionalidad) y mayor duración de los productos nano (eficiencia incrementada). En 2010, el valor comercial de las NTs se estimó en 339 mil millones de dólares y, tan sólo dos años después, en 731 mil millones de dólares (Luxresearch, 2014).

Hoy en día hay varios inventarios que intentan seguir el aumento de productos en el mercado. El primero fue creado en 2005 por el Woodrow Wilson International Center for Scholars (WWICS), en Washington D.C., Estados Unidos. Dicho inventario cuenta con más de 1 800 productos registrados (WWICS, s/f). Sin embargo, éste sólo registra empresas anglosajonas o que anuncian el contenido nanotecnológico de sus productos en inglés, lo cual limita su trascendencia. Dinamarca tiene un inventario de productos de NTs que circulan en el mercado local: *Nanodatabase*. El inventario es patrocinado por el Consejo Danés de Consumidores, el Departamento de Ingeniería Ambiental y el Consejo Ecológico. A inicios de 2015 se tenían identificados 1 423 productos (Nanodatabase, 2015). En América Latina la Fundación Argentina de Nanotecnología (FAN) es la encargada de dar seguimiento al mercado y actualmente tiene un registro de 40 empresas (FAN, 2015). En México, pese a ser uno de los líderes en América Latina, no hay ninguna iniciativa similar al momento.

2. Elementos de análisis para una cadena de valor de NTs

La cadena de valor es una herramienta útil para comprender las interconexiones de un proceso productivo, ya sea al interior de una compañía, sector económico o etapa específica. La cadena de valor, una vez construida, permite observar todas las actividades requeridas para llevar un producto o servicio al consumidor final: desde la investigación y desarrollo (IyD) hasta el manejo de desechos.

El término "cadena de valor" avanzó a partir del desarrollado por Hopkins y Wallerstein; según estos autores se trata de "una red de trabajo y procesos de producción cuyo resultado es un producto terminado (1986: 159)". Gary Gereffi (1994: 97), por su parte, la define como "un conjunto de redes inter-organizacionales agrupadas alrededor de una mercancía o producto que vincula hogares, empresas y Estados dentro de la economía global." No es intención de este artículo detallar las diferentes concepciones.

Utilizamos el término cadena de valor en un sentido amplio y con propósito utilitario para organizar la información del caso que nos ocupa. Empero, vale apuntar que para según Park, Nayyar y Low (2013) existen varios términos que, sin ser necesariamente intercambiables, contienen elementos comunes: cadena de valor global (Global value chain), corriente de valor (Value stream), gobernanza de la cadena de valor (Value chain governance), cadena de valor de la mercancía (Global commodity chain), redes de producción global (Global production networks) y cadena de valor agregada (Value-adding chain).

La noción de cadena de valor que utilizamos en este trabajo incorpora ciertos elementos de análisis implementados por Sturgeon (2001) en su teoría de redes de producción; no obstante, agregamos algunos conceptos para ampliar su alcance: a) la secuencia de transformación material; b) las actividades humanas y servicios asociados; c) las transformaciones de valor; d) los mecanismos de poder y de control de la cadena; e) el contexto histórico social de las relaciones de producción. Estos aspectos tienen su manifestación en el desarrollo de cualquier tecnología. A continuación los aplicamos para el caso de las NTs.

Transformación material. La manipulación y modificación de la materia es una característica implícita en los procesos productivos, más que evidente para el caso de las NTs. Esto es observable en cualquier material manipulado, como por ejemplo el carbón. Es sabido que este material se aplica en distintos campos en diferentes presentaciones. El grafito, derivado del carbón, es utilizado en la punta de los lápices. Se trata de un material poco resistente, muy flexible y con poca conducción eléctrica. El diamante, en contraste, es un alótropo de carbón extremadamente duro (el más resistente en el planeta), con alta dispersión de luz y conductividad térmica; de ahí que tenga varias aplicaciones industriales. Por su parte, los nanotubos de carbono, manufacturados a partir de nanotecnología, son muy buenos conductores térmicos (Berber et al., 2000), son 117 veces más resistentes que el acero y 30 más que el kevlar (Chiachi et al., 2010), manifiestan superconducción eléctrica (Tang et al., 2001) y pueden llegar a ser altamente tóxicos a nivel celular (Porter et al., 2007).

Probablemente los nanotubos de carbono sean el nanomaterial más comercializado en el mundo. El control del mercado lo tienen empresas con sede en China. CNano, por ejemplo, tiene una línea de producción de nanotubos de carbono de pared simple con una capacidad anual de 2 mil toneladas (Cnano, 2015). Por su parte, Times nano, empresa de la Academia China de Ciencias y ubicada en Chengdú, tiene una capacidad instalada de aproximadamente 2 mil 500 toneladas anuales (Timesnano, 2015). Las anteriores son capacidades instaladas y no se sabe si efectivamente estas empresas producen en su máxima capacidad anual. Las cifras absolutas del mercado de nanotubos son difíciles de seguir por las distintas variedades (pared simple, multi-pared, compuestos, etc.) y por la inexistencia de normas obligatorias de etiquetado e identificación.

Actividades humanas y servicios asociados. Aquí se incluyen aspectos como investigación y desarrollo (IyD), fuerza de trabajo de los procesos materiales, servicios externos directos e indirectos y de apoyo. La IyD destaca al ser eslabón originario del proceso productivo, y hoy en día se orienta según las necesidades de las cadenas de valor global. Las

NTs se caracterizan en las iniciativas nacionales o en los documentos de política pública como herramientas con potencial de incrementar la competitividad. De acuerdo a un documento elaborado por varias agencias de inteligencia de Estados Unidos, existen más de 60 países con iniciativas o planes para fomentar la IyD de las NTs (Clunan & Rodine-Harding, 2014). En 11 años se han destinado aproximadamente 67 mil millones de dólares para la IyD de las NTs (Científica, 2011). Esto equivale a la línea de crédito flexible que el Fondo Monetario Internacional (FMI) mantiene con México. En el mismo sentido, Estados Unidos ha invertido, desde 2000, 22 mil millones de dólares (NNI, 2015); mientras que México destinó 60 millones de dólares para el periodo 2005-2010 (Takeuchi y Mora Ramos, 2011). Aunque haya diferencias entre los países a la vanguardia y los que les siguen, lo cierto es que la mayoría invierte fuertes cantidades dentro de cada contexto social y económico.

Transformaciones de valor. Se incluyen aspectos como la creación de valor (implícito en la modificación de la materia), el incremento del valor (cuando existe valor agregado en el proceso de manufactura) y la apropiación de valor (mediante la validación de la propiedad intelectual, por ejemplo vía patentes). El incremento del valor se identifica cuando aumenta el precio final del artículo modificado con NTs. Lo anterior tiene también implicaciones en la forma que se distribuye valor agregado en las distintas etapas de la cadena. De manera general, por ejemplo, Lux Research (2004) estimó tal relación en algunas etapas de la cadena y el volumen de nanoproductos en el mercado (Tabla 1).

Tabla 1
Valor de los productos en el mercado según etapa en la cadena de valor[49]

Etapa de la cadena de valor	Valor en US$ en 2004 (millones)	% de valor agregado por etapa
Nanomateriales	134	1.1
Nano intermedios	851	7.1
Productos finales nano habilitados	12 001	100.0

Fuente: (Lux Research, 2004).

---

49 Basado en un modelo con 42 productos (Lux Research, 2004).

Observamos que en la primera etapa, la de nanomateriales, se estima un porcentaje de valor agregado de 1.1%. En contraste, en la etapa de productos finales nanohabilitados se agrega un valor de 100%. Vale resaltar que esto no necesariamente significa una alza de precio. El gramo de nanotubos de carbono, por ejemplo, ha bajado de más de 1 000 dólares a principios del siglo XXI a menos de 100 una década después (Rogers, Adams, & Pennathur, 2011). Claro está que este no es el caso en todos los productos, pero el ejemplo es elocuente.

Mecanismos de poder y de control de la cadena. Al respecto no hay nada más representativo que el control ejercido en la generación, comercialización y distribución del conocimiento mediante patentes. Las patentes son un subproducto de la IyD, y también forma parte del esquema para llevar flujo de capital a la empresa, ya sea como valor de venta, en forma de licitación o como garantía para obtener un préstamo (Foladori, 2014). Las patentes, cuyos origines datan del siglo XV, representan el vínculo moderno e inquebrantable entre el conocimiento y los grupos sociales que se adueñan de él. El caso de las NTs no escapa a esta condición estructural e histórica, lo cual es evidente en la tabla siguiente.

Tabla 2
Empresas con más patentes de NTs en el mundo (hasta 2011)

	Empresa	País de origen	Sector
1	Samsung	Corea del Sur	Computadoras y Electrónicos
2	IBM	Estados Unidos	Computadoras y Electrónicos
3	Hon Hai Precision	Taiwán	Computadoras y Electrónicos
4	Universidad de California	Estados Unidos	Universidad y gobierno
5	Universidad Tsinghua	China	Universidad y gobierno
6	3M	Estados Unidos	Productos diversos

7	MIT	Estados Unidos	Universidad y gobierno
8	GenAsys	Australia	Salud
9	Xerox	Estados Unidos	Computadoras y Electrónicos
10	Dupont	Estados Unidos	Químicos

Fuente: (Jorndan, Kaiser & Moore, 2012).

Entre las 10 principales empresas con más patentes de NTs hay seis estadounidenses, incluyendo la Universidad de California que, aunque pertenece al sector educativo, mantiene relaciones estrechas con el sector privado. El dominio de empresas estadounidenses también ha sido puesto en evidencia en otros estudios (Dang et al., 2010). Esto significa que el conocimiento nanotecnológico esta siendo apropiado mayormente por empresas transnacionales con sede en países altamente industrializados.

Contexto histórico y social de las relaciones de producción. Hay varios aspectos que inciden en la consolidación de las cadenas de valor. Por mencionar algunos: la condición geográfica, los acontecimientos políticos, el contexto institucional, la infraestructura, el costo de la fuerza de trabajo, el conocimiento histórico acumulado y la administración pública. Existe, sin embargo, un elemento orientador que, en última instancia, es determinante, la ganancia potencial. En muchas ocasiones el componente de ganancia potencial juega un papel central en la toma de decisiones sobre en dónde colocar un nodo de la cadena de valor. El nivel de desarrollo de las plataformas productivas de los países es heterogéneo, y eso tiene un impacto en la consolidación de los eslabones, así como la estabilidad económica, social y política de cada nación.

3. Hacia una cadena de valor nanotecnológica en México

El primer paso es identificar a los diferentes agentes que participan en las distintas etapas de la cadena de valor. En este proyecto utilizamos una estructura de cadena de valor simple, la cual fue desarrollada inicialmente por Luxresearch (2004), y posteriormente ampliada por Frederick (2014). La cadena se estructura en cuatro etapas vinculadas con procesos productivos específicos:

i. Nanomateriales, que tienen una, dos o tres dimensiones en la nano escala;

ii. Nano–intermedios, en los que normalmente funcionalizan nano partículas o nano estructuras o hacen compuestos para ser aplicados a los productos finales;

iii. Productos finales nano–habilitados son lo que incorporan nano materia prima y/o nano intermediarios; están destinados al consumidor final o a la industria como medios de producción, ya que no sufren nuevas transformaciones físico-químicas, y eso lo distingue de los productos intermedios, y

iv. Nano–herramientas, equipo y maquinaria está conformado por equipo de medición, manipulación, análisis y producción de nanomateriales y nano estructuras o su aplicación a otros procesos productivos.

Existe una etapa adicional, la de IyD. No obstante, sólo la registramos de manera parcial, dado que es difícil ubicar a los agentes que realizan actividades de IyD y que comercializan manufacturas con NTs; muchas veces la información en esta etapa es subestimada.

En México, la información sobre las NTs se encuentra extremadamente dispersa, ya que no hay una institución u organismo encargado de dar seguimiento a su desarrollo. Por tanto un paso inicial hacia la construcción de una cadena de valor es identificar a los agentes directamente involucrados en la manufactura de productos de nanotecnología; es decir las empresas.[50] Nosotros logramos ubicar 139 empresas (Záyago et al., 2015). Para determinar la clasificación de los productos nanotecnológicos en la cadena de valor se utilizaron varios conceptos claves (tabla 3). Éstos se aplicaron manualmente en una base de datos con la información básica de cada producto, misma que se obtuvo de los catálogos o publicidad de la propia empresa.

---

50 El inventario es resultado de una investigación de largo aliento encaminada a estudiar las cadenas de valor en América Latina.

Tabla 3
Conceptos clave para identificar productos de la nanotecnología en la cadena de valor

Materia prima	Materiales intermedios	Productos finales	Instrumentos de medición y manipulación
Nano partículas Nano fibras Nanotubos Nano cables Nano partículas esféricas Nano-capas Nano-películas	Recubrimientos Catalizadores Sensores y NEMS Generadores y almacenado-res de energía Transportado-res de fármacos Circuitos inte-grados Nano compues-tos	Vestimenta Artí-culos deportivos Artículos para el hogar Productos de construc-ción Transporte Electrónicos y computadoras Productos para el cuidado per-sonal Alimentos y productos agrícolas Pro-ductos médicos y medicinas	Equipo o herra-mienta dedica-da al análisis, desarrollo, producción o aplicación de nanomateriales o materiales nano estructu-rados

Fuente: (Basado en Záyago et al., 2015).

A partir de la clasificación de cada empresa o producto según la etapa correspondiente, pudimos construir una primera estructura de una cadena de valor simple para las NTs en México. Los detalles se exponen en el siguiente gráfico.

Gráfico 1
Distribución porcentual de las empresas en la cadena de valor de las nanotecnologías

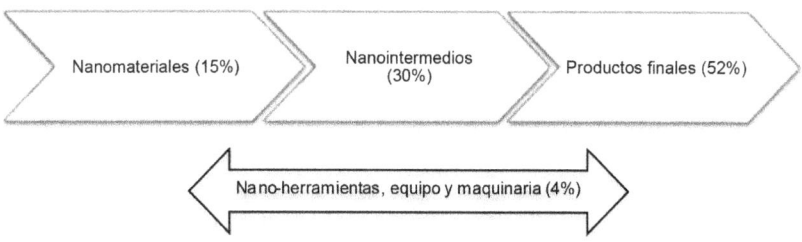

Fuente: elaboración de los autores, y basado en Lux Research (2004)

En la primera etapa de la cadena de valor, correspondiente a los nanomateriales y nano estructuras, se localizaron 21 empresas. Hay varios nanomateriales que se manufacturan en México o que son importados, entre ellos encontramos al dióxido de titanio, las nano partículas de plata y oro, el hidróxido de magnesio y los nanotubos de carbono. Respecto a este último Dupont, empresa estadounidense y con sede operativa en la Ciudad de México, está comercializando productos con nano tubos de carbono para distintas aplicaciones industriales (Nanocomp, 2015). La empresa italiana TCM watches introdujo en una línea de sus relojes un material más ligero y más resistente que el titanio: el avural. Este material es recubierto con nano cerámica mediante un procedimiento de bombardeo magnético, el cual hace más resistente y ligero el producto (TCM, 2015). Del total de empresas que fabrican nanomateriales, 13 tienen sus líneas de producción en México y 8 las mantienen fuera del país. En cuanto al origen del capital invertido, descubrimos que 12 de las empresas son de capital extranjero y el resto de capital mexicano. Esto quiere decir que la etapa de nanomateriales, muy cercana a la IyD de ciencia básica, está mayormente controlada por empresas trasnacionales.

En la siguiente etapa, la de nano-intermedios, se localizaron 41 empresas. En esta fase el grueso de los productos se distribuyen en tres sectores: circuitos electrónicos, compuestos químicos y emulsiones y recubrimientos. Sobresale Sony de México que fabrica *oleds* para sus pantallas, los cuales están formados por puntos cuánticos (*quatum dots*); es decir, nano estructuras semiconductoras para generar colores más definidos y brillantes (Economist, 2015). La empresa Basf, una de las empresas trasnacionales más importantes del sector químico, con sede en la ciudad de México, manufactura un recubrimiento llamado Col.9 que, mediante nanopartículas, mantiene las superficies libres de polvo y agua (Basf, 2015).

Por su parte, la empresa Clean Center del Sureste, con sede en Mérida Yucatán y una de las pocas empresas del sur del país, manufactura un recubrimiento biodegradable para distintos sectores de mercado, mayormente automotriz, hogar e industria (quiminet, s/f). La empresa RD Research & Technology tiene su planta en Hermosillo, Sonora, y es una empresa dedicada al desarrollo de biomems y nanomateriales (RD, 2015). De las 41 empresas manufacturando productos nano-intermedios, 15 producen en territorio nacional y 17 en el extranjero, para las 9 restantes no se logró obtener información al respecto. Similar a la etapa de nanomateriales, la fase de nano-intermedios está dominada por empresas con sede central en el extranjero, aproximadamente 27, y solamente 14 empresas en esta etapa son de capital mexicano.

La etapa de productos finales, aquellos que no sufren de modificación química o física, pero que incorporan nano estructuras o nano-intermedios, agrupa el grueso de las mercancías de nanotecnología en México con 72. Hablar de cada una de ellas requeriría de un espacio muy amplio, pero destacamos algunos casos importantes. La multinacional mexicana Cemex, cuya sede se encuentra en Monterrey, produce y comercializa un concreto llamado *Fortium ICF* que contienen nanopartículas y permite economizar en costos de construcción dada su durabilidad y resistencia (Cemex, 2015). Sigma, es otra empresa ubicada en esta etapa y utiliza nano-películas para el envasado de productos que se deterioran al contacto con el oxígeno (Clusternano, 2010). La empresa Servicios Condumes, perteneciente al Grupo Carso, tiene en sus catálogos un sinnúmero de productos con NTs, incluyendo cables con recubrimientos de nanopartículas y compuestos poliméricos con nano cargas (Yurek, 2005). Otra empresa que destaca es Vitromex, localizada en Saltillo, Coahuila, la cual manufactura varios productos nanotecnológicos, incluyendo una línea de pisos de cerámica anti-bacteriales con nanopartículas de plata y estabilizadas con zirconio (Vitromex, 2015). De las 72 empresas ubicadas en esta etapa, 28 son de capital extranjero, mientras que 44 son de capital nacional. En esta etapa las empresas mexicanas dominan, entre otras: Comex, Scanpaint, Sanitarios Lamoza, Nemak, Mabe, Goval, Industrias Vago, Ten-Pac y Global Proventus.

La etapa con menos empresas es la de nano-herramientas, equipo y maquinaria que tiene 5. Todas las empresas manufacturan equipo analítico, principalmente indentadores y microscopios atómicos de barrido. Destacamos la única empresa de capital nacional con sede en la Ciudad de México: Vamsa. Esta empresa mantiene una línea de equipo dirigida a la industria farmacéutica y nanotecnológica, específicamente cámaras de control de ambiente (Vamsa, 2015).

Conclusiones

El tamaño del mercado nanotecnológico y la perspectiva de ganancia ha motivado a muchas naciones a sumarse al impulso de estas tecnologías. Pese la aplicación de las NTs en la antigüedad, éstas representan hoy en día una plataforma tecnológica revolucionaria con impactos sociales, económicos, políticos y legales todavía inciertos. Al respecto, una cadena de valor puede convertirse en una herramienta analítica muy poderosa. Se puede utilizar para responder cuestiones sobre cómo se manufactura, quiénes dominan determinadas etapas de la cadena, cómo se administran los desechos o cuál es el ciclo de vida del producto.

México es un país que, después de Brasil, lidera el desarrollo de las NTs en América Latina. Sin embargo, lo realiza sin una iniciativa nacional o política pública sectorial específica, lo que genera un vacío de información sustancial.

En la presente investigación se presentan los resultados de una investigación sistemática hacia la construcción de una cadena de valor de empresas de nanotecnología en México. Partimos de un inventario de 139 empresas que se distribuyen en cuatro etapas en una cadena de valor simple. En nanomateriales se ubicaron 21 empresas, en la etapa de nano-intermedios encontramos 41, en la de productos finales 72 y en nano-herramientas 5. Existen 71 empresas que manufacturan o comercializan productos de nanotecnología en México y que son trasnacionales extranjeras; en contraste, hay 68 de capital nacional.

Los datos aquí presentados no se pueden considerar absolutos o cerrados; el dinamismo de las NTs no permite conocer en forma definitiva los valores cuantitativos y las relaciones cualitativas de la cadena en un momento exacto. Sin embargo, este es un primer ejercicio clasificatorio que permite conocer el panorama de la cadena de valor simple de las NTs en el país. En ulteriores investigaciones se agregaran variables e información sobre los agentes que participan en la IyD, la generación de patentes, la regulación, el manejo de desechos nanotecnológicos y otras áreas importantes del ciclo de vida del producto.

Bibliografía

* Basf (2015), "Col.9, make your facades look fresher!", (consultado el 22 de julio de 2015), disponible es [http://product-finder.basf.com/group/corporate/product-finder/en/brand/COL_9]
* Berber, Savas; Kwon, Young-Kyun & Tománek, David (2000), "Unusually high thermal conductivity of carbon nanotubes", en Physical Review Letters 84 (20), pp. 4613–4616.
* Cemex (2015), "Buiding the cities of the future report", (consultado el 20 de marzo de 2015), disponible en[http://www.cemex.com/InvestorCenter/files/2012/CemexSdr2012.pdf]
* Científica (2011), Global funding of nanotechnology and its imapct", (consultado el 13 de mayo de 2015), disponible en [http://científica.com/wp-content/uploads/downloads/2011/07/Global-Nanotechnology-Funding-Report-2011.pdf]
* Cnano (2015), "Nano-materials for today´s applications", en About Cnano, (consultado el 13 de febrero de 2015), disponible en [http://www.cnanotechnology.com/en/company.html]

- Chia-Chi, C., I-Kai, H., Mehmet, A., Wei-Hsuan H., Chun-Chung C., & Stephen, C. (2010), "A New Lower Limit for the Ultimate Breaking Strain of Carbon Nanotubes", en ACS Nano 4 (9), pp. 5095 – 5100.
- Clunan, A. & Rodine-Hardy, K. (2014), "Nanotechnology in a Globalized World Strategic Assessments of an Emerging Technology", (consultado 12 de enero de 2015), disponible en [http://www.nps. edu/Academics/Centers/CCC/PASCC/Publications/2014/2014%20 006%20Nanotechnology%20Strategic%20Assessments.pdf]
- Clusternano (2010), "Empresas en el cluster", (consultado el 30 de junio de 2010), disponible en [http://www.clusternano.org/nanomon-terrey2010/]
- Economist (2015), "Nanotechnology, light work", (consultado el 10 de julio de 2015), disponible en [http://www.economist.com/blogs/ babbage/2013/02/nanotechnology]
- FAN (Fundación Argentina de Nanotecnología) (2015), "Quién es quién en nanotecnología", (consultado 12 de enero de 2015), disponible en [http://www.fan.org.ar/acciones/cde]
- Foladori, G. (2014), "Ciencia ficticia", en Estudios Críticos del Desarrollo vol. 7, (consultado el 13 de abril de 2015), disponible en [http://issuu.com/comunicacionsocialuaz/docs/revista_estudios_ cr__ticos_del_desa/1]
- Gereffi, G. (1994), "The organisation of buyer-driven global commodity chains: how US retailers shape overseas production networks", en G. Gereffi y M. Korzeniewicz (eds.), Commodity Chains and Global Development, Westport: Praeger.
- Hopkins, T.K. & I. Wallerstein (1986), "Commodity Chains in the World-Economy Prior to 1800," en Review X, 1 (verano), pp. 157-170.
- Jordan, K., Kaiser I. & Moore, V. (2012), "Nanotechnology Patent Survey: Who Will Be the Leaders in the Fifth Technology Revolution?", en Nanotechnology, Law and Business 9, Num. 122, pp. 122-132.
- Luxresearch (2014), "Nanotechnology Update: Corporations Up Their Spending as Revenues for Nano-enabled Products Increase", (consultado el 12 de febrero de 2015) disponible en [https://portal. luxresearchinc.com/research/report_excerpt/16215]
- Merali, Zeeya (2013), "This 1,600-Year-Old Goblet Shows that the Romans Were Nanotechnology Pioneers", en Smithsonian Magazine, septiembre, (consultado el 12 de abril 2015), disponible en [http:// www.smithsonianmag.com/history/this-1600-year-old-goblet-

shows-that-the-romans-were-nanotechnology-pioneers-787224/?no-ist]

- Nanocomp (2015), "Nanocomp Technologies and DuPont Form Strategic Relationship", (consultado el 12 de junio de 2015), disponible en [http://www.nanocomptech.com/dupont-release]
- Nanodatabase, (2015), "Registry of products containing nanomaterials", (consultado el 12 de febrero de 2015), disponible en [http://nanodb.dk/en/]
- Nanotex (2015), "About us", (consultado el 13 de junio de 2015), disponible en [http://www.nano-tex.com/company/aboutus.html]
- NNI (Iniciativa Nacional de Nanotecnología) (2015), NNI suplement to the President´s Budget 2015, (consultado 12 de junio de 2015), disponible en [http://nano.gov/node/1128]
- NNI (Iniciativa Nacional de Nanotecnología) (s/f), "What it is and how it Works?" en Nano 101, (consultado el 13 de mayo), disponible en [http://www.nano.gov/nanotech-101/what]
- Park, A., Nayyar, G. & Low, P. (2013), Supply chain perspectives and issues: a literature review, Ginebra, WTO.
- Porter, A.; Gass, M.; Muller, K.; Skepper, N.; Midgley, A.; Welland, M. (2007), "Direct imaging of single-walled carbon nanotubes in cells", en Nature Nanotechnology, 2 (11), pp. 713–717.
- Quiminet (s/f), "perfil de empresa Clean Center del Sureste", (consutlado el 13 de junio de 2015), disponible en [http://www.quiminet.com/shr/es/clean-center-sureste-2385816432/productos.htm?pp=42754334789]
- RD (2015), "Research and Technology, Quiénes somos?," (consultado el 12 de marzo de 2015), disponible en [http://www.rdresearchtechnology.com/esp/principal.htm]
- Rogers, B., Adams, J., & Pennathur, S. (2011), Nanotechnology: Understanding Small Systems, Boca Raton, Florida, CRC Press.
- Sturgeon, T. J. (2001), "How Do We Define Value Chains and Production Networks?," en IDS Bulletin, 32(3), pp. 9–18.
- Tang, Z. K.; Zhang, L; Wang, N; Zhang, XX; Wen, GH; Li, GD; Wang, JN; Chan, CT; Sheng, P (2001), "Superconductivity in 4 Angstrom Single-Walled Carbon Nanotubes", en Science 292 (5526), pp. 2462–5.
- Takeuchi, N. & Mora Ramos, M. E. (2011), "Divulgación y formación en nanotecnología en México," en Mundo Nano Vol. 4, Num. 2, pp. 59-64.
- (TCM, 2015), "Relojes y nanotecnología, TCM watches", (consultado el 10 de febrero de 2015) disponible en] http://www.terracieloma-

re.it/index_en.php?menu=terracielomare_identita   http://www.glits. mx/blog/power-players/luca-fontana-trae-a-mexico-relojeria-italia-na-de-historia-y-tradicion]

- Timesnano (2015), "Single Walled Carbon-nanotubes", en TNST, (consultado el 13 de mayo de 2015), disponible en [http://www.ti-mesnano.com/en/view.php?prt=3,29,48,56]
- Vamsa (2015), "Productos", (consultado el 12 de junio de 2015), disponible en [http://www.vi.com.mx/equipo%20esp6.html]
- Vitromex (2015), "Pisos antibacteriales", (consultado el 12 de abril de 2015), disponible en [http://www.vitromex.com.mx/assets/tem-plates/ecolife/revistas/antibacterial/ANTIBACTERIAL.pdf]
- WPN (Working Party of Nanotechnology) (2013), "Responsible Development of Nanotechnology, Summary Results from a Survey Activity", en DSTI/STP/NANO(2013)9/FINAL, (Consultado el 10 de julio de 2015), disponible en [http://www.oecd.org/officialdoc-uments/publicdisplaydocumentpdf/?cote=dsti/stp/nano(2013)9/fi-nal&doclanguage=en]
- WWIC (Woodrow Wilson International Center for Scholars), (2015), "Project on Emerging Nanotechnologies. Inventory Finds Increase in Consumer Products Containing Nanoscale Materials", (consulta-do 13 de mayo de 2015), disponible en [http://www.nanotechproject. org/news/archive/9242/]
- Yurek (2005), "Superconductors for Advance Grid Solutions", pre-sentación en power point, (consultado el 10 de mayo de 2015), di-sonible   en   [http://bakerinstitute.org/media/files/event/34f9fef6/ Nano_Yurek_11-15-05.pdf]
- Záyago Lau, E.; Foladori, G.; Villa, L.; Appelbaum, R. & Arteaga, R. (2015-en prensa), "Análisis económico sectorial de las empresas de nanotecnología en México", en documentos de trabajo IELAT, Número 79?, pp. 1-29.
- Zolfagharifard, E. (2013), "How medieval stained-glass is creating the ultimate SPACE camera: Nanoparticles used in church win-dows will help scientists see Mars' true colours under extreme UV light", en mail online, (consultado 12 de Julio de 2015), disponible en   [http://www.dailymail.co.uk/sciencetech/article-2461418/ How-medieval-stained-glass-creating-ultimate-SPACE-camera-Nanoparticles-used-church-windows-help-scientists-Mars-true-co-lours-extreme-UV-light.html]
- Zyvex (2015), "Unlocking the power of nanotechnology", (consulta-do el 12 de mayo de 2015), disponible en [http://www.zyvex.com/]

Nanotecnologías en México: Hacia una Concentración Industrial

Edgar Arteaga Figueroa[51]

Resumen

El presente artículo realiza un estudio sobre la producción de nanotecnologías en el ámbito empresarial de México entre 2012 y 2015. Se trata de un inventario derivado de una investigación académica exploratoria. La información se agrupa por áreas geográficas y sectores económicos. La comparación de los resultados permite confirmar que existe una alta concentración de empresas en únicamente dos estados; además, el desarrollo empresarial de nanotecnologías está volcado a un sector económico en particular. A pesar de que México ha adoptado algunas normativas de la ISO para la regulación de nanotecnologías, el estudio de los riesgos se encuentra prácticamente ausente de la agenda de investigación. La ausencia de una estrategia nacional para el desarrollo de las nanotecnologías ha provocado que su desarrollo industrial rebase los esquemas de regulación y planeación estratégica.

Palabras clave: *nanotecnología, empresas, México, sectores económicos, concentración industrial*

Abstract

This article presents a study on the production of nanotechnologies in business sector in Mexico between 2012 and 2015. It is an inventory derived from an exploratory academic research. The information is grouped by geographical areas and economic sectors. Comparison of the results confirms that there is a high concentration of companies in just two states; further business development of nanotechnologies is turned to an economic sector in particular. Although Mexico has taken some ISO standards for the regulation of nanotechnology, the study of risks is virtually absent from the research agenda. The absence of a national strategy for the development of nanotechnology has led industrial development exceeds the regulatory schemes and strategic planning.

Keywords: *nanotechnology, firms, Mexico, economic sectors, industrial concentration*

51 Maestría en Economía, Universidad Autónoma de Zacatecas. Red Latinoamericana de Nanotecnología y Sociedad (ReLANS). Correo electrónico: arteagafigueroa@gmail.com

Introducción

Dentro de la nueva economía del conocimiento, el argumento central es que la unificación de la ciencia basada en la unión de la naturaleza y su investigación holística dará lugar a la convergencia tecnológica (NBI-C)[52], así como una estructura social más eficaz para alcanzar los objetivos humanos. En las primeras décadas del siglo XXI, el esfuerzo concentrado puede reunir a la nanotecnología, la biotecnología, la tecnología de la información y las nuevas tecnologías basadas en la ciencia cognitiva (Roco & Sims Bainbridge, 2003).

Sin embargo, la base fundamental de la convergencia tecnológica se apoya de la nanotecnología como herramienta clave.

> La convergencia de diversas tecnologías tiene su base en la unidad material a nanoescala y en la integración de la tecnología a esta escala. Los componentes básicos de la materia que son fundamentales para todas las ciencias se originan en la nanoescala. Avances revolucionarios en las interfaces entre los campos que antes estaban separados de la ciencia y la tecnología están listos para crear herramientas clave de transformación de las tecnologías NBIC (Roco & Sims Bainbridge, 2003).

La nanotecnología -o nanotecnologías- es la ciencia, ingeniería y tecnología que trabaja la materia en nano-escala, que va de uno a 100 nanómetros aproximadamente. La nanociencia y nanotecnología implican la capacidad de ver y controlar los átomos y moléculas de forma individual *(National Nanotechnology Initiative*, s/fb). La nanotecnología consiste en una nueva y amplia rama de la ciencia, donde disciplinas como la física, química, biología, ciencia de los materiales e ingeniería convergen en la nanoescala.

La peculiaridad de la nanotecnología radica en que la materia en nano-escala manifiesta propiedades físico-químicas nuevas, y desconocidas en muchos casos para la misma materia en tamaños mayores. Por esta razón las nanotecnologías pueden ser aplicadas a cualquier sector económico, conociéndose como tecnologías habilitadoras (Foladori &

---

52 La frase "tecnologías convergentes" se refiere a la combinación sinérgica de cuatro grandes "NBIC" (nano-bio-info-cogno) esferas de la ciencia y la tecnología, cada una actualmente progresando a un ritmo acelerado: (a) la nanociencia y la nanotecnología; (b) la biotecnología y la biomedicina, incluyendo la ingeniería genética; (c) la tecnología de la información, incluyendo la computación avanzada y comunicaciones; (d) la ciencia cognitiva, incluyendo la neurociencia (Roco & Sims Bainbridge, 2003).

Invernizzi, 2006). Hay aplicaciones de nanotecnología en las tecnologías de las comunicaciones e información, en la biología, en la medicina, en la seguridad nacional, en la industria de la construcción, en la industria textil, en la metal-mecánica, en el transporte y en el sector energético, entre otros (National Nanotechnology Initiative, s/fb).

En América Latina, actualmente México ocupa el segundo lugar en el desarrollo de nanotecnologías, después de Brasil y por encima de Argentina, en términos de Investigación y Desarrollo (I+D), infraestructura, recursos humanos y financieros y manufactura. Sin embargo, a pesar de tener relativamente buen posicionamiento en desarrollo de nanotecnologías en Latinoamérica, en México el gasto destinado a actividades de IyD es muy bajo. Para el 2012 ocupa el penúltimo lugar del conjunto de países de la OCDE (0.43% del PIB), únicamente por encima de Chile (0.41% del PIB) (OECD, 2014). Mientras en la mayoría de los países de la OCDE el gasto para IyD ronda el 2% del Producto Interno Bruto (PIB) (OECD, 2010a), en México ha sido inferior al 0.5% en los últimos 15 años (Gráfico 1).

A pesar de haber establecido en 2001 el objetivo de invertir el 1% del PIB en IyD, para el 2006 por recomendación de la OCDE, nunca se invirtió dicho porcentaje (OECD, 2009) –el nivel más alto fue en 2010 con 0.45%. Para revertir esta situación, la OCDE ha recomendado a México realizar esfuerzos presupuestarios para apoyar la inversión en IyD, introduciendo reformas orientadas a garantizar una mayor eficiencia del gasto; por ejemplo mediante una mayor dependencia de apoyos directos en lugar de incentivos fiscales, la simplificación y reestructuración de los sistemas de ayuda directa, y la ampliación de los programas con el fin de mejorar las sinergias entre la IyD pública y privada en áreas prioritarias como salud, energía, gestión del agua y suministro de alimentos (OECD, 2010a).

Sin embargo, esta orientación de la OCDE no ha sido atendida por los gobiernos de México hasta la fecha. El gráfico 1 muestra la evolución de la inversión en IyD en la primera década del siglo.[53]

---

53 El presupuesto asignado para 2015 al Consejo Nacional de Ciencia y Tecnología (CONACYT), que es el órgano rector en la materia en México, era un 4.9% superior en términos reales respecto a lo autorizado el año previo (2014), según la Secretaría de Hacienda y Crédito Público (SHCP, 2013); pero la caída del precio del petróleo ha llevado a reajustar las expectativas hacia abajo y ya no se esperan incrementos en el rubro.

Gráfico 1
México: Gasto nacional bruto en I+D como porcentaje del PIB

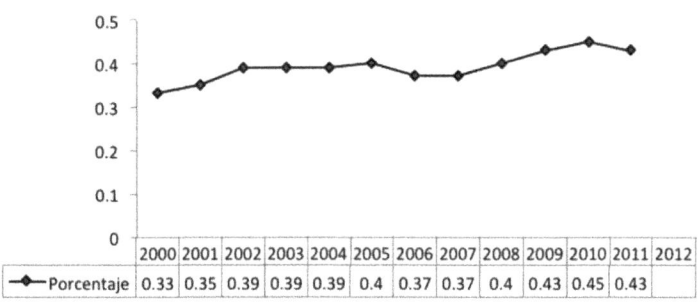

	2000	2001	2002	2003	2004	2005	2006	2007	2008	2009	2010	2011	2012
Porcentaje	0.33	0.35	0.39	0.39	0.39	0.4	0.37	0.37	0.4	0.43	0.45	0.43	

Fuente: Elaboración propia en base a OECD.StatExtracts

Con esta limitante presupuestal como contexto, las nanotecnologías por supuesto son afectadas por las externalidades que esto acarrea. Sin embargo, los gobiernos de América Latina comienzan a realizar esfuerzos considerables para el apoyo a estas nuevas tecnologías.

México no cuenta con una estrategia nacional de desarrollo de las nanotecnologías, a pesar de haber sido considerada la necesidad de su elaboración desde el 2001; y luego refrendado en 2008 y 2014 (CONACYT, 2008b, 2014, pp. 51; CONACYT, 2001a, pp. 49, 192). Al igual que la mayoría de los países de América Latina, México colocó en sus planes de ciencia, tecnología e innovación (CTI) a las nanotecnologías como área prioritaria de desarrollo (Foladori & Invernizzi, 2013) (cuadro 1). Sin embargo, salvo la enunciación de la nanotecnología como un área prioritaria de desarrollo, no existe ningún detalle en los 18 años que abarcan los planes, y ninguna entidad desarrolló actividad alguna para implementar políticas concretas.

Cuadro 1
Nanotecnología en los planes de CTI de México

Plan	Mención a nanotecnología
Programa Especial de Ciencia y Tecnología 2001-2006	El Programa Especial considera a las nanotecnologías como área prioritaria de desarrollo en el ámbito de los materiales avanzados. "se consideran áreas estratégicas del conocimiento: - la información y las comunicaciones - la biotecnología - los materiales - el diseño y los procesos de manufactura - la infraestructura y el desarrollo urbano y rural, incluyendo sus aspectos sociales y económicos" (CONACYT, 2002: 49). Hace especial énfasis en el potencial para el desarrollo del sector energético y en relación con el Instituto Mexicano del Petróleo. "Principales líneas de investigación [del Instituto Mexicano del Petróleo] ..... Nanotecnología y sus aplicaciones" (CONACYT, 2002: 12).

Programa Especial de Ciencia y Tecnología 2001-2006 Tomo II	En este tomo II del Programa Especial de Ciencia y Tecnología se consideran a las nanotecnologías como un área estratégica de materiales avanzados. Allí se anotan las áreas que serían de interés para su desarrollo (catálisis, polímeros, materiales nanoestructurados, películas delgadas, semiconductores, metalurgia, biomateriales, materiales ópticos, cerámicos avanzados y simulación y modulación de materiales y procesos) y se hace una breve reseña de qué centros de investigación, con qué equipo humano y material cuenta cada uno de ellos y cuáles son las potenciales interacciones con la industria. "se recomienda la formación de un comité científico, para promover e instrumentar el Programa Nacional de Nanociencias con las características mencionadas en este documento, así como apoyar decididamente la red nacional de nanotecnología y otros esfuerzos actuales en esta dirección" (CONACYT, 2001b: 203) También se señala la necesidad de elaborar un Programa Nacional de Nanotecnología "Programa Nacional del área Materiales Avanzados. ….. Otro elemento importante de promoción del tema es la reciente creación del Programa Nacional de Nanotecnología, que intenta conjuntar los esfuerzos de las diferentes instituciones nacionales trabajando en el tema". [nunca se creó] (CONACYT, 2001b: 192). Y una red de investigadores, "Cabe mencionar que el CONACYT está creando una Red de Nanociencias, considerando la atención a demandas específicas de las empresas" (CONACYT, 2001b: 192).

Programa Especial de Ciencia, Tecnología e Innovación 2008-2012	En el Programa 2008-2012 únicamente hace referencia al carácter prioritario de las nanotecnologías "Otros temas relevantes de fuerte dinámica y atención prioritaria son la biotecnología, la nanotecnología y los materiales" (CONACYT, 2008b).
Programa Especial de Ciencia, Tecnología e Innovación 2014-2018	El programa de 2014-2018 se repite el carácter prioritario "De manera transversal, a través de los instrumentos existentes, se dará especial atención a los siguientes temas: Automatización y robótica, Desarrollo de la biotecnología, Desarrollo de la genómica, Desarrollo de materiales avanzados, Desarrollo de nanomateriales y de nanotecnología, Conectividad informática y desarrollo de las tecnologías de la información, la comunicación y las telecomunicaciones, Ingenierías para incrementar el valor agregado en las industrias, Manufactura de alta tecnología (CONACYT, 2014: 51).

Fuente: elaboración propia.

Tampoco se cuenta con mecanismos de promoción de IyD y comercialización de las nanotecnologías, a pesar de que la política de CTI está orientada a privilegiar al sector empresarial, que junto con el sector gubernamental y la academia determina las decisiones de CTI, y somete la IyD a demandas empresariales (la autovaloración del capital científico). Este proceso ha remarcado una orientación de la CTI de un modelo de *science push*, hacia uno de *market pull*.[54] Además, la Ley de Ciencia y Tecnología del 2002, corregida sucesivamente en los años siguientes –última en 2014-, facilita la creación de empresas como spin-off de Centros Públicos de Investigación (Congreso de la Unión, 2014).[55]

54 Science push significa que la ciencia ofrece resultados que la empresa debe utilizar. A diferencia el modelo maket pull sugiere que es la empresa quien determina qué debe ser investigado para satisfacer sus necesidades.
55 "VI. Autorizar en lo general el programa y los criterios para la celebración de convenios y contratos de prestación de servicios de investigación para la realización de proyectos específicos de investigación, desarrollo tecnológico, innovación o prestación de servicios técnicos, así como aprobar las asociaciones estratégicas y los proyectos, convenios o contratos que tengan la finalidad de establecer empresas de base tecnológica con o sin la aportación del centro en su capital social" (Congreso de la Unión, 2014 Cap IX, Art. 55, VI).

México tampoco tiene un registro de gastos específicos en nanotec-nología, aunque pueden identificarse dos financiamientos específicos. Por un lado, para la creación de la Red Nacional de Nanociencias y Nanotecnologías en 2009, con un presupuesto aproximado de 700 mil dólares por 5 años, donde cerca de 160 investigadores se incorporaron en los primeros años. Por otro lado, la creación de dos laboratorios nacionales de nanotecnología en 2007, en el Centro de Investigación en Materiales Avanzados (CIMAV) y en el Instituto Potosino de Investigación Científica y Tecnológica (IPICYT) con aproximadamente 1.8 millones de dólares cada uno (CONACYT, 2008a). Muchos otros recursos dirigidos específicamente a las nanotecnologías han sido destinados a través de programas de CTI no específicos temáticamente. Algunos autores sugieren que se invirtieron 60 millones de dólares de fondos públicos en nanotecnologías entre 2005 y 2010 (Takeuchi & Mora Ramos, 2011). Todos estos elementos han condicionado y moldeado el desarrollo de la IyD de nanotecnologías en México. Los desarrollos nanotecnológicos, desde hace más de una década, nacen y se desenvuelven aislados, desvinculados de las necesidades prioritarias nacionales.

Metodología

Utilizando como base la metodología diseñada para el inventario de empresas nanotecnológicas de ReLANS en 2012 (Záyago, Foladori, & Arteaga Figueroa, 2012), la información fue obtenida a partir de diferentes fuentes: búsqueda en la Web mediante palabras clave como: *nano+México*, *empresa+nano+México, producto+nano+México*; artículos científicos y de divulgación; presentaciones en encuentros, foros y congresos; notas periodísticas; propaganda en medios de comunicación y en empresas localizadas en el *Cluster* de Nanotecnología de Nuevo León. Una vez obtenido algún indicador de que la empresa trabajaba en nanotecnología, se pasaba a confirmar el dato mediante alguno de los siguientes criterios:
a. La información aparece en la página web de la empresa.
b. La información proviene de propaganda oficial de la empresa.
c. La información proviene de divulgación pública por parte de voceros de la empresa.

Asimismo, se identificaron los productos que la empresa coloca en el mercado. Los resultados de este método permitieron: a) obtener una cantidad verificable, de empresas que trabajan con nanotecnología destinada al mercado energético, b) obtener una distribución espacial de las empresas en México a partir de la ubicación de la casa matriz de la empresa, y c) clasificar a las empresas por sector productivo.

Empresas nanotecnológicas en México

El monitoreo tiene el propósito de brindar información sobre el estado de la investigación/producción de esa tecnología en el sector empresarial en el país. Se trata del primer inventario derivado de una investigación académica exploratoria. La información se agrupa por áreas geográficas y sectores económicos. Los resultados permiten confirmar que existe una alta concentración de empresas en únicamente dos estados.

En un primer inventario, realizado 2012, se obtuvo un registro de ciento una empresas que desarrollan NT. La mayoría concentradas en el estado de Nuevo León (treinta y nueve) y en el Distrito Federal (treinta y una). Le siguen los estados de: México con diez, Querétaro con cuatro, Jalisco con tres, Tamaulipas, Sonora y Coahuila con dos, y los estados de Baja California, Hidalgo, Morelos, Puebla, San Luis Potosí, Quintana Roo, Veracruz y Yucatán con una. Como podemos apreciar, el grueso de las empresas se localiza en Nuevo León y el Distrito Federal. El caso de Nuevo León sobresale como un polo de desarrollo de NT en México. Ahí se ubica el *Cluster* de Nanotecnología. Este parque forma parte del proyecto *Monterrey Ciudad Internacional del Conocimiento*, que busca convertir al estado en uno de los más competitivos a nivel mundial.

El mapa 1 ofrece una panorámica de la concentración empresarial de la nanotecnología hasta el 2012. Debido a las razones ya mencionadas, es Nuevo León quien encabeza la lista, seguido del Distrito Federal, sin embargo esta tendencia ha cambiado notablemente en los últimos 3 años.

Mapa 1.
Empresas nanotecnológicas en México 2012

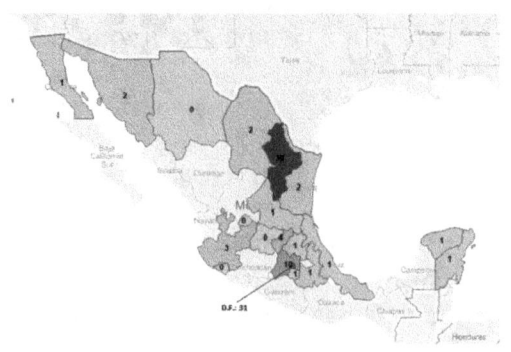

Fuente: elaboración propia

Siguiendo la misma metodología, el inventario de empresas fue actualizado en 2015; comprobando que las empresas de la revisión anterior seguían activas, o eliminando las que habían cancelado operaciones, se encontraron 165 empresas que desarrollan nanotecnologías en México. El mapa 2 muestra la concentración geográfica de las empresas de NT en México en 2015. Es visible, primero, que ha habido un incremento en el número de empresas que desarrollan NT en el país; segundo, este crecimiento padece la tendencia de concentrarse en dos estados: El Distrito Federal y Nuevo León. Incluso hay un cambio considerable, para esta actualización el Distrito Federal encabeza la lista, con 62 empresas, seguido esta vez por Nuevo León con 50 unidades. Es decir, aun cuando Nuevo León mantuvo un crecimiento de sus empresas nanotecnológicas, a una tasa nada despreciable del 28.2%, el Distrito Federal duplicó su número de empresas al pasar de 31, en 2012, a 62, en 2015, es decir un incremento del 100%.

Mapa 2.
Empresas nanotecnológicas en México 2015

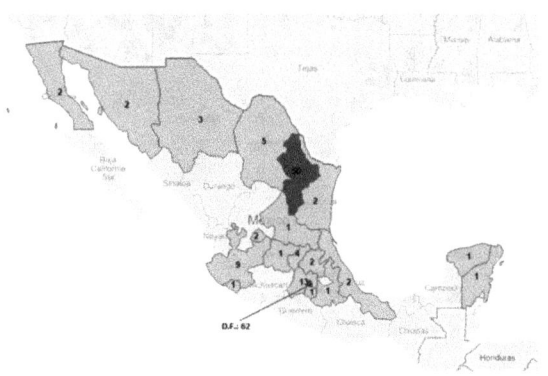

Fuente: elaboración propia

Desde el 2012 se presenta un proceso de concentración geográfica con estas características, pues la mayor parte de las empresas se concentra en estos dos estados; el único cambio considerable es el crecimiento del Distrito Federal, que en sólo 3 años ha conseguido duplicar el número de empresas que trabajan NT, además de superar a Nuevo León, estado con apartados específicos en su política económica que involucran el desarrollo de la nanotecnología en forma de parques industriales y el Cluster de Nanotecnología de Nuevo León (ClusterNano). Esto no necesariamente implica que el Distrito Federal se consolide como un polo de desarrollo de la nanotecnología con una estrategia y un rumbo determinado. La concentración de empresas en esta zona puede deberse a que las empresas ya instaladas en el Distrito Federal, por la importancia que deriva ser capital del país, han comenzado a incursionar en el desarrollo de aplicaciones nanotecnológicas novedosas, pero no significa que estén organizadas como en Nuevo León.

En el apartado siguiente se demuestra que, la concentración por sectores también ha sufrido cambios conforme se incrementó el número de empresas nanotecnológicas en México.

Gráfico 2. Evolución de las empresas nanotecnológicas en México 2012-2015

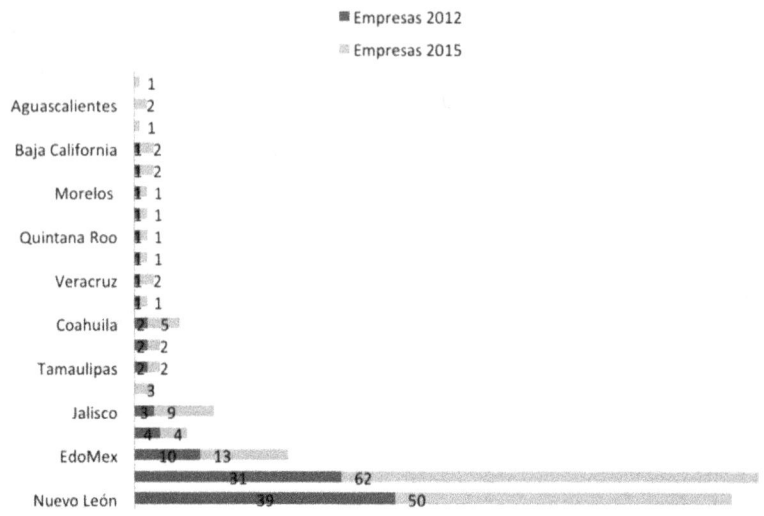

Fuente: elaboración propia.

Las empresas nanotecnológicas por sectores

De acuerdo a la clasificación industrial propuesta por la OCDE[56], en el año 2012 se detectaron 22 sectores donde había al menos una empresa incursionando en el desarrollo de NT; encontramos que los sectores donde se concentraban las empresas de NT en México mostraban una distribución heterogénea, aunque sobresalía el sector químico, que aglutinaba a diecisiete empresas, le siguió el sector eléctrico y el de tratamiento de agua con ocho cada uno; después el de comercialización y distribución de productos importados con seis; los sectores de alimentos y nanomate-

56 Clasificación SSIS (Structural Statistics for Industry and Services), que se basa en la International Standard of IndustrialClassification (ISIC).

riales con cinco y varios sectores más que reunían entonces entre una y tres empresas.

El gráfico 3 muestra los sectores en los que se encontraron empresas trabajando con NT en México, así como el número de unidades al interior de cada sector en 2012 y en la actualización más reciente, de 2015.

Gráfico 3
Distribución de las empresas nanotecnológicas por sector 2012-2015

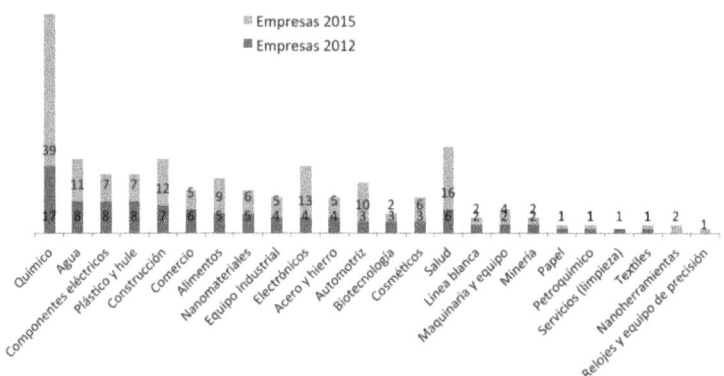

Fuente: Elaboración propia

A diferencia del 2012, cuando la distribución por sectores era más un poco heterogénea, en 2015 aparecen dos sectores más, la fabricación de nanoherramientas y el de relojes y equipo de precisión. El sector que más creció desde el primer inventario fue el automotriz, 233%; le siguen el sector de electrónicos, un 225% respecto a 2012; salud, con 167%. También debe destacarse el sector químico, que tuvo un crecimiento del 129.4% en los últimos 3 años. Estos sectores crecieron a más de tres cifras, es decir, duplicaron o triplicaron su número de empresas en tres años. Le siguen el sector de alimentos y construcción, con un crecimiento de 80 y 71.4%, respectivamente.

Sin embargo, a pesar de que el crecimiento pueda ser mayor en el sector automotriz, los datos deben tomarse con cautela pues hay empresas que en 2012 contaban con una sola unidad y en 2015 tienen, por ejemplo, dos unidades. Esto deriva en un crecimiento del 100%, lo que no implica una fortaleza estratégica del sector, simplemente es indicador de que la nanotecnología amplía su participación en el sector. Aun así, se puede verificar que la concentración sigue vigente y en aumento dentro del sector químico, que acapara la mayor parte de empresas.

Regulación y riesgos

La OCDE coordina sus trabajos con la *International Standards Organisation* (ISO), especialmente en el contexto de evaluación y métodos de prueba de las propiedades físico-químicas de los nanomateriales (OECD, 2010b). Aunque voluntarios, estos métodos de validación tienden a integrarse a los procesos de regulación y de evaluación de riesgo en los países de la OCDE (Bell & Marrapese, 2011).

México ha participado en el comité de la ISO de nanotecnología, y ha utilizado las definiciones de la ISO para emitir las normas mexicanas. En 2007 se crea el Comité Técnico Nacional de Normalización en Nanotecnologías (CTNNN), para la regulación de las nanotecnologías en el país. Esta iniciativa es dirigida por el Centro Nacional de Metrología (CENAM) de la Secretaría de Economía, tomando las recomendaciones de la OCDE y la ISO (Anzaldo, 2014). En 2013 el CTNNN se constituye bajo la Ley Federal sobre Metrología y Normalización y crea sus reglas de operación, con facultades para crear normas mexicanas para las nanotecnologías y participar activamente en los trabajos del comité ISO TC 229.

En octubre de 2014 la Secretaría de Economía, la Subsecretaría de Competitividad y Normatividad y la Dirección General de Normas emitieron la declaratoria de vigencia de las normas mexicanas NMX-R-10867-SCFI-2014, para la Caracterización de nanotubos de carbono de una capa mediante espectroscopia de fotoluminiscencia en el infrarrojo cercano; la norma NMX-R-10929-SCFI-2014, para la caracterización de muestras de nanotubos de carbono de múltiples capas; la NMX-R-27687-SCFI-2014, que plantea una terminología y definiciones para nano-objetos-Nanopartícula, nanofibra y nanoplaca; la norma NMX-R-80004-1-SCFI-2014, denominada Nanotecnologías; Vocabulario-Parte 1: Conceptos básicos y finalmente; y la norma NMX-R-80004-3-SCFI-2014, Nanotecnologías-Vocabulario-Parte 3: Nano-objetos de carbono (SEGOB, 2014). Todas estas normas mexicanas homologan las equivalentes de la ISO. Es sabido que este tipo de estándares de instituciones internacionales, a pesar de ser voluntarias, terminan imponiéndose como legislación de los países.

Sin embargo, a pesar de la adopción de estas normas, sobre el estudio de los riesgos México presenta debilidad frente a la rápida introducción de nuevos productos en el mercado que contienen nanomateriales. Prueba de ello es que las instituciones haciendo investigación sobre los riesgos de nanomateriales se encuentran muy dispersas; además, no existe ninguna base de datos oficial de nano-productos en el mercado mexicano. En un estudio realizado por Záyago et al. (2015) se encontró que, en los últimos 12 años, de 4 471 artículos sobre nanotecnologías en México sólo 27 se enfocan a la toxicidad de los nanomateriales para la salud humana o el medio ambiente. Esto representa el 0.6% del total (Záyago Lau et al., 2015). Además, de los 99 Cuerpos Académicos de la base de datos del Programa de Mejoramiento del Profesorado (PROMEP) que realizan investigación con nanotecnologías, sólo uno, ubicado en la Universidad de Guadalajara y con registro UDG-CA-682, realiza investigación sobre toxicidad de los nanomateriales (citotoxicidad). Dos de los Centros CONACYT, no incluidos en la base de datos del PROMEP, están realizando investigaciones sobre la toxicidad de los nanomateriales. Uno de ellos es el Instituto Potosino de Investigación Científica y Tecnológica (IPICyT) y el otro es el Centro de Investigación en Materiales Avanzados (CIMAV) que, en 2011, en colaboración con el Instituto Nacional de Ecología (INECOL), planeó la creación de un laboratorio para analizar los efectos de los nanomateriales en el medio ambiente, así como su biocompatibilidad. Sin embargo, el laboratorio no ha entrado en funcionamiento todavía. Otros centros de investigación que tienen líneas de investigación sobre riesgos de nanomateriales son la Universidad Nacional Autónoma de México (UNAM), el CIQATA-Querétaro, el Centro de Investigaciones y de Estudios Avanzados (CINVESTAV), y otros centros de investigación públicos y universidades privadas. Lo anterior demuestra que el tema de los riesgos para la salud y el medio ambiente de los nanomateriales manufacturados ha estado ausente de la gran mayoría de los esfuerzos de investigación en México.

Conclusiones

El desarrollo nanotecnológico en México nace en un contexto donde el apoyo a la ciencia y tecnología es muy limitado. Cuando utilizamos la comparación respecto a países desarrollados podemos recurrir entonces a las recetas de la OCDE, pues México forma parte de dicha organización desde hace ya poco más de 20 años. Pese a sus recomendaciones, de invertir al menos el 1% del PIB en I+D, en México únicamente se logra destinar un 0.4% del PIB a I+D; esto, cabe resaltar, no es suficiente para generar una economía basada en conocimiento.

Además, debido a la carencia de un programa nacional de nanotecnología, el desarrollo de empresas que trabajan con estas tecnologías es descoordinado y se ha mantenido desvinculado de la resolución de problemas de interés nacional. Es decir, a pesar de la mención que se hace de la nanotecnología como un área prioritaria de desarrollo para el país, esta no ha logrado canalizarse como una herramienta para lograr tal desarrollo. Esto provoca que las empresas dupliquen esfuerzos y permanezcan en sectores de los que se apoya la ciencia básica, como el químico. Prueba de lo anterior es que, geográficamente, el único cambio considerable es el crecimiento constante y elevado de empresas en el Distrito Federal; sin embargo esto no implica que se esté conformando un polo de desarrollo o clúster con esfuerzos coordinados, como en el caso de Nuevo León,

Económicamente los sectores automotriz, electrónico, salud y químico han duplicado su número de empresas o han crecido a tasas relativamente estables, mientras que otros sectores, como el de biotecnología, comercio y servicios han disminuido su participación. Si a lo anterior sumamos la nula preocupación por regular estas tecnologías, tenemos un cuadro que se complica debido a que el mercado avanza más rápido que las regulaciones y éstas, en gran número de ocasiones, son evadidas o simplemente ignoradas.

Referencias

- Anzaldo, M. (2014, diciembre), "Gobernanza de la regulación de las nanotecnologías en México: el Comité Técnico de Normalización para las Nanotecnologías", Primer Seminario Iberoamericano Diálogos Sobre Nanotecnologías, Doctorado en Estudios del Desarrollo, Universidad Autónoma de Zacatecas.
- Bell, C., y Marrapese, M. (2011), "Nanotechnology Standards and International Legal Considerations", en V. Murashov & J. Howard (Eds.), Nanotechnology Standards (pp. 239–255), New York, NY: Springer New York.
- Consejo Nacional de Ciencia y Tecnología (CONACYT) (2001a), "Programa especial de ciencia y tecnología, 2001-2006", México: Plan Nacional de Desarrollo.
- Consejo Nacional de Ciencia y Tecnología (CONACYT) (2001b), "Programa Especial de Ciencia y Tecnología. Tomo II", CONACYT (Consejo Nacional de Ciencia y Tecnología).
- Consejo Nacional de Ciencia y Tecnología (CONACYT) (2002), "DECRETO por el que se aprueba y se expide el programa denominado Programa Especial de Ciencia y Tecnología 2001-2006", Consejo Nacional de Ciencia y Tecnología, Diario Oficial de la Federación, (consultado el 12 de mayo de 2015) disponible en: [http://www.conacyt.gob.mx/siicyt/index.php/centros-de-investigacion-conacyt/programa-especial-de-ciencia-y-tecnologia/programa-especial-de-ciencia-y-tecnologia-2001-2006].

- Consejo Nacional de Ciencia y Tecnología (CONACYT) (2008a), "Informe de Labores 2008", Consejo Nacional de Ciencia y Tecnología (consultado el 15 de mayo de 2015), disponible en: [http://www. conacyt.gob.mx/siicyt/index.php/estadisticas/publicaciones/informe-de-labores-conacyt/1780-informe-labores-2008/file].
- Consejo Nacional de Ciencia y Tecnología (CONACYT) (2008b), "Programa Especial de Ciencia, Tecnología e Innovación 2008-2012", CONACYT (Consejo Nacional de Ciencia y Tecnología) (consultado el 15 de mayo de 2015), disponible en: [http://www.siicyt.gob.mx/siicyt/docs/contenido/PECiTI.pdf].
- Consejo Nacional de Ciencia y Tecnología (CONACYT) (2014), "Programa Especial de Ciencia, Tecnología e Innovación 2014-2018", (consultado el 24 de enero de 2015), disponible en: [http:// www.conacyt.gob.mx/siicyt/index.php/centros-de-investigacion-conacyt/programa-especial-de-ciencia-y-tecnologia/peciti-2014-2018].
- Congreso de la Unión (2014), "Ley de Ciencia y Tecnología 2014", (consultado el 29 de enero de 2015), disponible en: [http://www. diputados.gob.mx/LeyesBiblio/pdf/242.pdf].
- Foladori, G., e Invernizzi, N. (2006), *Nanotecnologías Disruptivas: Implicaciones Sociales de las Nanotecnologías*, México, D.F., Miguel Ángel Porrúa.
- Foladori, G., e Invernizzi, N. (2013), "Inequality gaps in nanotechnology development in Latin America", en Journal of Arts and Humanities, vol, 2, no. 3, pp. 36–45.
- National Nanotechnology Initiative (s/f), "What is Nanotechnology?" (consultado el 20 de enero de 2015), disponible en [http://www. nano.gov/nanotech-101/what/definition].
- Organisation for Economic Co-operation and Development (OECD) (2009), "OECD Reviews of innovation policy: Mexico", Organisation for Economic Co-operation and Development (consultado el 16 de mayo de 2015), disponible en [http://www.keepeek.com/ Digital-Asset-Management/oecd/science-and-technology/oecd-reviews-of-innovation-policy-mexico-2009_9789264075993-en#page4].
- Organisation for Economic Co-operation and Development (OECD) (2010a), "Perspectivas OCDE: México Políticas Clave para un Desarrollo Sostenible", Organisation for Economic Co-operation and Development (consultado el 9 de mayo de 2015), disponible en: [http://www.oecd.org/mexico/45391108.pdf].
- Organisation for Economic Co-operation and Development (OECD) (2010b), "The impacts of nanotechnology on companies: policy im-

pacts from case studies", Organisation for Economic Co-operation and Development.

- Organisation for Economic Co-operation and Development (OECD) (2014), "Innovation in science, technology and industry research and development statistics (RDS)" (consultado el 3 de febrero de 2015), disponible en: [http://www.oecd.org/innovation/inno/researchand-developmentstatisticsrds.htm].
- Roco, M., y Sims Bainbridge, W. (2003), Converging Technologies for Improving Human Performance NANOTECHNOLOGY, BIO-TECHNOLOGY, INFORMATION TECHNOLOGY AND COGNI-TIVE SCIENCE, Dordrecht, Holanda, Kluwer Academic Publishers (Actualmente Springer).
- Secretaría de Gobernación (SEGOB) (2014), "DECLARATORIA de vigencia de las normas mexicanas NMX-R-10867-SCFI-2014, NMX-R-10929-SCFI-2014, NMX-R-27687-SCFI-2014, NMX-R-80004-1-SCFI-2014 y NMX-R-80004-3-SCFI-2014", Diario Oficial de la Federación, Secretaría de Gobernación (consultado el 9 de marzo de 2015), disponible en: [http://www.dof.gob.mx/nota_detalle.php?codigo=5364702&fecha=20/10/2014].
- Secretaría de Hacienda y Crédito Público (SHCP) (2013), "Documentos Recientes Presupuesto de Egresos de la Federación" (consultado el 17 de enero de 2015), disponible en: [http://www.shcp.gob.mx/EGRESOS/PEF/Paginas/DocumentosRecientes.aspx].
- Takeuchi, N., y Mora Ramos, M. E. (2011), "Divulgación y formación en nanotecnología en México", en Mundo Nano, vol. 4, no. 2, pp. 59–64.
- Záyago, E., Foladori, G., y Arteaga Figueroa, E. (2012), "Toward an Inventory of Nanotechnology Companies in Mexico", en Nanotechnology Law & Business Journal, vol. 9, no. 3, pp. 283–292.
- Záyago Lau, E., Foladori, G., Frederick, S., y Arteaga Figueroa, E. (2015), "¿Se estudian los riesgos de los nanomateriales en México?", en Temas de Ciencia y Tecnología, vol. 19, no. 56, pp. 17–27.

Anexo Estadístico

Tabla 1. Clasificación de los subsectores manufactureros según sus encadenamientos productivos, 2003

Subsectores Clave

321 Industria de la madera

322 Industria del papel

323 Impresión e industrias conexas

324 Fabricación de productos derivados del petróleo y del carbón

325 Industria química

326 Industria del plástico y del hule

327 Fabricación de productos a base de minerales no metálicos

331 Industrias metálicas básicas

Subsectores dependientes de la oferta interindustrial

311 Industria alimentaria

312 Industria de las bebidas y del tabaco

313 Fabricación de insumos textiles

316 Fabricación de productos de cuero, piel y materiales sucedáneos, excepto prendas de vestir

332 Fabricación de productos metálicos

337 Fabricación de muebles y productos relacionados

Subsectores independientes

314   Confección de productos textiles, excepto prendas de vestir

315   Fabricación de prendas de vestir

333   Fabricación de maquinaria y equipo

334   Fabricación de equipo de computación, comunicación, medición y de otros equipos, componentes y accesorios electrónicos

335   Fabricación de equipo de generación eléctrica y aparatos y accesorios eléctricos

336   Fabricación de equipo de transporte

339   Otras industrias manufactureras

Tabla 2. Clasificación de los subsectores manufactureros según sus encadenamientos productivos, 2008

Subsectores Clave

313   Fabricación de insumos textiles

321   Industria de la madera

322   Industria del papel

323   Impresión e industrias conexas

324   Fabricación de productos derivados del petróleo y del carbón

325   Industria química

326   Industria del plástico y del hule

327   Fabricación de productos a base de minerales no metálicos

331   Industrias metálicas básicas

332   Fabricación de productos metálicos

Subsectores dependientes de la oferta interindustrial

311   Industria alimentaria

312   Industria de las bebidas y del tabaco

314   Confección de productos textiles, excepto prendas de vestir

316   Fabricación de productos de cuero, piel y materiales sucedáneos, excepto prendas de vestir

337   Fabricación de muebles y productos relacionados

Subsectores independientes

315   Fabricación de prendas de vestir

333   Fabricación de maquinaria y equipo

334   Fabricación de equipo de computación, comunicación, medición y de otros equipos, componentes y accesorios electrónicos

335   Fabricación de equipo de generación eléctrica y aparatos y accesorios eléctricos

336   Fabricación de equipo de transporte

339   Otras industrias manufactureras